U0947472

做世界的学生

00后全球留学新规划

司明霞 /著

NEWSTAR PRESS
新星出版社

去美国参加大儿子纽约大学的毕业典礼。紫色是纽约大学的标志性颜色，四周是一片紫色的海洋，到处可见青春洋溢的毕业生和幸福满满的家长。

去加州大学圣地亚哥分校探望小儿子，我们一起来到被称为圣地亚哥“宝石”的拉霍亚（La Jolla）海滩，他为我拍下了这张照片。

每年我都会参加早申请的录取分享活动，将当年最新的录取数据、申请动态分享给学生和家长们。现在有了直播和短视频的途径，我也学着用更多元化的方法，帮助更多的学生和家长了解留学领域的前沿信息。

在分享活动中，与学生和家长面对面接触和对谈，了解他们的需要，感受一个个家庭背后的爱与期盼，给他们提供切实有用的信息，是让我最快乐的事情之一。

我们会定期举办、参加行业活动和业界交流，探讨留学的最新趋势，探讨当下年轻人发展的机遇与挑战。这也是一个开阔眼界、加深对行业风向感知和理解的重要契机。

受邀参加 2024 英国 Bett 教育科技展，现场很直观地感受到了各巨头公司通过人工智能赋能教育的决心和愿景。

2024 年年初，我和团队探访英国著名的帝国理工学院。保持与名校的近距离接触，时刻探索前沿的资讯，是我们工作的重要组成部分。

深度探访英国著名中学哈罗公学和伦敦雷登豪斯学校，听校方分享英国中学的教学理念。近几年，有很多家庭选择低龄留学，我们也会根据这种变化，通过实地走访等方式，帮助中国家庭了解这些海外中学的实际情况。

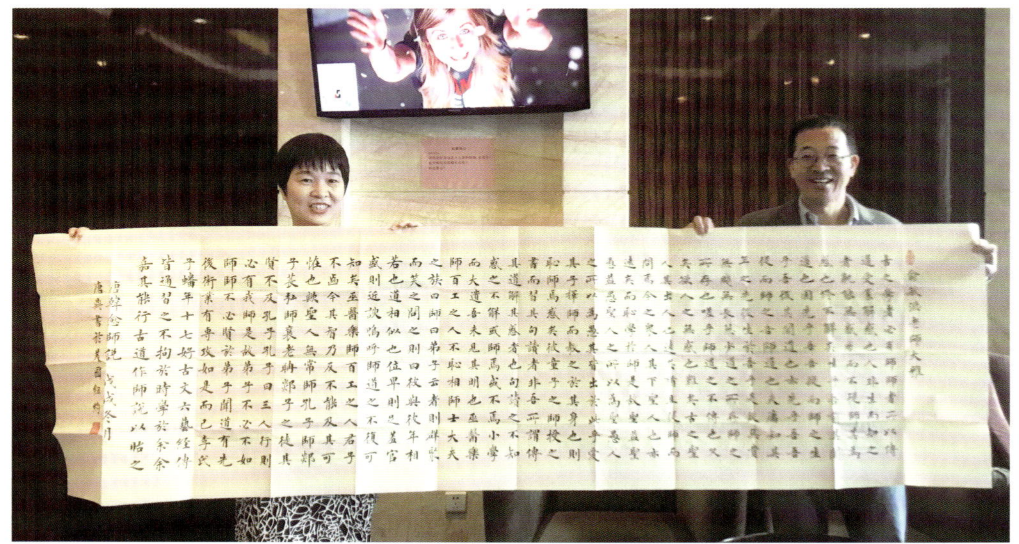

一位在我的帮助下出国留学的常青藤博士生，亲笔书写《师说》赠予俞敏洪老师。这幅字如今还挂在俞老师家的客厅里。

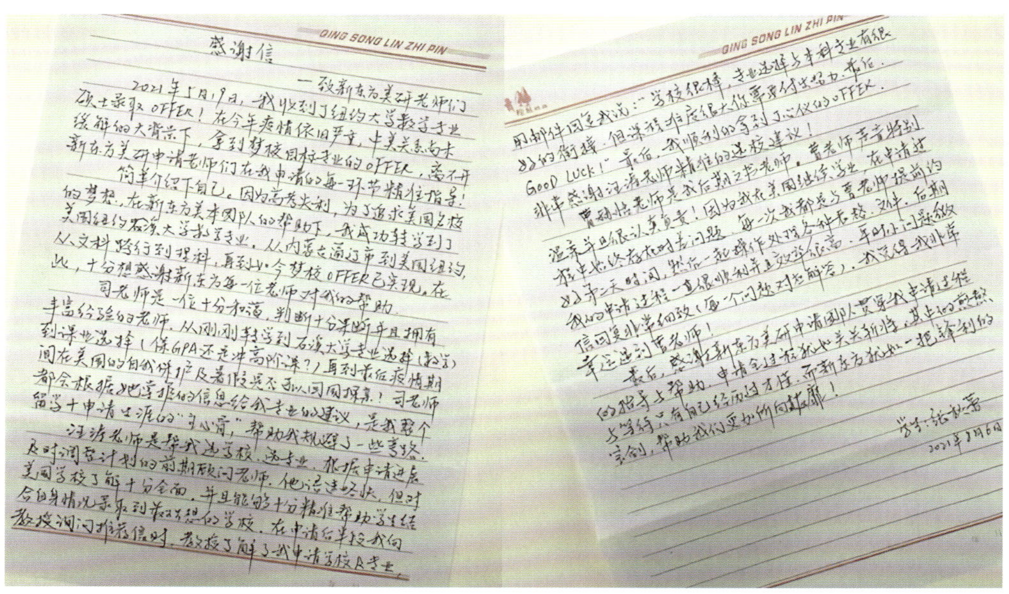

感谢信

——致新东方美研老师们

2021年5月19日，我收到了纽约大学数学专业硕士录取OFFER！在今年疫情依旧严重、中美关系尚未缓解的大背景下，拿到梦校同校专业的OFFER，离不开新东方美研申请老师们在我申请的每一环节精准指导！

简单介绍下自己。因为高考失利，为了追求美国名校的梦想，在新东方美本团队的帮助下，我成功转学到了美国纽约石溪大学数学专业。从文科跨行到理科，从内蒙古通辽市到美国纽约，再到如今梦校OFFER已实现。在此，十分想感谢新东方每一位老师对我的帮助。

司老师是一位十分和蔼、判断十分果断并且拥有丰富经验的老师。从刚刚转学到石溪大学专业选择（数学）到课业选择（保GPA还是冲高阶课？）再到最后疫情期间在美国的自我保护及暑假买不买回国机票！司老师都会根据她掌握的信息给我专业的建议，是我整个留学+申请生涯的"引路人"，帮助我规避了一些弯路。

汪涛老师是帮我选学校、选专业、根据申请进度及时调整计划的前期顾问老师。他语速快，但对美国学校了解十分全面，并且能够十分精准帮助学生结合自身情况录取到最理想的学校。在申请结束校我向教授询问推荐信时，教授了解了我申请学校及专业，用邮件回复我说："学校很棒，专业选择与本科专业有很好的衔接，但课程难度很大，你要付出努力。最后，GOOD LUCK！"最后，我顺利的拿到了心仪的OFFER。非常感谢汪涛老师精准的选校建议！

曹颖洁老师是我后期文书老师。曹老师声音特别温柔并且很认真负责！因为我在美国继续学业，在申请过程中始终存在时差问题，每一次我都提前与曹老师约好第二天时间，然后一起操作处理各种表格、文件。后期我的申请过程一直很顺利并且效率很高。平时小问题邮件回复非常细致（每一个问题都对应解答）。我觉得我非常幸运遇到曹老师！

最后，感谢新东方美研申请团队贯穿我申请过程的指导与帮助。申请全过程就如过关斩将，其中的艰辛与坚持只有自己经历过才懂，而新东方就如一把锋利的宝剑，帮助我们更加所向披靡！

学生：张钦[illegible]

2021年7月6日

很多学生曾亲笔写下感谢信送给我们。在当前这个互联网、AI时代，人们亲手写字的机会越来越少，这样带着温度的书信格外值得珍惜，也让我更真切地感受到这份工作的价值。

在国外出差偶遇曾经的学生。每次跟学生和家长合影都很开心，没有什么是比他们的笑容更好的肯定了。那笑容里有喜悦、有幸福，有一个个家庭的梦想和希望。

从学业到就业，再到婚姻、生活，我参与了太多学生的人生重要时刻。很多时候我不由感慨，自己何其幸运，才能成为他们人生路上的重要见证者。

新东方前途出国是一个学习型组织，在这个宽广的平台上我也得以不断提升，并最终赢得了更多家长和学生的认可和喜爱。

北京前途出国的各位伙伴是我可以交付后背的战友，我们一起创造了一个又一个奇迹。

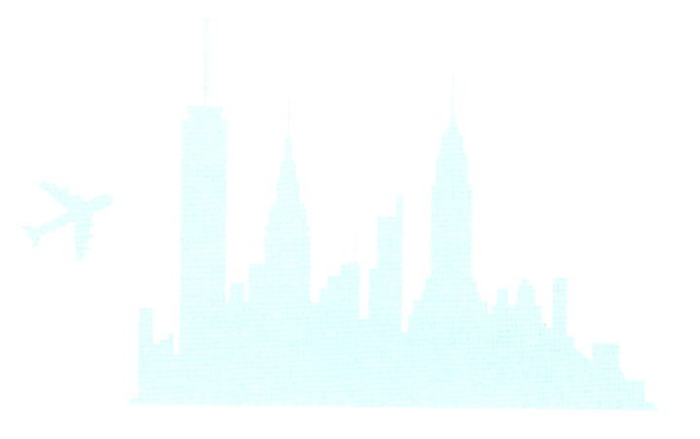

序言

司明霞老师是新东方管理层中一个比较特殊的存在。大部分新东方的管理者都是很年轻的时候跟着我从基层一步步成长起来的，但司老师来新东方的时候已近40岁。但当我第一次见到她，看到这个曾做过班主任、有着多年和学生及学生家庭打交道经验的管理者后，她身上洋溢的专业、稳重和亲切感，让我立即理解了周成刚老师选择明霞的原因。

新东方的前途出国留学咨询版块，是一项需要对国外高校、各国情况予以充分了解，并为学生及其家庭提供专业帮助、高度负责的事业。与短期培训不同，留学咨询的老师往往需要陪伴孩子数年的时光，引导孩子找到自己的兴趣，并规划出留学的最佳路径。这就要求他们不但要和孩子做导师兼朋友，也要能够在孩子每一步的关键节点上，给出充分的鼓励和专业的指导，协助家长梳理出最匹配家庭财力、精力付出的目标，帮助孩子进入“梦校”。作为这个业务部门的带头人，不但需要具备全球视野，更应该能够设身处地为孩子和家长考虑，爱孩子、对每个孩子负责，这些也正是我在明霞身上看到的宝贵品质。

明霞从进入新东方开始，一干就是十几年。作为北京新东方前途出国的总经理，“司老师”和近千个留学家庭打过交道，她研究和访谈过的国内外高校也是数不胜数；而作为两个留美孩子的母亲，“司妈妈”和其他留学生的妈妈一样，也经历过申请路上的挫折和焦虑，更能理解留学过程中各位父母和家庭的不易。多年来，新东方的留学咨询部门，不仅仅是帮助孩子申请一所或几所学校那么简单，更重要的是为每个求学家庭提供个性化的方案，更好地规划孩子的前途，让每个孩子找到最适合自己的发展道路。明霞和她的团队，以及新东方前途全国各地的老师们，都在为这个目标孜孜不倦地耕耘着。

这本由司老师主笔的《做世界的学生》，是她和团队多年来对留学申请理念和经验的总结和复盘。近三年来，国内外的形势发生了巨大变化，留学生群体和留学家庭的心态也和以往有所不同，00后逐渐成为留学申请的主角。00后这代孩子不但是中国历史上物质条件最好的一代，也是国富民强的大时代背景下自信、多元、眼界开阔的一代。司老师在书中对目前00后面对的五大留学新趋势进行了梳理，对要不要留学、何时留学、去哪儿留学、如何选校、如何选专业等家长们最关心的问题一一做了解答。

这本书详细分析了美、英、加、澳四个留学热门国家从中学阶段到本科、硕士、博士申请时，大家会面临的问题和挑战，并针对每个不同教育阶段应该如何申请，提供了全面的解决方案。此外，这本书还把留学新形势下，欧亚留学、多国多地区联申、中外合作办学等更多元的选择逐一呈现给了大家。读完全书，我觉得这不但是一本答疑解惑的留学指南，也是一本有着方法论的留学工具书。

整个留学的决策过程，伴随着很多具体的标准和时间的要求。对于一般家庭来说，留学从概念、理想，如何变成具体的规划和方案？对于要选择的国家、学校和专业，判断的依据是什么？选择的标准和逻辑是什么？针对这些留学申请的核心问题，司老师通过数据和分析，以及大量的案例给大家逐层答疑。为了便于家长和孩子有效率地做出判断，本书甚至对相关资源、信息、经验到哪里找，都给出了明确的指引，可以说是一本非常贴心的留学读物。

此外，从书中一个个真实的案例中，我们看到了孩子从懵懂到坚定的成长过程，也看到了每个家庭对孩子全方位的付出。这些真实的案例对后来者有着宝贵的借鉴价值。

尤其让我感动的是，司老师把自己家的两个儿子和自己外甥的留学经历都拿来作为案例分享给大家，坦然地讲述了自己家在面临留学问题时的应对方法，告诉大家即使作为专业从业者一样会有疑惑和焦虑，感同身受给出的建议更容易共情和落地。

我们新东方的使命是：为提升学生终身竞争力，塑造学生公民素质，赋予学生全球眼光而努力。在这本书里，我看到了新东方美好理念实践的过程；看到了不同的孩子，只要肯努力，都可以在自己的领域精彩绽放；也看到了家长和孩子、孩子和我们“相互成就”的过程。每个留学孩子的背后，都是一个家庭的全情付出。正如本书留学案例中的一位家长所说：“我们都出自平凡的家庭，只有孩子自己踏实地去努力，才能做不平凡的自己。”新东方也希望能为所有拥有不平凡梦想的孩子，在国际舞台上乘风破浪保驾护航。

二十多年前，当新东方还弱小的时候，我们就希望成为一道“彩虹”，在世界文明间搭起一座小小的桥梁，让更多孩子通过走出去学到知识、增长见识，再通过这座桥梁走回来，成为中国明天的栋梁。这是我们的初心，也是我们做这项事业的价值和意义。

献给每个不断努力和成长的孩子。

是为序。

于甲辰龙年端午节

自序

从事国际教育规划工作十多年，帮助了太多同学出国留学深造和就业，也见证了数不清的家长从初期的迷茫、焦虑，到孩子拿到理想大学录取之后的兴奋，再到后来和我分享孩子们就业、恋爱、结婚生子的喜悦。

大学毕业后，我的第一份工作是在中学做班主任，那时候同学和家长称我为“司老师”；如今，在新东方工作这么多年，我依然被大家信任地称为“司老师”。每一次听到同学和家长们喊我“老师”，我都由衷地感到激动、兴奋和幸福。这份幸福源于每一位同学和家长对我的信任和支持，也激励着我不断学习、不断分享、不断总结，尽全力去帮助每一位同学，助力每一个家庭。

近三年来，国内外的形势发生了很大变化，留学的主体也从90后转到00后，留学家庭的偏好也随之发生了很大变化。在新形势下，要不要留学、何时出去留学、去哪儿留学等问题，成为每一位走国际教育路线的同学和家长关心的问题。

作为两个00后孩子的家长，同时又是最前线的国际教育工作者，这几年，我和太多的留学家庭打过交道，和太多的国内外高校进行过沟通交流。在这个过程中，我对国际化人才市场的需求，对当前00后学生的家长培养孩子国际化视野的渴望，都有了深切了解。

因此，结合新东方丰富的留学大数据，我想跟大家分享一下这几年留学家庭培养孩子的教育趋势、海内外大学最新的录取趋势，以及就业单位对国际化人才的需求趋势。总结起来，主要有五大趋势。

第一个趋势 多国多地区申请成为很多留学家庭的选择

近三年来，留学家庭在选择求学国家或地区时，会更加看重当地学校的世界排名、回国后学历的认可度、留学目的地的安全指数、学校所在城市是否为大城市等多方面因素，多国多地区申请的目的就是给孩子更多的选择机会。在留学规划时，美国、英国、加拿大、中国香港等国家或地区的名校，都被家长和学生放进申请选校名单，学生跨两三个国家或地区申请的情况比比皆是。

我家小朋友当时也选择了美英双申。在北京新东方前途出国也有不少学生同时申请英国、美国、加拿大、中国香港的名校，有的学生选择的学校甚至达到了30所。究其原因，一是为了有更多的选择空间，二是希望能够进入排名更高的学校，三是为了增加录取的可能性，家长也更加安心。

多国多地区申请，家长们安心了，但给孩子们的压力确实更大，任务也更重。所以我们在帮学生规划多国多地区申请时，一般会建议选择一个重点国家或地区进行申请，其他作为补充。如果重点国家或地区不清晰，我们就按照录取难度最大的目的地高校的要求进行规划。就留学国家和地区来说，选择美国、英国、加拿大、澳大利亚、中国香港、新加坡的留学家庭居多；就学位而言，去海外读本科和研究生的学生是留学主体。美国的藤校、英国的G5基本代表了录取的最高标准。早规划的路上可以先按照最高要求来，然后再根据孩子的实际情况随时调整。

随着多国多地区申请越来越普遍，拿到多个国家或地区的录取后，陷入“幸福的纠结”的情况也越来越多。申请前因为担忧和焦虑，想着多条路更安心；拿到录取后，又迎来了多个选择的纠结。多个录取只能选择一个，到底去哪个国家，选择哪所学校，对每一个学子、每一个家庭来讲都是一场考验。就我这几年的观察来看，最终的选择权还是落在00后学生自己手中。

第二个趋势 00后们在留学路上更倾向去大城市读书

近三年来，一个明显的变化是，留学家庭在择校时，看重排名的同时也非常看重学校的位置。00后们对交通和生活的便利性、学校位置、气候更加看重。有同学本来想申请康奈尔大学，但在参加完康奈尔夏校后决定申请位于休斯敦的莱斯大学，给出的理由是他从小在小城市长大，为了出国学托福往返北京太多次，夏校期间体验了康奈尔到纽约的距离后决定放弃；也有同学在去过弗吉尼亚大学后，选择了交通更便利、所在城市更繁华的纽约大学；还有同学选择了位于华盛顿特区的乔治华盛顿大学，而放弃了排名更高、号称“玉米地”的伊利诺伊大学香槟分校。

美国的加州系大学、纽约大学、波士顿大学，加拿大的多伦多大学，英国位于伦敦的 G5 名校……这些位置好、交通方便、位于大城市的大学，越来越受学子们欢迎。这也直接导致位置好的名校申请竞争越来越激烈。例如，近年来热门的纽约大学，申请人数连续 16 年增长。2020 年，我家两个孩子中的哥哥申请时，申请人数是 85,000；到 2023 年弟弟申请时，申请人数增加到 125,000，直接导致录取率从 15% 降到 8%。位于文化名城的波士顿大学、东北大学，排名虽然没有那么靠前，但优越的地理位置、波士顿良好的文化氛围一直吸引着众多家长和学生们。

第三个趋势 多专业、多学位申请越来越受研究生申请者的青睐

近年来，世界范围内都在抢人才，中国香港推出的“高才通计划”和不限名额的“优才计划”、上海的留学生落户政策、英国的“高潜力人才签证计划”等都在吸引着高精尖人才。这些政策的受益者，无一例外，都是排名高的学校毕业的高才生。这就促使更多家长和学生在选择研究生学校时，更注重学校的排名。为了进入排名高的学校，在专业选择上他们愿意放宽条件，以便有更大的机会被录取。

由于研究生的专业分支更加细致，各个学校设置专业的时候名字也不尽相同。例如，对一个想学金融相关专业的学生来说，仅哥伦比亚大学授予硕士学位的专业就有金融工程、金融数学、金融经济学、金融风险管理等。如果他的目标就是想去哥伦比亚大学读硕士，那还可以把专业放得更宽一些，如运筹学、经济学、教育经济学、统计学、公共事务管理等都可以选择。有的学生为了能进哥伦比亚大学，甚至会申请哥大五个学院的五个专业。为了能满足多学院、多专业的申请要求，学生就更加需要提前进行规划，在聚焦一个领域的基础上还要有更多的涉猎和投入，这样才可能在跨专业申请时拿到好的结果。

众所周知，研究生的学位包括硕士和博士，多学位申请是指硕士、博士一起

申请，这个更加适用于理工科学生。有些学生对于勇攀学术高峰还是驰骋职场还不太确定，这个时候我们会根据孩子的实际情况，如成绩、科研、实习等规划硕博双申。对于特别优秀的学生，我们也会建议采取“硕士申名校，博士求专业”的策略，最终的选择等拿到录取后再做定夺。

第四个趋势 从就业角度出发成为留学家庭规划的主要思路

拿到理想的学校录取 offer 只是留学路上成功的第一步，更多家长认为，成功留学的标志，是毕业后拿到理想的工作 offer，即顺利就业。

面对当前竞争激烈的就业环境，就读国外名校、就读未来就业前景更好的专业、学习国外先进的知识、拓宽国际视野、丰富人生阅历等成为留学家庭的主要目标。因此，就业前景好、市场需求量大的专业，如计算机、数据科学、商业分析等对技术要求比较高的专业，成为很多家庭的首选专业。

鉴于越来越多的用人单位要求研究生学历，读研逐渐成为刚需。好多学生在本科阶段专业还不是特别确定时，会选择比较泛的大类学科，比如理工科学生会选择偏数学、偏科学、偏工程这种大类。这样在研究生申请阶段，其专业选择范围会更广泛。例如，本科学数学的学生，其研究生可以申请金融相关专业，以及统计类、数据科学类、商业分析类等。如果有匹配的科研和实习经历，还可以跨专业申请更多类别。对于学生物、材料、化学、物理等偏科学类专业的本科生，既可以在本专业继续深造，申请硕士或博士项目，也可以申请如生物统计、管理科学与工程、运筹学、电子工程、生物医学工程等专业的硕士。文科学生本科选择经济类专业作为过渡的也很多，上了大学后，再根据自己的兴趣方向换专业、修读双专业、辅修副专业等。随着学业和实习、科研的不断深入，专业选择会逐渐聚焦，这些本科修读数学、工程、经济类专业的学生在研究生定专业时是有更多选择的。

同样是为了更好就业，高排名的学校更加受留学家庭的青睐。从事留学行业这么多年，我自己作为家长深深理解并支持孩子在学业上不断进步。有的孩子本科一步进名校，有的通过中途转学进入理想的学校，更多的孩子在研究生阶段申请到理想的学校。一步爬藤、两步进藤、三步进 G5……不同的孩子有不同的规划，我们不能说哪种路线更好，只要孩子不断进步、持续上进，学成后顺利就业，就都是求学路上的阶段性成功。

第五个趋势 留学家庭规划国际路线更加提前和多元化

有一次，我在讲座现场遇到我十五年前送出国的一位学生。他美国本科、研究生毕业后回国就业，来听讲座是为了给上幼儿园的女儿咨询上小学的问题。他的纠结是：上国际学校还是公立小学？哪个阶段让孩子接受国际化教育更好？

以前我接到的咨询，大部分是出去读本科和研究生的相关问题，现在的咨询更多的是中学阶段在国际部、国际学校、海外高中之间怎么选？选择 AP、A-Level、IB 哪种国际化课程？是选一贯制还是 1+3、0.5+3？是去英美加澳等国家读书还是去港澳等地区？选中外合作办学如上海纽约大学、昆山杜克大学、香港中文大学（深圳）等这样的学校该如何规划？等等。在培养孩子的路上，每一个家庭都在全力以赴，都开始早准备、早规划。路径规划千万条，孩子成材是目标。

以上就是近几年我观察到的一些新趋势。

当然，这只是整体上的趋势，具体到不同国家和地区、不同学习阶段的申请，还会有不小的差异。因此，在本书中，我将会从本科、研究生、中学 3 个不同的学习阶段入手，重点介绍美国、英国、加拿大、澳大利亚等热门留学国家在留学优势、录取要求、申请路径、时间规划和典型案例等多个维度的详细内容，以求给读者带来新鲜、实用的干货信息。而随着 00 后留学需求逐渐多元化，多国多地区联申、中外合作办学和欧亚留学等正成为新的选择。在本书中，我也会就此做基础阐述，以满足学生和家长对更全面的留学资讯的需求。

最后，我想说，孩子的成长和家长的成长是相辅相成、相互成就的。这么多年，我见证了太多学生考出理想成绩、拿到理想录取、找到理想工作，也参加过好几场学生的婚礼，经常在朋友圈看到学生们在世界各地分享自己的工作、学习和生活。

在这个过程中，我见过家长无助时的眼泪，见过家长受挫后的焦虑，见过家长来送感谢信时的自豪，这些年也和太多的家长成了好朋友。

从这些家长身上我学习到很多，他们不仅有开阔的视野、超前的规划意识、全身心的投入、财力的支持、超强的学习能力，更有成长的心态，尊重孩子的努力和付出，在孩子遇到挫折时表示理解，在孩子取得成绩时给予表扬，接受孩子的平凡、优秀和多样性，给孩子时间成长和成熟，接受并认可孩子的努力和收获。可以说，每一个成功孩子的背后，都有全心全意爱孩子的家长。

2023 年是新东方成立 30 周年，新东方的使命是：为提升学生终身竞争力，塑造学生公民素质，赋予学生全球眼光而努力。我在新东方工作快 15 年了，一直努力践行新东方的使命和价值观。未来我会继续努力助力孩子成长，也致敬每一个全力以赴支持、爱护、帮助孩子成长的家长、同事和朋友，感谢家长和学生对我和新东方的信任和支持，让我们有机会参与孩子成长路上的一段难忘的旅程。

司明霞

2024 年 6 月于北京

目录

1 第一章 美国本科：探索通识教育，开启无限可能

2 第二章 英国本科：学制短，学术强

第三章 3 加拿大本科：宽进严出，高性价比

第四章 4 澳大利亚本科：学历和职业双认证

第五章 5 美国研究生：学历提升优选

6 第六章 英国研究生：学制短，申请灵活

7 第七章 加拿大研究生：重科研，利就业

8 第八章 澳大利亚研究生：名校名企，双重优势

9 第九章 美国中学：藤校申请的加速器

10 第十章 英国中学：现代教育起源地

11 第十一章 加拿大中学：公立私立皆可读

12 第十二章 澳大利亚中学：学术、兴趣、职业三重打造

13 第十三章 新趋势：多样化的需求，多样化的选择

美国本科

探索通识教育，开启无限可能

一 美国本科留学优势解读

美国是世界上教育质量最高的国家之一，随着出国留学热潮低龄化趋势的发展，越来越多的中国高中生考虑去美国就读大学本科。美国大学的本科教育具有颇为显著的特点与优势，不但名校云集，有许多学校位列世界各大大学排行榜前列，而且还拥有丰富开放的教育体系、自由的教学理念，以及多元而灵活的教学和考评方式。

美国大学本科教育特点

① 以通识教育为核心

美国大学本科的核心教育理念为Liberal Arts Education，可以理解为“通识教育”或“素质教育”。这种教育模式通过对学生各知识领域的全面培养，提升学生分析问题的能力和表达能力。具体来说，学生可根据自己的兴趣，自由选择自然科学、人文科学和社会科学领域内的多门课程。在进行足够广泛的涉猎之后，再确定一个专业方向并进行深入的学习。通识教育的优势在于，学生不必在入学申请时就确定专业，而是可以在大学期间探索自己想深入学习的专业。这样不仅能让学生了解到不同的学科、拓宽视野，也给予学生充分的时间和自由，去考虑、体验、权衡、选择，确认个人的特长、兴趣、爱好和未来的职业发展方向。

② 多元化的班级和课堂

美国大学的班级是流动的、不固定的，学生们通常根据自己的兴趣选课。也就是说，同年入学、相同专业的学生不一定在一起上课，而不同年级、不同专业的学生则可能因为相同的兴趣走入同一个课堂。这样的自由选课制度既增加了不同层次和维度的思维碰撞，也培养和激发了学生独立学习和研究的能力。

美国的本科教育旨在培养学生的综合素质和创新精神，并为此设置了类型丰富且独具特色的讨论课和专题研究课。大学课堂重在通过教授与学生之间的互动进行启发式教学。在老师的引导下，学生们各抒己见、畅所欲言，任何奇思异想都会得到尊重和鼓励，由此充分调动学生们独立思考的主动性和积极性。

多样化的美国大学

美国的大学根据其提供的学位差异可以分为综合性大学（National University）、文理学院（Liberal Arts College）和社区学院（Community College）。

① 综合性大学（National University）

综合性大学又称国家级大学，提供从学士、硕士到博士学位的课程。综合性大学规模庞大、组织复杂、师资充实、设施完备，一般设有若干学院，各种专业设置也一应俱全。大部分综合性大学注重研究工作，不仅拥有设备先进、实力雄厚的研究机构，也设有以向高校和社会输送教学和研究型人才为使命的研究生院，因此这些大学又被称为研究型大学。大部分我们耳熟能详的美国顶尖名校都属于综合性大学。

② 文理学院（Liberal Arts College）

文理学院是美国高校的重要种类之一，以本科教育为主。区别于以就业为主要目标的各种专业学校或技术高校，文理学院注重全面性、综合性的教育，课程设置包括艺术、人文、自然科学、社会科学等各个领域。美国有相当一部分学生从文理学院获得学士学位。

在大部分美国人心目中，文理学院往往代表着经典、小规模、高质量的本科教育，许多文理学院的学术声誉甚至不亚于哈佛、耶鲁等综合性名校，因此，文理学院成为很多美国精英家庭的首选。由于文理学院以本科教育为主，因此教师能够集中精力进行教学，而不必花费大量精力从事科学实验和发表论文。文理学院的规模较小，师生之间互动密切，对于培养学生的沟通能力和领导能力有很大的帮助。

③ 社区学院（Community College）

社区学院是一种两年制学院，又称初级或技术学院，大部分为公立院校，多半为地方社区所创办，故一般称为社区学院。社区学院因其相对宽松的入学机制、合理的费用、转入名校成功率较高等特点，逐渐被更多学生和家长认可，这也使得近年来选择就读社区学院的国际学生人数迅速上升。

社区学院的课程分为两类：一类为过渡性文理课程，相当于四年制大学的前两年，学生毕业后可转入四年制大学继续深造；另一类为终止性职业技术课程，学生毕业后可直接就业。美国约有 1200 所社区学院，大约 40% 的美国本土学生会选择在两年制的社区学院完成大学前两年的课程，毕业后获得副学士学位。

以上三种大学的优劣势可见下表。

学校类型	简介	优势	劣势	举例
综合性大学	注重研究工作，被称为研究型大学，设置各项专业	√ 规模大，机会多 √ 设备齐全，师资雄厚 √ 专业和学院设置完善 √ 学士、硕士、博士 √ 知名度高（认可度高）	× 学生多，关注度相对低 × 大课课堂人数较多 × 奖学金较少	普林斯顿大学 哈佛大学
文理学院	以本科教育为主，注重培养本科生在人文、艺术、自然科学、社会科学等学科知识面的宽度	√ 高度关注学生 √ 为读研做充分的准备 √ 注重培养综合能力 √ 助学金 / 奖学金更慷慨	× 一般只授予本科学位 × 学费昂贵 × 录取率较低 × 知名度不高	威廉姆斯学院 阿默斯特学院 韦尔斯利学院
社区学院	过渡性文理课程，相当于 4 年制大学的头两年	√ 入学标准低 √ 学费低廉 √ Transfer Admission Guarantee（TAG）*	× 学生能力参差不齐 × 师资一般 × 学校资源少 × 一般只颁发副学士学位	圣莫尼卡大学 戴布洛谷学院

* Transfer Admission Guarantee，即 TAG 转学协议，是加州大学各分校对加州社区学院（California Community College，简称 CCC）学生的州内福利政策。加州社区学院的在读学生只要在规定的时间内提交申请并满足要求，便可保证录取到加州大学系统的其中一所分校。

美国公立大学和私立大学的区别

美国大学根据其所有权的性质划分为公立大学（Public University）和私立大学（Private University），两者的主要区别在于经费来源不同。

① 公立大学（Public University）

美国每个州都有本州的公立大学，少则几十所，多则上百所。例如，加利福尼亚州就拥有三大公立高等学校系统：加州大学系统（10 所）、加州州立大学系统（23 所）、加州社区学院系统（116 所）。

大部分州有代表性的公立大学规模都比较大，许多大学拥有数万名在校生。由于公立大学的资金部分来自州内居民的纳税金，所以州内考生一经录取可享受低学费待遇，而来自其他州的美国学生和国际留学生无法享受这些优惠。

以加州大学洛杉矶分校（UCLA）的学费为例，州内居民每年的学费约为 15,000 美元，州外和国际学生的学费则约为 48,000 美元。因为享受学费优惠，公立大学的在校生中，州内学生的比例往往超过 80%，且不乏一些品学兼优的学生出于学费的考虑留在本州读书。在绝大部分公立大学里，本科生人数往往多于研究生人数。比较有代表性的公立大学有加州大学、密歇根大学、弗吉尼亚大学、威斯康星大学、北卡罗来纳大学、伊利诺伊大学等。

② 私立大学（Private University）

与美国的公立大学类似，美国每个州都有许多私立大学。例如，加州就有斯坦福大学、加州理工学院、南加州大学和波莫纳学院等名校。尽管美国最大的大学都是公立大学，但就排名看，排名高的大学里私立大学的数量远远多于公立大学，这也是美国大学的一大特色。《美国新闻与世界报道》（*U.S. News & World Report*）发布的美国最佳本科教育排行榜中，位于前 20 名的院校大多都是私立大学。我们常说的美国超级五校“哈耶普斯麻”，八大常青藤学校也都是私立大学。

私立大学的经费收入主要来源于私人捐款，因此州内学生和州外学生的学费标准相同。例如，常青藤联盟中的康奈尔大学的学费一年约为 56,000 美元，虽然不同私立大学的学费略有差异，但基本学费也都在 60,000 美元上下，相差不是太大。

下表是美国公立大学和私立大学的区别对比。

	公立大学	私立大学
组织规模	属于研究型大学，规模庞大、组织复杂、大班授课，由50个州各自设立，每个州独立运作。各州都有自己的一套运营系统，例如著名的加州大学系统。不同系统的入学要求、学费和学位颁发都有各自的规定。	全美排名靠前的院校大多属于私立大学，比如八大常青藤盟校、麻省理工学院、埃默里大学、约翰斯·霍普金斯大学等，还包括大多数的文理学院。
学费	相对私立大学较低，对州内学生有优惠，对国际学生无优惠。	学费较昂贵，对所有学生收费一视同仁。
经费来源	主要来自州政府的税收，以及联邦政府的补助。	没有政府资助，主要来自学生的学费及校友的捐赠。
班级规模	大班制，学生多。	小班制，学生少。
课程设置	由国家规定的目标驱动，遵守国家标准。	自由度高，课程内容和呈现方式丰富多元。
学生群体	本州学生多，其学生群体在种族、社会经济背景、学术需求和学术范围上比私立学校更为多样。	往往会吸引更多的国际学生，其学费相对较高，本地学生主要来自中高收入的白人家庭。
校园生活	校园氛围充满活力，课外活动丰富。	更注重学术研究，而非体育和社交活动。
优势	学费经济实惠：美国公立大学主要由州政府资助，因此其学费相对于私立大学更易负担。 政府资助：除了提供教育服务，许多公立大学还是政府赞助的研究型机构。 文化多样性：如果你希望在留学期间深入了解美国的多元文化，公立大学将是一个理想的选择。	地理位置佳：美国的优质私立大学通常位于发展程度较高的城市，如波士顿、芝加哥、纽约等，这会使学生更快地融入美国社会，并拥有更多的实习和就业机会。 学术标准高：私立大学的课程设置严谨，学生需要花费更多精力投入学习，这种深入学习的过程往往比课程内容本身更为重要。 学生参与度强：在私立大学，课堂氛围通常较为活跃，大部分学生愿意积极参与课堂讨论。

二 美国本科留学录取要求和路径

1 录取要求

重中之重的高中成绩 GPA

GPA 的全称是 Grade Point Average，就是我们常说的平均成绩或者在校成绩。美国本科申请中，不管你在哪个国家或地区读的中学，GPA 的考量范围都是 9—12 年级每一门课拿到的绩点和每门课的学分。如果学生在高中期间转学，或者说更常见的情况，初三在一个学校，高中换到了另外一个学校，那么美国大学会将学生在不同学校选修的所有课程成绩加权进行计算。举个例子，学生在 A 学校上初中，暑期修了 B 学校带学分的夏校，高中换到 C 学校，都拿到了成绩单，那么在申请美国大学的时候需要把 A、B、C 三份成绩单一起提交给大学，大学会加权计算学生的综合 GPA。

GPA 是美国本科申请中一项非常重要的指标，它反映了学生在校期间的学习能力，同时也从侧面反映出学生所在学校的课程难度和学习氛围。GPA 的重要性不亚于标准化考试成绩（简称“标化成绩”）。许多学生为了提高标化成绩，往往忽视了在校期间的成绩，这是欠妥的。美国大学的申请会综合考查学生全面的成绩和能力，如果标化考试成绩优异，但 GPA 不理想，可能会因此与自己理想的大学失之交臂。

国内高中以及大学成绩单的分数体系一般以 0—100 分制为主，美国绝大多数学校 GPA 是 4.0 分制。申请时，学生无须将百分制的成绩全部换算成 4.0 制，美国大学录取办公室的老师会根据学校内部的换算标准来计算，学生直接提供国内学校的成绩单原单即可。

关于GPA，在网申平台Common Application中会涉及两个概念：Unweighted GPA与Weighted GPA（加权GPA）。Weighted GPA指的是在学生整个学习过程中，会修读一些AP类或是大学级别的课程，这些高级别课程的GPA满分是5.0，这些课程的分数会加权到所有成绩的计算中，从而得到Weighted GPA。这就是为什么高中GPA满分是4.0，而藤校的录取GPA平均值在4.2甚至4.3以上了。

究其原因，在美国高中的课程体系中，课程从基础课程到Honors课程，再到AP课程难度逐渐增加，而课程难度越大，学生可以拿到同等GPA的难度系数就越大。所以，为了保障在学生选择难度系数较大的课程后不会被拉低GPA值，美国高中成绩体系会根据学生修读的课程在GPA上再做加分，比如修读Honors课程一般会加0.5个绩点，修读AP课程会加1个绩点。

举个具体的例子，一位学生修读了5门课程，其中ELS English成绩为A，Honors Chemistry成绩为A，Honors Seminar成绩为B+，AP Computer Science Principle成绩为B，AP Statistics成绩为B。兑换成绩点后，ELS English为4.0，Honors Chemistry为4.0，Honors Seminar为3.3，AP Computer Science Principle为3.0，AP Statistics为3.0，那么Unweighted GPA与Weighted GPA分别为：

Unweighted GPA=（4.0+4.0+3.3+3.0+3.0）/5，即3.46。

Weighted GPA=[4.0+（4.0+0.5）+（3.3+0.5）+（3.0+1.0）+（3.0+1.0）]/5，即4.06。

可见两者相差之大。

需要特别注意的是，普高体系的学生参加AP考试无法在GPA上增加课程难度。美国大学各个学校有自己对国际学生的算分系统，一般情况下，可以加权的课程包括：AP课程加1.0，IB课程加1.0，Honors课程部分学校加0.5。A-Level与普高体系课程以及国际基础类课程（含GAC、中加、中澳课程）均不加分。

看到这里，可能很多学生和家长会有疑问：前面提到的都是4.0制的绩点，但 IB 满分是 45，A-Level 用 ABCDE 来分级，它们如何换算成 4.0 制的 GPA 呢？实际上，各个课程都是可以换算成 4.0 制的，这使得大学有相对统一的衡量标准。以下是针对不同课程体系的学生 GPA 的核算对照表，供大家参考。

Letter Grade	Numerical Value	International Baccalaureate	GCES AS/A-level	Unweighted GPA	Weighted GPA
A+	97~100	7	A*	4.0	5.0
A	93~96	6	A	4.0	5.0
A–	90~92	/	/	3.7	4.7
B+	87~89	/	/	3.3	4.3
B	83~86	5	B&C	3.0	4.0
B–	80~82	/	/	2.7	3.7
C+	77~79	4	/	2.3	3.3
C	73~76	3	D&E	2.0	3.0
C–	70~72	/	/	1.7	2.7
D+	67~69	/	/	1.3	1.3
D	63~66	/	F&G	1.0	1.0
D–	60~62	2	/	0.7	0.7
F	Below 60	1	NA/Ungraded	0	0

Note:
Weighting: 1 point for AP, UC Honors and IB HL courses.

美国每个大学对 GPA 都有自己的明确要求，比如加州大学系统针对非本州居民的最低 GPA 要求是 3.4。很多中国学生都比较喜欢申请加州的学校，但其实加州对学生的 GPA 和选课的要求可以说是最严格的。

很多学生为了能够获得美国名校的青睐，会通过选修一些高难度的课程，比如 AP 课程，来拉高自己的 GPA。因为普通课程的最高绩点为 4.0，而高难度课程的最高绩点可能会比 4.0 更高，像 AP 课程的满分绩点就是 5.0。所以选修了 AP 课程的学生，其加权 GPA 是可能超过 4.0 的。另外，有些学生也会选修跟自己未来专业相关 / 文科的课程来提高竞争力。在申请过程中，美国大学很看重的一点就是学生是否选修过跟所报专业相关的课程，这不仅能体现出学生是否具有挑战精神，还能证明学生是否有能力完成所选专业的学业。当然，并不是选了理科专业，文科课程就不用修了，像麻省理工学院这种理工科名校，不仅看重学生的理科成绩，也看重学生的文科成绩，希望学生能够做到文理兼备。

申请必要条件之标准化考试成绩

标准化考试（Standardized Test）是一种根据统一、规范的标准严格控制考试误差的考试，包括国际文凭组织开设的IBDP，美国的SAT、ACT、AP，英国的GCE A-Level，加拿大的BC、OSSD，澳大利亚的VCE，新加坡的Singapore-Cambridge GCE A-Level，新西兰的NCEA，中国香港的HKDSE，以及我们熟悉的高考，还包括托福（TOEFL）、雅思（IELTS）等。

其中，托福与雅思为语言能力考试。语言能力几乎决定了母语为非英语的国际学生进入美国大学之后的学习能力。顶尖大学希望国际学生有超强的听说读写能力，从而可以快速地接受老师传授的知识和方法，并与同学讨论。美国大学的教授在教学过程中，很少讲授知识本身，更多的是方法的引导，这就要求学生通过查阅大量的资料来进行自我学习，同时课堂上会有大量的分组学习与讨论。一个语言能力不足的学生之所以不会被美国大学录取，一方面是会被认为学生本人学习能力不足，同时，一个语言能力不足的学生也会给整个小组或者团队带来学习障碍。

与语言能力考试不同，SAT/ACT 考试是学术能力评估考试。SAT（Scholastic Assessment Test）由美国大学委员会（College Board）主办，其成绩是世界各国高中生申请美国大学入学资格及奖学金的重要参考。SAT 和 ACT（American College Test）都被称为“美国高考”，这两个考试学生根据自己和所在高中的情况选择其一就可以。疫情三年间，多数美国大学取消了 SAT/ACT 作为申请的考量因素，但是随着疫情的结束，有些学校恢复了 SAT/ACT 的提交要求，比如全美排名前 80 的学校中，麻省理工学院、乔治城大学，以及佛罗里达州和佐治亚州的学校 2024 年申请季要求强制提交 SAT 或者 ACT。当然，也有大学不再看这个成绩，如加州系大学，哥伦比亚大学则采用永久 test-optional 的政策（哥大是八大藤校中首个永久标化可选的大学）。各个学校的要求虽然不尽相同，但为了有更强的申请竞争力，建议 SAT/ACT 还是能考就考，能早考就不拖延。

AP 课程可以理解为学生在高中期间提前选修的大学基础课程，在完成课程后参加 AP 考试，所获得的成绩可以在本科期间用于减免大学基础课程的学分。AP 课程比高中常规课程难度要大，选修 AP 课程不仅可以证明学生的学习能力，同时也可以减免课程学分，从而节省本科期间的费用。申请期间学生如果提供 AP 考试成绩，对于申请顶尖美国大学本科会起到非常重要的作用。但 AP 考试并非美国大学申请的硬性要求，学生需要结合实际情况来考虑是否要参加 AP 考试。对于英语基础比较薄弱的学生，建议在托福、SAT 成绩达到理想分数后再考虑 AP 的学习。从疫情这几年的录取情况来看，AP 的选修对于申请影响还是很大的，建议优秀的学生在校修读感兴趣且与专业匹配的 AP 课程，并争取在考试中获得 5 分满分。下表是根据近三年录取情况为大家总结的美本申请标化考试分数参考。

目标排名	托福 / 雅思	SAT/ACT	AP
前 20	115+/8+	1550+/35+	8 门 +
前 30	110+/7.5+	1500+/33+	5 门 +
前 50	100+/6.5+	选择性提交	2 门 +

留学规划中的软实力背景提升

如今，美国名校申请已经不缺少考试成绩优异，甚至取得满分的申请者；而在“千篇一律”的高分中，软实力已经成为从众多申请者中脱颖而出的关键。在美国大学通用申请系统（Common Application）中，学生们除了提交托福、SAT 等标准化考试的成绩，还可以至多提交五个荣誉奖项与十段活动经历。接下来，我们来详细聊聊构成软实力背景的五个奖项与十段活动，以及如何提升软实力背景。

① 五个荣誉奖项

在荣誉奖项方面，大部分学生会选择参加与自己未来的专业方向相匹配，或是自己擅长的科目的学科竞赛。例如，未来倾向于申请物理学专业的学生，可以参加物理类竞赛，如美国高中物理竞赛 Physics Bowl；如果你的数学成绩比较好，可以参加数学类竞赛，如美国数学竞赛 AMC、美国高中数学建模竞赛 HiMCM 等。一般来说，对于理科学生而言，取得的竞赛奖项越多，自身的竞争力便越强；参与的竞赛的含金量越高，取得的奖项也越有说服力。

常见的热门竞赛如下：

★数学类：
美国数学竞赛（AMC、AIME）
美国高中数学建模竞赛（HiMCM）

★计算机类：
美国计算机奥林匹克竞赛（USACO）
美国高中计算机联赛（ACSL）

★商辩类：
沃顿高中生投资大赛（WGHSIC）

★物理类：
“物理碗”美国高中物理竞赛（Physics Bowl）

★生化类：
美国生物奥林匹克竞赛（USABO）
国际脑神经科学大赛（Brain Bee）
国际遗传工程机器大奖赛（iGEM）
美国国家化学竞赛（USNCO）

除了竞赛奖项之外，还有什么能够被提交到“荣誉奖项”一栏中呢？实际上，“荣誉奖项”是一个常被人们误解的词。在申请系统中，对于此项的命名为“Honor”，也就是荣誉；当被翻译成中文时，为了方便理解，常被人们称为“奖项”，这使得很多人认为只有参与了竞赛并且取得了奖项才可作数。事实上，竞赛奖项毋庸置疑是受到大学认可的，然而大学的眼光并不局限于此，学生收获的一系列荣誉也同样被认可，如发表科研论文所收获的论文录用函、学校对高 GPA 的认证，以及完成某项目的结业证书、体育赛事的名次等。

② 十段活动经历

活动经历，顾名思义就是学生参与过什么样的活动。在这里需要特别注意的是，没有任何一项活动是对申请完全没有帮助的，大部分“有没有帮助”“帮助有多大”的问题，都取决于学生在此活动中担任的角色，以及在活动中的表现与感悟。下图是美国大学网申过程中活动经历需要填写的内容。

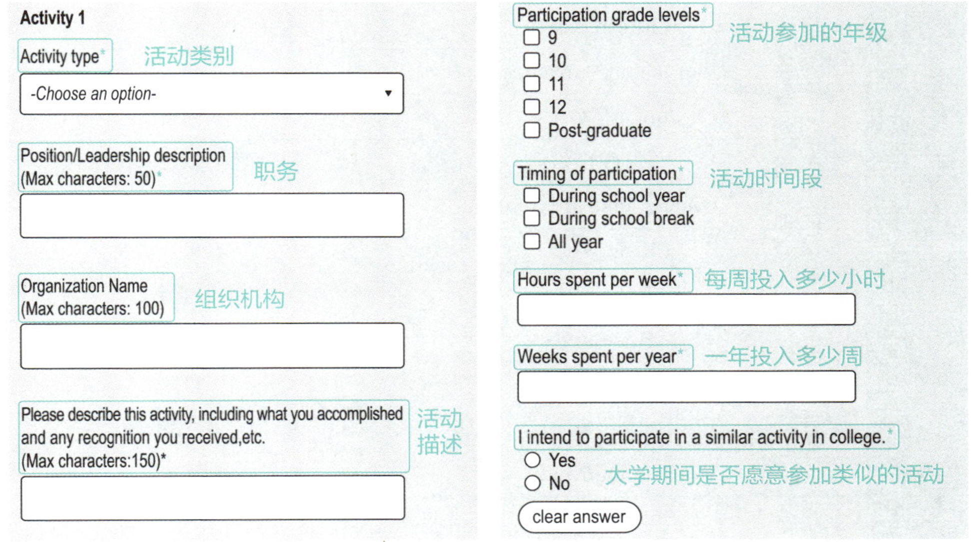

下图是美国大学申请系统提供的共计 30 个类别的活动选项。

	英文	中文对照
1	Academic	学术
2	Art	艺术
3	Athletics: Club	体育运动：俱乐部
4	Athletics: JV/Varsity	体育运动：校队
5	Career Oriented	就业倾向
6	Community Service (Volunteer)	社区服务
7	Computer/Technology	计算机 / 技术
8	Cultural	文化
9	Dance	跳舞
10	Debate/Speech	辩论 / 演讲

续表

	英文	中文对照
11	Environmental	环境
12	Family Responsibilities	家庭责任
13	Foreign Exchange	交换生
14	Foreign Language	语言
15	Internship	实习
16	Journalism/Publication	记者 / 发表
17	Junior R.O.T.C	预备役
18	LGBT	同性、双性、跨性别
19	Music: Instrumental	音乐：乐器
20	Music: Vocal	音乐：唱歌
21	Religious	宗教
22	Research	科研
23	Robotics	机器人
24	School spirit	校园精神
25	Science/Math	科学 / 数学
26	Social Justice	社会公正
27	Student Govt./Politics	学生会 / 政治
28	Theater/Drama	剧团 / 戏剧
29	Work（Paid）	工作（有偿）
30	Other Club/Activity	其他

在填写申请系统时，首先需要为活动选择一个活动类别，填写我们在该活动中担任的职务岗位，然后为该活动填写至多150字符的活动描述。最后，我们需要选择参与该活动的时长，如曾在哪个年级参与、每周花费多长时间、每年参与几周等。

我们透过现象看本质，在这里，大学关注的是学生参与活动的时间长度、深度和广度。例如，两个学生进行相同的志愿者活动，学生A每天进行一次，坚持了1个月；学生B每月进行一次，到申请时已经坚持了两年。单看参与活动的次数，学生A进行该活动的次数多于学生B，但在大学眼中却是学生B更占优，因为学生 B 更具有长期坚持的特质。因此，想要提升自己的软实力背景，需要有较为长远的规划，不可一蹴而就。

不可或缺的个性化体现——文书

申请文书是申请材料的灵魂，在客观条件相同或者类似的情况下，出色的申请文书能让一个人在众多申请者中脱颖而出，其作用不言而喻。美国本科院校的文书要求比较多，申请美本的同学基本上都会申请 12~15 所学校，每个院校都会有一篇主文和多篇附表文书，外加简历与推荐信。主文一般 650 字左右，虽然字数要求不多，但字字都是精华，通过简短的词句描述你的性格特点或优良品质。通过 Common Application 申请系统递交的每个院校都可以看到通用文书。申请文书除了大家熟悉的个人陈述 Personal Statement 或者 Main Essay 之外，还包括各种各样长短不一、内容不一的其他申请文章，我们通常称为附表文书，同时也包括推荐信等辅助材料。

其实，通过申请文书来了解一个人也有其局限性。招生官怎么可能花 5 分钟阅读几篇文章就全面了解一个人呢？况且作为 18 岁的申请者来说，判断能力可能还不算特别强，无法一针见血地看出自己身上最优秀的特质是什么，因此很多申请者很有可能因为自己的一个判断失误，没有向招生官展现出自己真正值得骄傲的品质，进而未被录取。但这就说明这位申请者比其他申请者差吗？况且一篇文章的好坏还会受到写作时是否有灵感的影响。因此美国的这套招生制度也有它不科学的地方，但既然我们选择了这套体制，就要想办法解决之前提到的种种问题。解决方法只有一个，那就是早做准备。这样才能给自己留出更多的时间思考和构思。

一般在高二下学期的 5 月甚至更早，就要着手对自己之前 18 年的人生进行认真回顾：这 18 年来自己真正感兴趣的是什么？是什么可以真正挑动自己内心深处的那根弦？让自己与别人不同的品质是什么？自己到底是个什么样的人？等等。尽管这样的问题一辈子都不可能完全搞清楚，但经过有意识的思考后，同学们一定会对自己有更为清晰的认识。平时可以随身准备一个小本子，把自己一些零碎的想法都记录下来，这些都有可能成为未来文书的素材。切忌等所有标准化考试结束后再进行这些工作。

可能有人会说，早申请（ED）的申请文书10月份再开始准备都来得及，话是这么说没错，但也只是来得及写完而已。试想一个人在仅仅大半个月的时间内，匆匆忙忙选取一个角度写出来的文章，会比一个已经花四五个月反复地探索、发现自己，很清楚自己的优势、劣势以及个性特点的人写出来的文章深刻吗？写申请文书，真正落笔花的时间并不长，真正耗费时间与精力的是下笔之前自我发掘的过程。就算是那些每年12月中旬，美本早申请失败后找到我们重新递交申请，仅仅花了10天就重新写出一篇文书并在常规申请（RD）中大胜的学生，他们的成功也一定是建立在之前就有的充分思考基础之上的。因此，申请文书写作的核心原则就是一定要早做准备。

更进一步的个性化体现——面试

在整个申请过程中，几乎所有的材料都是以平面的方式向招生官展现申请者的特点，只有面试能够通过鲜活的交流给学校留下更为真实清晰的印象。面试这个看似短暂且无法捉摸的环节，往往会对申请结果带来不可预知的影响。

在整个申请过程中，面试可以算是最独特的一个环节了。这并非一个所有申请者都会经历的环节，面试数量的多少往往取决于申请的学校。面试或许是你第一次如此近距离地与理想大学的招生官或校友面对面交流，通过自己的语言而不是略显单薄的文字来展示你到底是个怎样的人。

对于面试这个环节的重要性和对最终录取结果的影响，我在申请过程中听到、看到了多种不同的回答。就像我们的成绩、活动或文书，几乎没有哪样能单独成为我们被录取的决定性因素一样，只通过一个面试就能让我们申请到一所学校的概率是极低的。

总的来说，大家对面试的定位应该是：“It may not make you, but it can certainly break you.”一个感觉表现蛮不错的面试不一定能够让你被录取，但一个表现非常一般的面试一定会把你剔除在候选人之外。要想每个面试都惊天地、泣鬼神几乎不可能，毕竟这取决于天时地利人和，所以我们只要能做到在面试中完全而真实地展示自己、不留遗憾就好。

学校到底对面试看得有多重？我觉得这个问题即使是各个学校的 Admission Officer 都没法很清楚地回答，而且这也不是我们需要考虑的问题。我们需要明确的就是，对于我们来说，包括面试在内，申请中的任何一个部分都是至关重要的，都需要我们付出百分之百的努力。

2 学校和专业选择

每年的录取结果总结中，选校永远是让许多人充满期待但又轻声哀叹的环节。相较于大家对标化考试和文书写作的无比重视，确认申请哪所学校往往是在 8—10 月之间，甚至有些同学和家长由于准备比较仓促，简单浏览过排名及官方网站后就草率决定了。实际上，选校也是个越早开始越好的工作。在准备托福、SAT 累了的时候，不妨到比较喜欢的学校的官方网站浏览一下，或者去一些论坛瞧瞧，这样不但可以缓解疲劳，也可以为最终的选校工作做好准备。

在这里，我想给家长和同学们重申选校的重要性。当你拿着自己最终的选校名单的时候，请一定要记住，这上面十几所学校的名字将决定你未来走向何方，这上面的每所学校都可能是你度过最能改变你的四年时光的地方。因此，对于每一所学校，都请一定要结合自身情况进行详细了解和慎重考虑。选校绝对不是一个应该充满幻想的环节，而是一个需要冷静思考、客观分析的过程。在选校的过程中，盲目地追高，或者因为喜欢某个城市或地区让自己的选择受限都是不可取的。选校的核心还是两个字：匹配。

下面，我会将选校的过程帮大家做个梳理，让风险尽量降低。

选校前要做好自我分析与定位

在大家开始对学校进行调研之前，适当花一定的时间进行自我分析和定位是十分必要的。选校的过程实际上就是一个寻找适合自己的学校的过程，如果我们缺乏对自己的正确认识，那又怎么谈得上选择适合自己的学校呢？所以，在开始了解学校之前，请大家务必认真思考以下几个方面，包括专业、个人实力定位和主观影响因素。

① 专业

对于申请美国大部分名校来说，专业都是无伤大雅的一项。大部分学校都会允许学生在大二结束的时候再根据自己的兴趣爱好选择专业，所以在申请过程中填写的专业意向，一般情况下对最终的申请结果并不会有影响。但是对于公立大校，特别是对一些希望申请热门专业的学生而言，就要进行合理选择，不然进入美国大学后，很难转到这个学校的热门专业或者最想要学习的专业。

例如，很多美国的公立大学中，都有独立的工程学院，是否打算学习工程类专业将决定你在申请的时候申的是工程学院，还是大学下属的文理学院中的理科专业。同样，对于以后想要从商的同学来说，是否本科就要进入商学院就读也是一个应该想清楚的问题。美国的许多大学本科都没有商科，而只有经济学专业，到底是进入大学下属的文理学院学经济，还是直接到商学院学习，是你应该仔细考量的问题。工程学院和商学院是美国大学在本科阶段存在的两个比较普遍、也颇具代表性的学院，此外，有些学校还会有专门的新闻传媒学院等，有意愿学习这些专业的同学应该留意一下。

之前提到的都是大的学院，还有一些学生会对更加具体的专业有明显的偏好，比如会计、建筑等。许多美国排名比较靠前的综合性大学和大部分文理学院注重通才教育，而且大部分以文科方面的强势而闻名。对于许多已经有了比较明确专业意向的同学来说，这种类型的学校未必是最适合的。所以，在选学校的过程中，建议这类同学要更加关注各个学校中自己心仪专业的情况，而不要简单地随大流选校。

② 个人实力定位

对于自身水平的把握和判断，在整个选校过程中占据着极其重要的位置，也是我们选择学校时最直观的一个决定因素。这决定了我们应该主攻哪类学校、选择什么学校保底、被各个学校录取的概率大概是多少等等。比较直观的个人实力包括GPA、SAT、托福、AP、奖项、活动、夏校、海外学习交流经历等。除了可以通过各种途径评估自身实力，前几届学长学姐的水平和去向也能帮助我们定位。明确自己在同校的出国学生中所处的大概位置，也有利于进行自我定位。

③ 主观影响因素

这个主要是考虑更细节的个人喜好问题了。相对于前两项，这一点没有那么重要，同学们只需要结合自己的喜好，把比较在意的几个方面列入选校时的考虑因素当中就好。这些主观影响因素包括学校的地理位置、氛围、规模、气候、多元化程度、是否有核心课程、是否有出国交流项目等。

知己知彼，了解学校

在完成自我了解和定位以后，我们就要进入漫长的信息收集和筛选的过程。总的来说，收集学校各方面的资料主要有以下几种途径。

① 学校官网

一个学校的官网永远是最直接了解这个学校的学习环境、特色项目、申请细则、去年录取情况等信息的地方。虽然很多学校的官网有“过于官方和正面”之嫌，但它所提供的信息却是最准确的。很多时候，一个学校官网的页面布置、一些细节所传递出的信息就很能反映一个学校的性格特点。以瓦萨学院为例，这所非常文艺的学校每隔一段时间就会更换官网首页图案，不论春夏秋冬还是各个节日都会换。如果你对一些学校比较感兴趣，建议加入它们的邮箱列表，这样学校就会时不时发一些关于它们的最新消息给你。

② 各种论坛

论坛比较推荐美国的College Confidential，上面能找到很多关于学校的第一手消息，值得仔细浏览。

③ 各种排名

各种大学排名也有助于我们了解各所高校的相对水平，如U.S. News、Princeton Review、Niche等榜单均可参考。

④ 各种选校指导书和网站

这里包括了大家熟知的Princeton Review、Fiske Guide，以及College

Board 和 U.S. News。这些网站和书籍上都有很多关于学校的信息和评论。

⑤ 学长学姐

除了通过网站和书本间接地了解学校之外，还有一种更直接的方式，那就是去咨询已经在那里读书的学长学姐。大家完全可以通过老师、社交网站等途径去联系这些学长学姐，从他们那里获得在学校生活、学习等方面的第一手资料。这些信息不同于网站上所展示出的学校官方的一面，可以更加直观地让你了解学校的利弊，看看这所学校到底适不适合你。同时，在申请的过程中，也可以和学长学姐保持联系，相互交流。

⑥ AO

如果关于学校的某些信息，通过以上几种方法都找不到，那么最直接的解决办法就是写电子邮件给对方学校的 Admission Officer（简称 AO）直接询问。值得一提的是，给 AO 写信的时候要尽量客气，避免犯低级的语法错误，因为毕竟后面可能会申请这所学校，如果因为这些外在的因素影响了最终的录取结果就得不偿失了。

3 美国大学申请政策

Early Decision（ED）

Early Decision 是早申请中的一种，简称 ED，可细分为 ED1 和 ED2。另一种早申请是 Early Action，简称 EA。要正确把握 ED，需要记住以下几个关键点。

① 时间不同

一般来说，ED1 的截止日期是 11 月 1 日，ED2 的截止日期是次年的 1 月 1 日。申请者只能选择一所大学以 ED 的方式进行申请，它意味着你做出这样的承诺：该大学是我的第一选择，如果该学校录取了我，我一定会报到入学。部分大学的 ED 有 ED1、ED2 之分，你若被 A 大学的 ED1 拒绝，你可以再申请 B 大学的 ED2。

② 可与 EA 同步申请

同学们在申请 ED 时，可以同时申请其他学校的 EA，但必须是非绑定的 EA，而不可以是 REA（Restrictive Early Action，限制性早申请）。

③ 与常规申请兼容

学生申请 ED 的时候，可以申请别的学校的常规录取，即 RD（Regular Decision）。但是，一旦你被 ED 录取以后，你必须立即撤回所有其他学校的申请。

④ 允许反悔的情况

只有当你申请了助学金（need-based financial aid），但学校没有给你所要求的奖学金的情况，你才有权利以缺少资金无法入学为由，拒绝学校的 ED 录取。此外，还存在一些允许反悔的特例，例如雪城大学的 ED 声明，没有被第一志愿学院录取的学生，就不再是绑定的 ED 学生，这类学生在被 ED 录取后可以选择不去雪城大学就读。

⑤ 反悔的严重后果

一般来说，被 ED 录取（无论 ED1 还是 ED2）的学生，必须入学报到（可以通过申请间隔年等方式延期入学）。如果出现违背 ED 协定的情况，比如同时申请了两所学校的 ED，学校有权利取消你的 ED 资格甚至入学资格。因此，建议在选择 ED 时一定要慎重考虑。

Early Action（EA）

Early Action 简称为 EA，是早申请的另一种类型。EA 与 ED 在很多方面都不太一样，总的来说，可以从以下几个方面去理解 EA。

① 截止日期

一般来说，EA 的截止日期与 ED 相同，都是 11 月 1 日。

② 无捆绑承诺

申请EA的学生，并不要求做出保证报到入学的承诺。学生一般被要求在每年5月1日前答复是否接受此学校的录取结果。

EA又可以细分为两类，一种是没有任何排他性的Non-Restrictive Early Action，即不限制你同时申请其他学校的早申请，比如芝加哥大学、乔治城大学的EA；另外一种是具有排他性的Single-Choice Early Action（SCEA）或Restrictive Early Action（REA），也就是限制你申请其他学校的EA和ED。因此，你一旦选择了Single-Choice Early Action或Restrictive Early Action，就不能再申请其他学校的ED了，同时也会限制你申请其他学校的EA。比如耶鲁大学的EA，一经申请，你就必须遵守耶鲁的约定，不能再申请其他大学的EA。

我们在申请EA时，可以非常巧妙地选择自己的“Match校”（即自己的硬件条件和软件条件差不多能够得上的大学），一旦录取，这个学校可以成为我们的保底校。有了offer做保底，心态是绝对是不一样的。

当EA被拒后，你可以申请第二轮的ED2以及RD（Regular Decision）。基本上，每年的12月15日早申请会出结果，若结果不理想，我们可以继续申请ED2和RD的目标院校。

此外，学生申请EA的时候，可以申请别的学校的常规录取RD。当你被EA录取以后，不必撤回正在进行的其他申请，也可以再进行其他新的学校的RD申请。

Regular Decision（RD）

Regular Decision简称RD，即常规录取。一般来讲，常规录取的截止日期是次年的1月1日，发放结果的时间通常是次年3月中下旬到4月1日。

常规录取无任何捆绑承诺或唯一排他性限制，学生可以同时申请多所大学的常规录取，录取后，可自行决定是否接受。

Rolling Admission（RA）

Rolling Admission，简称RA，即滚动申请，也就是在有空位的情况下就会接受申请，没有特定的截止日期，全年均可以申请。学校接收到申请资料后可随时进行审核，直到当年的名额录满为止。滚动申请无绑定或排他性限制，目前的暑期夏校采取的也是这样的申请政策。

下表是几种申请类型的对比。

<table>
<tr><th>申请系统</th><th colspan="2">申请类型</th><th>截止时间</th><th>公布日期</th><th>是否限制其他早申请</th><th>是否限制其他常规申请</th><th>是否绑定</th></tr>
<tr><td rowspan="7">Common Application（通用申请系统）</td><td rowspan="2">ED</td><td>ED1</td><td>每年11月1日</td><td>每年12月中旬</td><td>是</td><td>否</td><td>是</td></tr>
<tr><td>ED2</td><td>来年1月1日</td><td>来年1月1日</td><td>是</td><td>否</td><td>是</td></tr>
<tr><td rowspan="3">EA</td><td>EA</td><td rowspan="3">每年11月1日</td><td rowspan="3">每年12月中旬</td><td>否</td><td>否</td><td>否</td></tr>
<tr><td>REA</td><td>是</td><td>否</td><td>否</td></tr>
<tr><td>SCEA</td><td>是</td><td>否</td><td>否</td></tr>
<tr><td>RD</td><td>–</td><td>每年12月底</td><td>来年3—4月</td><td>无</td><td>无</td><td>无</td></tr>
<tr><td>RA</td><td>–</td><td>无</td><td>审核后公布</td><td>无</td><td>无</td><td>无</td></tr>
</table>

总的来说，通过ED申请目标院校的时候一定要非常慎重，可以将自己非常喜欢的、录取难度系数比其他院校都大的学校作为ED的目标院校。如果收到录取就最好，可以提早结束申请工作，尽早开始赴美前的准备；如果没有被录取，自己也不用太难过，因为还能通过RD去申请其他的院校。此外，在选择早申请或者常规申请的时候，还要把自己的软硬件背景考虑进去。通常，早申请比较适合已经获得相应的标准化考试成绩，并且希望节省申请费的学生。如果在早申请截止前并没有把标准化考试成绩准备好，那么不建议学生盲目跟风。

希望大家在开始正式选校之前能把上述各方面都考虑到，这样在搜索各个学校具体的信息和资料时，就能对自己想要定位的学校有比较明确的概念，让选校变得精准且事半功倍。

4 去美国读本科申请路径

美国本科申请路径主要分为新生申请和转学申请。无论何种路径，在申请流程和材料方面都要做充分的准备。因为申请前的准备阶段、申请时的查询阶段、申请后的确认阶段都容易出现各种问题。现就美国本科申请各个阶段可能出现的问题，总结一些注意事项并给出部分解决方案，供大家参考。

新生申请及其注意事项

★ 注意不同学校、不同申请方式（ED、EA、RA、RD）的申请截止日期。

★ 熟悉三大网申系统：通用申请系统（Common Application）、CAAS申请系统（Coalition for Access,Affordability and Success）和加州大学申请系统（UC Application）。

★ 注意学校排名和学校的申请条件，包括对GPA、托福 / 雅思、SAT/ACT等成绩的要求，一定要及时登录各校官网进行查询。

★ 大家递交完学校的网申后，务必及时查看当时注册的申请邮箱，时刻追踪申请状态的变化。若出现材料不全的情况，应及时给校方发邮件或者打电话查询。

★ 注意托福 / 雅思 /SAT/ACT的送分时间，按每项考试的送分周期及申请院校的截止日期进行计算。学校对申请材料的截止日期要求不尽相同，需要以学校官网公布的时间为准。

★ 注意部分学校出结果的时间，如果自己没有被录取，可以尝试发邮件提出调剂去分校、再次送分或者申诉。如果录取结果处于推迟（Defer）状态或者自己尚在等待名单（Waiting List）中，要给招生官写申诉信。有的学校官网上会提供申诉表格，但也要注意反馈截止的时间。

转学申请及其注意事项

美国本科转学一般分为秋季入学和春季入学，但部分学校不接受国际学生从外国进行春季转学。对于中国本科在读生来说，以转学的方式申请美国本科意味着放弃在中国大学的学业，把在中国已经拿到的学分提交给美国大学招生办公室，让他们对你在国内所学的课程和学分进行评估。如果美国大学认可你的学分，并认为你达到了他们的录取条件，你就会以转学生的身份被录取，在美国大学继续学习，完成本科学业，最终拿到美国大学某专业的学士学位。

① 什么样的学生适合转学？

有的学生高考失利没考入一本大学，想去美国上一所更理想的大学，就可以在中国上完大一或大二后办理美国本科转学申请；上大学后发现所学专业不合适、想换专业的学生，如果在中国大学里无法改专业，就可以考虑以转学生身份去美国读完本科，达到改专业的目的；还有一些是由于各种原因突然决定出国，但是来不及准备 SAT 考试的高三学生，也可以考虑这条道路，因为申请美国本科转学很多大学不要求提供 SAT 成绩；在中国已经大专毕业或大专在读的学生，可以申请美国本科转学，在美国继续完成 4 年本科，拿到学士学位。

② 本科转学申请中最重要的因素是什么？

GPA 是美国大学审查学生学术水平的第一要素。美国大学其实不太在意学生就读大学的名气，但是非常在意学生的 GPA 成绩。比较好的美国大学一般都会将 GPA 达到 3.0 或以上作为转学的标准值，GPA 能达到 3.5 或以上对于转入排名前 50 的学校才更有保障。如果想直接转学进入具有竞争力的本科专业，GPA 的分数还要更高些。

在转学申请中，提供中国大学的课程描述是至关重要的，一份详尽的课程描述在关键时刻甚至可以起到决定性的作用。它既能让招生官了解到学生所修课程的具体内容和专业程度的高低，同时也有助于争取更多的学分转换。

除了 GPA 和课程描述以外，还需要提供至少 80 分的托福成绩。此外，如果学生是大一结束转学，部分全美排名前 60 的热门大学近两年也开始让转学生提供 SAT 成绩。因此，想申请转入名校的学生一定要留意学校对于 SAT 成绩的要求，避免延误转学的时机。如果你申请的是全美排名60名以后的大学，大部分学校都不要求提供SAT成绩。

③ 转学生的学校选择

对转学生来说，选校更需慎重。因为每个学校都有自己的转学和转学分政策，选学校的时候要考虑的因素与本科新生申请时不太一样。最好是能选择最有利于中国转学生录取的学校，或者说找到转学政策最适合你的学校。例如，许多国内英语专业的学生想转去美国读商科，一些学校明确表示英语作为第二语言课程不能转学分，而且听力、口语等类似课程通常也不能转学分，所以这类学生能转的学分可能会低于其他专业的转学生。有的学校不同的专业要求也不同，热门专业的要求会更高，截止日期也会更早。部分学校还有特殊的要求，因此要特别留意。

申请材料准备清单

申请材料可分为新生申请所需材料和转学申请所需材料，建议大家尽量多准备几份相关材料的备份，因为在申请、认证和办理签证的过程中都可能会用到。

① 美国本科新生申请所需材料

初三及高中成绩单中英文版、高中学校的信封（在信封上盖上学校的骑缝章，装高中成绩单时使用）、推荐人邮箱、存款证明、收入证明、护照及其他身份相关信息（注：如果持有绿卡或非中国籍护照，记得核对学生姓名、出生日期以及有效期）、双币信用卡、高中毕业证（申请时还未毕业的，可等拿到证件后补充）。

② 美国本科转学申请所需材料

初高中成绩单中英文版、高中学校的信封（在信封上盖上学校的骑缝章，装高中成绩单及毕业证时使用）、高中毕业证中英文版、大学成绩单中英文版、大学信封（装大学成绩单时使用）、推荐人邮箱、存款证明、收入证明、护照及其他身份相关信息、双币信用卡。部分大学转学要求提供课程描述，如宾夕法尼亚大学等。

三 美国本科留学申请时间线

美本申请的准备不仅仅是最后几个月填网申、写文书，也包括之前两年甚至三到五年的标化考试、活动、竞赛、学术研究、暑期夏校的积累和准备。很多时候，直到临近递交申请时，很多学生才发现已经浪费了大量的时间。下面介绍一下美国本科留学规划的时间线，希望大家对一些关键的时间点了然于胸。

低龄留学规划时间安排

随着家长留学早规划意识的不断提升，低龄化规划成为 00 后留学的一大趋势。事实上，初中阶段甚至小学阶段的准备非常重要，因为准备得是否充分，很大程度上决定了申请结果是否理想。在美本早期规划的准备阶段，主要的任务包括校内学习、托福及 SAT/ACT 培训、考试报名、课外活动、竞赛科研、夏校、实践等。低龄留学规划时间线如下图所示。

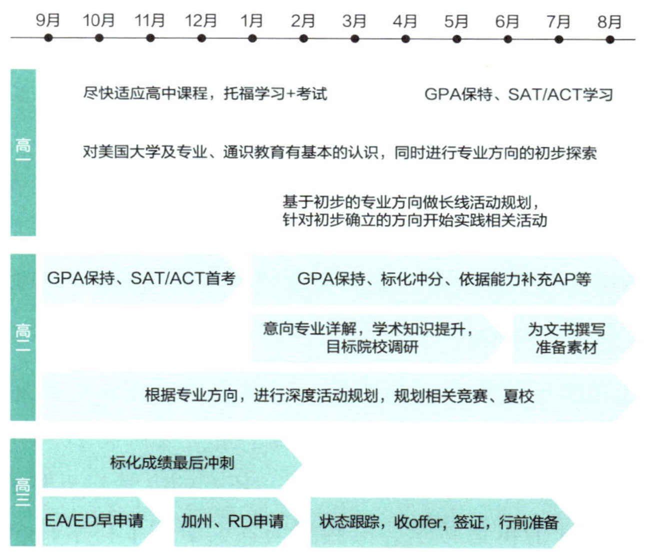

美本申请各阶段时间安排

美本成功申请的前提，是要了解美国大学的申请过程，清楚整个过程中每一个环节的要求、持续时间、待办事项，以及可能遇到的问题等。统筹规划之后，更加有利于实现留学的具体目标。美本申请各阶段时间安排如下图。

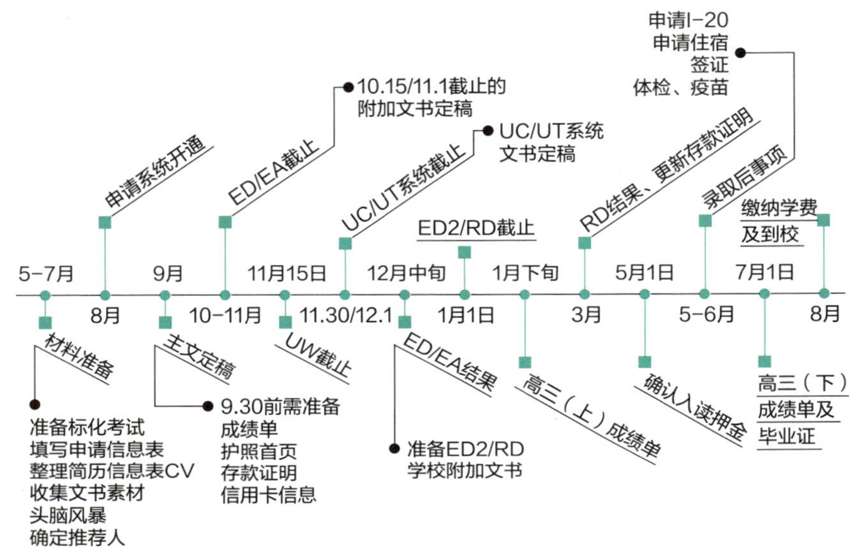

转学申请时间规划安排

通常来说，转学到美国读本科的最佳时间是在国内读完大一或大二。原因是美国本科前两年主要上通识教育课程，大约占到40~60个学分，各校要求有所不同。很多学生在通识课程上完后才确定专业，专业课主要安排在后两年。如果在大一大二提交转学申请，美国大学本科招生办本身就可以决定是否接受转学申请，专业系里不用参与录取过程，尤其在申请人没有选择本科专业的情况下，只需要申请预备专业（pre-major）就行了，相对来说被录取的可能性更大些。

学校在收到转学申请和课程描述后，通常会先对转学生的通识学分进行评估，再进行录取。绝大部分美国院校要求转学生至少修满26~30个学分后，也就是上完大一之后，才能开始提交转学申请。还有的大学甚至要求申请人必须有30个可转换学分后才能申请转学。虽然美国各大学对本科生转学的政策不完全一样，但有一个共性，那就是一般不接受大一或大四在读本科生的转学申请。

在时间节点方面，如果是秋季申请转学到加州大学系统，那么和新生一样都是 11 月 30 日截止，而常规申请主要是入学年份的 2—4 月截止。不过，由于转学是滚动制录取，即大学申请通道开放后即可递交申请，招满即截止申请，因此建议越早提交越好。总的来看，转学去美国大学确实是一条非常便捷且高效经济的求学途径。

四 美国本科留学申请趋势

近 3 年来，美国大学入学申请的环境发生了显著变化，国际学生的申请人数在疫情后回升强劲。美国国际教育研究所最新的《门户开放报告》(*Open Doors*) 显示，2022/23 学年国际学生入学人数再次突破百万大关。本科生入学人数在 2019/20 学年为 104,907 人，2020/21 学年下降到 69,183 人，然后在 2021/22 学年增加到 90,642 人，在 2022/23 学年进一步增加到 95,681 人，从 2021/22 学年到 2022/23 学年增加了 5.6%。

美国大学网申系统 Common Application 的数据进一步印证了国际申请者的变化，这与门户开放报告关于 2022/23 学年国际学生入学率的报告基本一致。对于国际学生的来源，自 2019 年以来，中国的申请者减少了 18%，而来自印度的申请者增长了 118%，来自加纳和尼日利亚的申请者分别增长了 1066% 和 347%。根据最新公布的 2024 秋季入学早申请数据，早申请人数暴涨 41%，无论是第一年创建 Common Application 账户的人数，还是申请人数，均出现明显上涨。中国学生总数虽然呈下降趋势，但仍然是国际生的主力军，占国际生总数的 15.7%。近几个申请季，其他国家如印度、加纳、尼日利亚、加拿大的学生正在抢占录取名额，中国学生面临的全球竞争更为激烈。在这一竞争日益激烈的背景下，申请者需要采取多元化的申请策略，并真诚地展示出自己对所选学科的兴趣和投入。

日益激烈的申请竞争

近几年，美本录取的激烈竞争已经从排名 TOP20 的学校逐步蔓延到 TOP30—TOP50 的学校。随着公立大校加州系大学整体录取人数的缩减，我平时的讲座题目也从 5 年前的“早规划保前 30”变成了“冲前 30 保 50”。从 2024

年早申请的结果来看，整体录取率变化不大，各大高校对申请者依然是综合考虑，优中选优。我们常说的托福成绩、奖项、活动、社团、夏校等依然在录取中争奇斗艳、各显神通。

托福成绩平均113分、SAT平均1544分、AP 7门、夏校1.8个已经成为标配，个性化展示各色各样，比如有的申请者参与了各类国际级别的竞赛，像是丘成桐金奖、USABO金奖、BBO前5%和银奖、2022年脑科学创新挑战赛金奖、沃顿商业世界领导力项目（LBW）TOP 10、USAD金奖、英国物理奥林匹克竞赛金奖、全球科学摄影展金奖等。有的申请者可能还是亚裔学生联盟学生会主席、性别平等平台创始人、Y博士研究助理、冰球或曲棍球运动队队长、乐团首席小提琴手、论文独立一作、校报负责人、国家二级运动员、钢琴央院9级等。从成绩到各类项目，优秀者众多。

作为留学行业的从业者，近4年我自己也经历了两个儿子的美本申请，对于录取趋势的变化我深有体会。以颇受中国学生欢迎的热门院校纽约大学（NYU）为例，2020年，我家哥哥在申请纽约大学时，其官方公布的申请者数据为80,000多人，那时候就已经有老师感慨申请人数的增加。然而，等到2023年我家弟弟申请纽约大学时，其官方公布的申请者数据达到了120,000人之多。一方面申请人数逐年上升，另一方面，纽约大学的录取人数却从12,309人降到了10,000人，一升一降直接的后果是录取率直线下降。

还有一些热门学校，如南加州大学、弗吉尼亚大学、波士顿大学、威斯康星大学麦迪逊分校等，这些在传统录取中相对友好的学校在ED、EA、RD录取过程中也是险象环生，让人难以捉摸。例如，南加州大学2022年新推出的EA政策吸引了众多申请，但录取结果仅为5.91%，甚至低于哈佛大学和耶鲁大学的录取率，给了很多申请者当头一棒，可见竞争的激烈程度。东部公立名校弗吉尼亚大学，更是在早申请录取中大幅减少了国际学生和州外学生的录取率，让一众心仪者梦碎。地理位置优越的波士顿大学今年的申请者突破8万，过去5年间，波士顿大学的录取率从18%下降到11%，变化幅度达到了惊人的7%。

尽管竞争越来越激烈，但客观来说，美本申请难的现象，对于头部学校而言是一直存在的。不过对于大部分美本申请者来说，无论是录取的大年还是小年，录取比例的浮动变化都不大，90% 的早申请者都会有一两个 offer 在手。

都说美本录取是玄学，但总结下来还是有规律可循的。例如，热门学校纽约大学近 3 年来从等待名单里转正了大批学生，所以进入等待名单的学生一定要充满希望。TOP20 名校中也有不少录取稳定的学校，公立理工强校伊利诺伊大学香槟分校（UIUC）的录取依然稳定，提供给很多孩子踏实的保底。另外一个排名 50 位左右的俄亥俄州立大学更是敞开怀抱欢迎国际学生。西海岸的华盛顿大学、加州系统的某些分校都在正常录取，等待名单中的很多学生也顺利转正。对于美本申请，我们只要客观分析，理性对待，大家都会顺利上岸。

不可轻视的标化成绩

2024 年 2 月 22 日，耶鲁大学公布了新的本科录取政策，这个政策和纽约大学的录取政策类似，SAT/ACT/AP/IB 四项中必须至少提交一项。麻省理工学院、达特茅斯学院等名校也相继推出了对于 SAT/ACT 等标化成绩的要求。

美国大学对标化成绩的要求分为四种，从强制到宽松排序为：

Test-Required（强制要求）：包括麻省理工学院、达特茅斯学院、乔治城大学、佛罗里达大学、佐治亚理工学院、佐治亚大学、普渡大学（强烈建议）等。

Test-Flexible（灵活选择）：可以用 IB/AP 成绩替代，准确意义上，耶鲁大学官宣的最新标化政策即属于这种，纽约大学同样采取此种标化政策。

Test-Optional（标化可选）：不提交不影响录取，若愿意提交有竞争力的分数，学校也会接受并纳入审核范围。目前 2/3 的美国大学皆采取标化可选政策，其中芝加哥大学、哥伦比亚大学、维克森林大学、罗切斯特大学、威廉玛丽学院、布兰迪斯大学等 6 所学校宣布永久执行该政策。

Test-Blind（不考虑标化）：有些学校完全不考虑标化成绩，包括加州系大学，以及加州理工学院等。

在 2024 年秋季申请季当中，美国很多大学宣布了标化可选政策。虽然公布的是可选，但很多大学公布的官方数据让申请者不得不继续考出更高的标化分数。杜克大学收到了 6240 份 ED 早申请，在实施标化可选政策下，有超过 65%

的录取学生都有标化成绩。理工名校佐治亚理工学院对申请者的平均 GPA 要求为 4.07，SAT 综合分数的中位数为 1465 分，ACT 平均分数为 33 分。根据 2024 年新东方前途出国早申请录取到美本前 30 的案例来看，70% 的学生提交了 SAT 或者 ACT 成绩，托福中位数是 110 分，AP 科目的数量也在增加。

美本申请如何才能脱颖而出？

美本申请竞争越来越激烈，犹如神仙打架，那么如何才能拿到心仪的录取呢？对于这个家长们经常讨论的问题，我们还是要回到初心，也就是早规划。早规划可以让学生的准备更加充分和个性化，极大地提升竞争力。俗话说“早起的鸟儿有虫吃”，这句话非常适合美国本科的申请。我们要提前武装好自己，做好如下两点：一是根据孩子和家庭的实际情况从中学阶段就开始规划国际教育路线，从国际学校、公立高中国际部、海外高中等路径中选择适合自己的方案；二是定好大方向后，再根据孩子的个性、特点、倾向、学习情况等进行抽丝剥茧的分析，留学国家或地区、专业方向等一旦确定，家长和孩子就可以齐心协力一起往前跑了。

具体到申请的策略，有以下两种思路。

首先是充分利用多轮选校的规则。众所周知，美本 ED 选校只能选一所，但早申请还有 EA 申请，EA 可选的学校就多了很多，有的学校还有 ED2，还有加州系的学校，还有 RD 等。美本申请纵然难，但并不是千军万马过独木桥，多轮录取给了学生更多的选择和保障。一般录取季结束后，每个学生手里基本都会有多个 offer 供选择。对于美本申请，我们真的要相信时间的力量，录取季从每年的 12 月份到来年的 3 月份，乃至 5 月份，都可能有惊喜陆续到来。

其次是多国多地区联申。近年来，多国家多地区联申成为一大趋势，在美本申请中也很常见。学生同时申请美国、英国、中国香港、新加坡、澳大利亚等国家和地区学校的例子很多，以至于录取季结束时，多个 offer 在手、多个国家可选择，很多学生和家长不得不面对这个幸福的纠结时刻。最后只能忍痛割爱，放弃很多排名高的学校，选择自己最心仪的梦校。

美国本科申请不能仅仅依靠孩子自己的努力，更多是家庭、学校、个人乃至校外机构合力的过程。成功的申请不能只依赖申请材料的外在打磨，还需要孩子、家庭、学校老师以及专业顾问的共同努力。

面对日益激烈的申请竞争，学术成绩的卓越只是基础，课外活动、竞赛、科研项目以及申请材料的准备都需要精心的策划和长期投入。名校的录取不是偶然，而是对学生热情、毅力和全面能力的认可。因此，申请者需要展现其真实、全面的自我，包括学术成就、个性特质和生活经历等，以构建一个立体且吸引人的形象。只有那些脚踏实地、全力以赴、拥有强大的复合型能力的学生，才能在竞争激烈的申请中脱颖而出。

案例 1 作为行业局内人，我家俩儿子的留学规划有什么不同？

2023 年 7 月份去机场送大儿子回纽约大学，9 月份再到机场看着小儿子的背影进了安检，飞往加州圣地亚哥。我和孩子爸爸相对无言、失落回家，从那一刻起，纽约和圣地亚哥这两个美国东西海岸的城市成为我们剪不断的牵挂。

作为两个普通男孩儿的妈妈，我和很多家长一样，在培养孩子的路上经历了小学时的淡定、小升初择校的艰难、青春期孩子的叛逆、初升高的择校、标化考试的波折、申请路上哥哥 ED 一击而中的喜悦、弟弟两轮 ED 不中的焦虑，以及弟弟 RD 阶段放弃排名高的学校坚持自己的选择。两个儿子的求学之路，现在虽然可以笑谈，但一路上其实充满了波折。

轻松快乐的小学

我家哥俩的小学上的是北京郊区非常普通的小学。在和家长的留学咨询面谈中，很多家长建议我给儿子转学，说好小学会给孩子提供更多的资源、更多的自信，小升初时也会有更好的机会。当时我考虑到哥哥在小学里如鱼得水，不但有非常爱他的班主任李老师，还有一直认可并鼓励他的语文吴老师，就让孩子一直在这个小学待了六年。一上六年级好老师的作用就显示出来了，那时候李老师不管是公开场合还是私下都建议家长想办法考试，建议孩子初中出区读书。哥哥很幸运地成为当时的中国人民大学附属中学朝阳分校（简称“人朝分”，后学校更名为“人朝分实验学校”）的第一届学生。三年后弟弟也跟着哥哥的脚步，进入人朝分就读初中。

父子三人行的中学

进入中学后，哥俩都面临着同样的问题：课业多、节奏快、优秀同学太多……哥俩原有的学习习惯受到了严重的挑战。记得哥哥上初一时，走读上学，每天起大早，晚上到家也很晚，每天都非常疲惫，这也影响到了哥哥的成绩。第一次家长会孩子爸爸老刘发现问题后，从“全不管”爸爸化身“全副武装爸爸”。他从家校通手册入手，翻看各科教材，每天随堂考、作业、家校沟通、白板、演算纸等齐上阵。在哥哥和弟弟分别上初一的那两年，爸爸确实投入了太多的精力。记得当时，老刘出差都是当天来回，晚上到家后检查孩子的作业，跟踪家校通。后来有一次，哥哥的数学老师非常认真地询问我们是不是找了家教，因为哥哥的数学原本问题很大，还没来得及找家长反馈，就发现哥哥的作业情况突然有所好转，而且学习成绩也跟着提升了不少。成绩提高了，哥哥也越来越自信，越来越愿意上学。

弟弟的学习也是在刚刚进入初一时遇到很大问题。一向散养、性格内向的老二，碰上脾气一点就着的妈妈，让家庭成员的相处遇到了前所未有的挑战。爸爸开完弟弟第一次家长会后，和我认真交谈了一次，希望在孩子教育问题方面我能后退一些。他又把三年前的白板搬出来，再次披挂上阵。三年前，老刘出差去沈阳当天来回，辅导弟弟那会儿他去杭州出差也是当天来回。父子俩之间从最初的绝望、相互怀疑和排斥，到逐步信任，互动逐渐走上正轨。老刘的投入随着弟弟成绩的进步得到了班主任郑老师不断的肯定和表扬。经过一年的努力，在牛娃如林的人朝分，弟弟的成绩从刚进校时的尾部到初一结束时的头部，郑老师说我家弟弟这一年给了她最大的惊喜。前几天收拾弟弟的书籍，翻出他初一的家校通手册，每一页都有爸爸认真的记录和郑老师认真的回复。现在回顾起来，我更加认可家校共育的理念，孩子的进步真的离不开家长和老师的共同努力。

哥哥高中是在美国读的，现在每当谈起当年送 15 岁的哥哥去美国，脑海中闪现临行时孩子的眼泪和不舍，心中仍然会感到一阵酸楚。哥哥在美国经历了转学，经历了独自生活和求学的一年，等到他 11 年级时老刘和弟弟也去了美国，老刘陪着哥俩读书。哥哥的适应过程，弟弟的美国生活初体验，语言和学习方式、节奏的变化都在考验这哥俩和老刘。那段时光，我和他们只能通过视频短暂交流，有在沟通交谈中打听他们情况的时候，偶尔也有扮演“教育专家”支招后的争吵，还有老刘学会做饭后，向我炫耀把哥俩逐渐养胖的喜悦。美国的好高中是非常卷的，特别是偏向文科的哥哥遇到高难度的理科课程，在强手如林的环境中保证 GPA 的稳定并逐步上升，实属不易。而初到美国的弟弟，如何融入新环境交到新朋友，对我们一家而言也是很大的考验。随着时间的推移，父子三人在摸索中前行，他们在美国逐渐适应了求学的生活。如同北京的家长们一样，在放学后和周末老刘送哥俩上写作课、阅读课、竞赛课、编程课等，对于参与感不多的我来说，现在回顾起来眼里满是泪花。

独立和认怂的申请季

记忆中的第一次认怂是在某次我下班回家，他们父子三人说要和我聊聊。哥俩先说："在家我们需要妈妈，我们不需要新东方的司老师。"老刘接着说："在家我要的是老婆，不是新东方的总监。"面对他们三人的合谋和要求，我回想起自己每次在工作中看到优秀学生的案例就和他们分享，让他们学习；别人推荐的某些课外班，我也会强烈建议他们去报；工作中看到的别人的不足，我或明目张胆或含沙射影地和哥俩说有则改之，无则加勉。我把工作带到了家里，确实给家人带来了有形或无形的压力。他们这一次"合谋"的家庭会议，让我认识到，在家里对儿子们来说我就是妈妈，而非其他任何身份。

现在回想起来，哥哥的申请季与弟弟比起来，还是很顺利的。SAT 考了两次就有了理想的成绩，奖项和活动方面的规划都有我的同事引导。记得在 2019 年的暑假，哥哥回国上申请相关的课程。上完课哥哥和我认真地谈，他说："妈妈，你信任我吗？"我说："当然信任。""那你信任你给我安排的指导老师吗？"我说："必须信任。"接着哥哥说："那接下来的申请就由我和老师们来完成，选校和文书都由我自己来定，您不要参与。"当哥哥提出这个要求时，我犹豫了片刻，但还是给出了肯定的答复："申请节奏你把握好，和老师配合好，我不参与。"约定好后，哥哥 ED 选择了纽约大学，EA 的选校、专业选择，都由他自己决定。虽然嘴上说不参与，但我仍有一些担心。我当时只有一个要求，就是咱们多加几个保底学校，这样踏实一些。在申请过程中，我偶尔过问一下进展，但对儿子的文书等细节我都没有参与，到今天我也不知道哥哥的文书内容，后来弟弟的申请文书内容我也依旧不知道。哥哥的申请相对比较顺利，2019 年的 12 月中旬哥哥拿到了纽约大学的 offer，可谓"一锤定校"。接下来在取消申请其他保底校时，哥哥一边取消，一边抱怨我给他选的保底学校太多了。确实，当时美东各个州立大学我们都申请了，并且都在 EA 阶段给了录取。

与哥哥不同，弟弟三年高中就在家附近的学校就读，这三年弟弟的快速成长大家都看得见。在这个过程中，孩子和家长都经历了各种锤炼。弟弟在高中三年遇到的最大问题是托福口语分数考不出来。记得有一次在参加第N次托福考试后，弟弟的托福成绩从99分跌到了92分，眼看着大把时间都放到托福上还出不了分，我就对弟弟施以冷脸，吃饭、沟通都没有好气，家里气氛好几天都冷冰冰的。记得到了第四天，弟弟对我说："妈妈，你差不多就得了，别再居高临下地看我了，难道我就不难受吗？难道我就不着急吗？难道我不知道努力吗？"面对弟弟的诘问，我立刻意识到考不好他自己才是更难受的，这个时候他需要妈妈的安慰和支持，而不是冷淡的态度。我当机立断地向儿子道歉，赶紧调整态度，帮助他和老师沟通、协调，给他自己准备的时间。后来，在申请季的10月份，弟弟最后一次托福考试结束后，我去考场接他，问他写作和听力考得咋样，他不想和我说，因为不想让我不高兴。我说不会的，现在是10月份，我们11月份还可以考。他还是不想说，我没有继续追问。当快到家时，弟弟放松了心态和我说，阅读29，听力28，但是担心口语成绩继续不给力，所以之前不敢告诉我。后来托福出分，这次考试的成绩就是他的最好成绩，并最终用这个成绩申请到了不错的学校。

说到弟弟的申请，真是一波三折，但惊喜总在风雨后。ED1弗吉尼亚大学失利，ED2纽约大学进入等待名单，直到伊利诺伊大学香槟分校（UIUC）的EA录取来了，全家才松了一口气。那个时候我和老刘就一直肯定UIUC的优势，孩子也非常认可，他周围的小伙伴很多也拿到UIUC的录取，大家都很高兴。接下来英国帝国理工学院来了预录取，看到这个录取，我感到非常骄傲，鼓励弟弟去帝国理工学院读书。弟弟这个时候很淡然地说，人家拿到牛津剑桥的妈妈都没发朋友圈，没必要太激动，他还在等其他录取。到了RD录取季，加州大学圣地亚哥分校（UCSD）来了录取，不久后纽约大学也给了转正录取。面对这些录取，有老师说，帝国理工学院排名高，纽约大学是美国前30，位置好，哥哥也在那儿，这两个是优先选项，但是弟弟坚持要去UCSD读书。无论大家怎么劝说，弟弟始终坚持他自己的选择。还有在申请时专业的选择，生物还是环境科学，直线还是曲线，都是他自己定的。孩子有自己的坚持，我们做父母的就选择支持和尊重。老刘说，这次是选学校，下次领儿媳妇回来，只要儿子喜欢，我们就得认怂，就得支持。

真假“康奈尔妈妈”

因为曾经指导很多学生拿到了康奈尔大学的offer，因此很多人叫我“康奈尔妈妈”。在哥俩还在上小学的时候，我说你们俩申请大学就去康奈尔大学，让妈妈成为真正的康奈尔妈妈。但当孩子真正申请时，我就不再说了。比如哥哥申请时，有老师建议他ED申康奈尔大学，弟弟申请时也有同事建议申请康奈尔大学相对偏门的专业。我对两个孩子说，申请哪所大学、选择哪所大学要由他们自己决定，不要因为妈妈的面子而刻意去追求，就读哪个大学都是他们自己的努力和选择。现在哥哥就读纽约大学，接下来要申请研究生，又有同事和我说可以申请康奈尔大学，我说本科申请都是他们自己决定的，研究生就更不需要我做决定了。

孩子成长路上的故事很多，有欢乐、有喜悦，也有很多共克难关的时刻。2023年暑假，离别三年多的哥哥从纽约回来待了短短的一个月，一家人相聚的时刻转眼就过去了。孩子们上了大学后，再回家就是度假。去机场接孩子，不管孩子去藤校、G5还是其他学校，每一个家长都是翘首以盼。在机场送孩子，每一个家长都希望孩子一路平安，顺利求学。陪伴、守护、渐行渐远，这是培养孩子的必经之路。

案例2 5年美本规划圆梦耶鲁，文理兼修打造鲜明个人特质

随着耶鲁大学offer的到来，Tony同学2023/24申请季画上了圆满的句号。Tony凭借优秀的个人能力、鲜明的个人风格，以及有针对性的学术和活动规划，最终突出重围，获得了录取率只有3.7%的耶鲁大学的青睐。

初心始于初见

初次与Tony妈妈见面是在新东方的国际高中择校展，当时我讲座的主题是美本早规划，Tony妈妈对于讲座中谈到的内容表示非常认同。虽然那时Tony同学刚刚完成8年级的学习，但是妈妈对Tony的学习和能力提升非常重视，很快便和我约定带孩子来公司沟通。首次沟通Tony就给我留下非常深刻的印象，

虽然他还只是个初中生，但性格很沉稳、口头表达能力极强，给人非常自信的强大气场。他还向我展示了自己一直运营的公众号，文笔和内容深度都非常不错。当时，我就建议他往人文社科方向的专业大类去做探索。

尽早规划，确定专业

就这样，我们正式开启了 Tony 长达 5 年的美本规划之路。作为从小学到初中都在公立体系中学习的学子，Tony 有着敏锐的洞察力、超强的自我驱动力、良好的时间管理能力，以及对于自己学校深深的认同感。但若有意向本科赴美，最好可以尽早进入国际教育体系。中考后，Tony 顺利进入国际教育体系，并利用高一开学前的暑假确定了人文社科方向。我们的学术老师带着他系统性地调研了大学和专业后，最终确定了政治 / 国际关系相关专业，一切都很顺利。

目标明确，文理双修

自从 Tony 进入高中后，我能明显感觉到一个大的变化是，他的妈妈只是在群里陪伴，而把 Tony 推到了台前，所有的活动安排都是让 Tony 和我们的老师商量决定。在活动安排中，Tony 对人文社科的热爱和各方面能力展现得淋漓尽致，包括但不限于语言表达能力、社会调研能力、学术能力、领导力等。此外，他还文理兼修，获得了数学相关的高含金量奖项。申请文科方向的学生具有极强的理工科功底，这不正是美国名校需要的复合型人才吗？

除了良好的学习能力、学习习惯，以及我们之前默契的配合外，Tony 申请成功另一个重要的原因是，他没有把申请当作老师和家长的事，从始至终他都将申请当作自己的事。在为期 5 年的规划中，Tony 经常在放学后来到新东方，打开电脑和我逐一分析他目前在做的各项活动。和大多数申请者不同，他不会等着老师去帮他规划，而是自己先有个大体的安排，再由老师来判断是否合理，以及如何调整。因此我们的配合很大程度上是由 Tony 来主导的，他提出问题，我来解答；他提出计划，我来调整；他提出活动的想法，我来给出落地的建议等。我也会特别注意 Tony 的状态，会告诉他既不要过于理想主义，也不要止步不前，脚踏实地就好。

突破自我，全面开花

在为期 5 年的规划中，Tony 不断突破自己并且坚持向更高的山峰发起挑战，我们通过对已有活动的延伸和拓展（如模拟联合国系列活动、可持续发展系列活动等），将不同的活动联系在一起，形成了不同主题的活动主线，最大化地展现了他的综合学术能力、社会责任感、领导力，最终他的奖项和活动项目大大超出了申请所需的数量。

此外，在学术荣誉/竞赛方面，Tony也做了很多尝试，除了社科必备的CTB、学术论文发表外，他还在10年级参与了多项竞赛。虽然他早已经确定申请社科方向，但依然参与了AMC数学竞赛、USAD综合学术竞赛等非社科类竞赛，并拿到了非常理想的成绩。最终，Tony在学术奖项上呈现出来的不仅仅是文理兼修的超强学术背景，还涵盖了人文社科必备的学术调研能力。除此之外，他还在活动方面展现出了强大的社会责任感，比如对环保与可持续发展问题的关注。

申请强调，个人特质

很快就到了申请阶段，在申请材料的准备过程中，我们从申请角度结合Tony的特点，分析了简历该如何填写、活动该怎么完善、主文书的选材，以及附表文书的思路。Tony和妈妈很认可我们的分析，并开始了紧锣密鼓的准备。

受媒体人妈妈的影响，Tony从小就深谙国际关系和时事，同时对民生也有非常强的共情能力。由此出发，在主文书方面，他以自己从黎明开始驻扎在香港米埔水边、拍摄黑面琵鹭的纪录片为开头，引出了自己对自然多样性的着迷以及对香港元朗区社会经济框架的探索。全文体现了他对环境、水禽和渔民间关系的思考和理解，展示了Tony通过媒体揭示公共社会问题和提出方案的倡议。同时，Tony也给香港政府草拟了补偿渔民损失和保护可持续性生态发展的建议。Tony从多方面关注社会问题并努力产生影响的特质，在主文书中展现得淋漓尽致。

附表文书方面，Tony在4个50字的短问题中展现了各方面的经历和优势，包括从自然环境中获取灵感、研究女书对社会的意义、为藏区捐书的情怀，以及通过音乐连接社会的能力。在耶鲁400字的文书中，他写出了媒体人母亲对自己的影响，即便与科技巨头辩论隐私问题时妈妈仍游刃有余，这激励着他将传媒和社会正义相结合。

5 年的时间，我与 Tony 还有他妈妈，从初见初识到相识相知，从陌生人到师生，再到无话不谈的好朋友，从对未来毫无头绪到建立井井有条的规划安排并付诸行动，有艰辛、有坎坷、有欢笑，也有幸福。最终，我们的共同努力换来了 Tony 的耶鲁大学录取通知书。同时，Tony 也获得了很多学子梦寐以求的纽约大学 Stern 商学院和圣母大学的录取，令人欣慰。

5 年间我见证了 Tony 的成长，更见证了 Tony 妈妈静水无声的陪伴与支持。

案例 3 夏校定目标、竞赛助申请，从北京名高走进 JHU

2019 年的一天，就读于北京某重点中学国际部的 Martin 同学在父母的陪同下前来咨询。初次交流时，Martin 就展现出了名校生的特质和潜力，他对生物学的兴趣非常浓厚，并希望将其作为未来的专业方向。

大部分学生在确认专业选择之前都经历了漫长而曲折的过程，Martin 同学也不例外，在正式进入规划阶段后，他也曾对是否选择生物学产生过动摇。那段时间，Martin 经历着犹豫和迷茫。他曾考虑经济学，觉得经济学也有着良好的发展前景；但在规划团队的帮助下，经过规划老师的积极指导、专业课程设置的调研，以及对未来职业规划的探索，Martin 同学最终明确了自己的目标，还是决定选择生物学专业。于是，他积极参加生物相关的竞赛，并取得了优异的成绩，这些正向反馈也进一步坚定了他对生物学的热爱和选择。

考虑到 Martin 的目标是申请美国前 10 名的大学，规划老师向他详细介绍了这些院校的情况和特点。了解到约翰斯·霍普金斯大学的生物及环境科学享有盛名，Martin 决定申请并参加了约翰斯·霍普金斯大学的生物学夏校，这次夏校经历使他对学校有了更深入的了解和体验。通过积极参与并取得正向成果，Martin 最终将约翰斯·霍普金斯大学设定为目标，并成功获得了 ED 录取通知。

Martin 同学的留学之路经历了明确兴趣、犹豫、探索和确定的过程。通过积极参与生物竞赛以及参加约翰斯·霍普金斯大学的生物学夏校，他进一步巩固了自己对生物学的热爱，并最终成功实现了理想的留学目标。

在给 Martin 的申请策略中，我们建议他将约翰斯·霍普金斯大学的环境科学专业作为过渡，然后再转到他梦寐以求的生物学专业。因为在竞争激烈的留学申请中，环境科学专业录取要求可能相对较低。进入这个专业后，通过取得出色的学业成绩和积极参与学术活动，Martin 同学可以向学校展示他的实力和热情，为将来转入生物学专业创造更好的机会。

活动奖项背景

Martin 同学的学术、奖项及活动方面都非常扎实，不但在校成绩优异，还获得了 USABO 金奖、USAD 科学银牌、BBO 铜奖、哈佛 HAUSCR 中美学生领袖峰会 TOP 3%、iGEM 银奖，同时他还是校内 USAD 及 iGEM 的学生教练，且拥有多篇文章发表。

主要活动：

- ★ 约翰斯·霍普金斯大学夏校
- ★ 2021 资源与环境科学国际会议论文发表
- ★ iGEM leader 人造母乳论文发表，专利申请已获批
- ★ iGEM 学生教练、合成生物学社团创始人 / 指导强化再生纸项目
- ★ 独立撰写《君主立宪制起源、发展及资产阶级革命在日英取得成功的比较研究》论文
- ★ 学生会财务主管
- ★ 班长
- ★ 课后辅导的学生教练
- ★ 公众号运营 / 阅读量 50k+
- ★ 长腿叔叔信箱公益项目

留学规划路径

Martin 是一个非常健谈且乐于表达自己想法的学生，具备出色的领导力、写作能力和创新力，他展现出了全球胜任力和全面发展的潜质。根据他的个性气质、学术背景和兴趣方向，规划老师为他制定了个性化的留学方案，着重展示他的个人特色。考虑到 Martin 对生物学的兴趣，规划团队安排了 USABO、

USAD和BBO三个国际生物学大赛项目，并规划了iGEM大赛。在申请前半年，Martin在标化考试、竞赛和活动方面初步取得了良好成果。在与家长和规划团队的共同讨论下，Martin明确了申请全美前10大学的目标。在2020年暑期之前，Martin开始进行论文科研活动，并成功发表了一篇关于空气污染的论文。这次活动让他发现了自己对环境问题的兴趣，也为他申请的专业提供了很好的活动素材支撑，最终他决定申请环境科学专业。

优秀文书展示

Martin的文书着重描述了他在担任低年级学科导师期间的经历和成长过程。一开始，他虽对担任导师的计划和目标持有积极的态度，但更多是为了完成任务。然而，随着时间的推移，他发现自己越来越深地投入到导师工作中。这让他开始重新审视自己作为导师的角色，并逐渐认识到导师的教学过程和责任的重要性，逐渐发自内心地喜爱上了教学。

在文书中，Martin描写了他通过实践，意识到导师不仅仅是传授知识，更重要的是培养学生的思维能力和解决问题的能力。他重新规划了教学计划，并指导低年级学生取得了学业上的进步，同时在教学中找到了成就感。最终，Martin将导师的角色融入了自己的身份，并决心继续成长为一个优秀的教育者。

这篇文章以Martin的亲身经历展示了他的成长和思考过程，同时突出了他对教育的热爱和对教学过程的重视。文章语言流畅，通过叙述的方式带读者深入了解他的内心世界。整体而言，这是一篇富有内涵和个人情感的文章。

Martin在学术硬实力和个人软实力方面都表现出色。无论是在竞赛奖项、独立研究、学术社团还是文章发表等方面，都展现了他在环境科学方面的优秀能力和积极热情。此外，他长期担任学校学生会领导和导师项目等活动的负责人，以及USAD和iGEM的学生教练，显示了他强大的领导力和综合实力。在文案指导老师的建议下，Martin巧妙地展示了以上活动的经历和感悟，由此彰显出他的个人特点和性格魅力。

由于有导师的经历，Martin对于教学、育人和助人方面都有了更加深刻的反思和体会。因此，文书老师结合他的这些经历，对他的主文书进行了多次辅导，力求充分展现他对教育从懵懂到反思再到升华的认识过程，以及最终实现理科思维与人文智慧的转变和融合的成果。同时，文书还展示了 Martin 在不断成长中体悟到的教育工作者的不变初心和薪火传承的重要性，侧面突显了他不吝啬于帮助他人的良好品质。而这些，对于 Martin 留学申请的成功都非常关键。

案例 4 早申请被拒，再战常规申请，圆梦南加大

与小骏同学一家建立联系，最早是在 2022 年 10 月 24 日，距离 2023 年秋季早申请截止时间仅剩一个星期。他是我们一位长线规划并正在递交申请的学生推荐来的，小骏在此之前已经找了外部辅导机构，由于在与外部机构沟通交流中总感觉欠缺点儿什么，越是临近申请越感觉写的材料不是自己心目中理想的样子，因此经好友推荐找到了我们。

第一次见面是在新东方北楼七层的会议室，听说是立刻就要申请的学生，我带上了文书老师一起前来。这是一个高高大大的男孩子，穿着校服、戴着眼镜，话虽不多但谦虚有礼。在前半小时里，几乎是小骏爸爸在主导沟通，了解情况后，很快我们就达成了时间紧、任务重的共识。文书老师也是开门见山地针对小骏的现有材料，进行了详细的优劣势分析。通过我多年从业经验判断，这是个好苗子，高中学校好、在校成绩好、标化也取得了比较理想的成绩，欠缺的是由于疫情原因没有报考 AP，并且由于要申请的理工科，竞赛背景有所不足。在孩子叙述的过程中，能明显感觉到他对于主文书的思考钻进了牛角尖，附表文书没有眉目，而一直以来男孩申请工程专业冲藤校又是比较困难的，这些压力堆积到一起，也逐渐让我们面谈的气压越来越低。

在得知小骏坚持 ED 申请康奈尔大学的工程学院时，我们从校史、同届竞争、性别劣势、学术呈现、学校和专业录取情况等多角度分析利弊，给出了调整的建议。但当时小骏坚持自己的梦想，要冲刺工程强的牛校，孩子爸爸也希望尊重小骏的想法。我们当时想着如果早申请录取不了，这么优秀的孩子也一定会在常规申请中取得不错的 offer，不要为了学校而扭曲他的愿望。因此，我们团队的老师们在知晓难度的情况下，依然尊重了小骏的选择，愿意帮助他进行一次小概率结果的冲刺。就这样，我们紧锣密鼓地开始准备并且快速推进主文书重写的

计划，完成后递交了申请。

结果如我们预想的一样，康奈尔大学放榜的那天，小骏改掉了曾经许愿录取康奈尔的微信头像，随后又收到被佐治亚理工学院 defer 至常规申请的消息。虽然已经提前给小骏做足了心理建设，但是结果不理想，对孩子仍是一种打击，但我们依旧坚信这个孩子是不错的。在一次次沟通后，我们劝导他收拾起早申请结果不理想的遗憾心情，用全力以赴的心态继续推进后续常规申请的工作。虽然早申请由于非常极限的准备时间未能如愿，但在常规申请中，我们有了更多时间可以深度剖析每所学校的录取要求、录取画像，找出适配小骏的学校和方向，针对性地突出他的闪光点。我们鼓励他一定要秉持着“不努力一下怎么知道最终的结果，事事得争取”的心态，针对佐治亚理工学院也展开了 love letter 的写作。

果然收获的喜悦在 3 月如期而至了，小骏获得了“美国三大理工学院”之一的佐治亚理工学院和南加州大学工程学院的录取，这份录取也让我们心中的石头终于落地。从一开始接触小骏、感受到他的优秀，我们就一直怀有对他的信心与欣赏，始终相信小骏一定会获得最适合他的录取结果。如今，能够帮助他收获有利于长远事业发展的录取，我们由衷地感到开心。同时，那位推荐小骏来找我们的老客户，也在我们的帮助下，如愿以偿地收获了最心仪学校的录取。

从事这份工作的这些年，我总是能够在家长们的眼里看到选择机构的焦虑。单从选择文书老师的角度来看，与学生的合拍是非常重要的因素之一。在文书老师和小骏头脑风暴主文书写作的过程中，从海绵宝宝到麦乐鸡，再到麻雀，在一个个毫不相关且天马行空的意象背后，我们感受到了小骏鲜明的个人特点，也看到了小骏眼睛里闪烁的愈加坚定的光芒。文书的创作过程也是学生成长和自我重塑的过程。从打磨文书那一天起，我几乎天天都能在公司看到小骏与文书老师积极讨论文书写作的身影：有时是在上午 9 点还相对安静的咨询大厅；有时是在小餐厅，他一边吃午饭一边敲着键盘；有时是在晚上 10 点的会议室，有一次小骏甚至忙到外套都落在了公司，拜托我们保管。连着一个礼拜的“每天见”，小骏和我们团队建立了亦师亦友的关系，这不仅对于文书写作有帮助，对于整个申请过程的帮助更是不言而喻的。

案例 5 初二开始，全家蓄力 5 年，从济南国际部圆梦芝加哥大学

一个斯坦福计算机博士全奖的学生来看我，我把我们的合照发给小雨妈妈，小雨妈妈说："这就是我们三年后的目标，三年后让小雨和你一起拍照。"

说起跟小雨一家的缘分，要追溯到他初二的时候了。回想起和小雨一家三口交往的这几年，记不清他们从济南到北京跑了多少趟，但清晰地记得小雨父母对孩子倾尽全力的支持和有节有度的帮助。需要父母支持时，他俩一定在；需要小雨做决定时，父母会尊重和肯定孩子的想法。

从山东济南的初二小朋友到芝加哥大学的小伙子，小雨一家人走过的这几步非常关键。

首先是初中阶段的轻度规划。小雨一家人从小雨初中阶段就定下了出国读书的计划。当时我和小雨妈妈只是通过微信线上沟通，我们一起明确了小雨现阶段的主要任务：一是学英语考托福，100 分是目标；二是把数学学好，能跑多快跑多快；三是进到济南最好的国际部。这个轻度规划，小雨和父母都在认真执行，小雨全身心努力，爸妈张罗找老师学托福、学数学。功夫不负有心人，到初三结束，小雨顺利拿到心仪的国际部录取，托福也从 90 分考到了 105 分。这对于一个初三的山东孩子来说，已经跑到 90% 以上打算出国留学的同学前面了，唯一的不足就是托福口语分数偏低。

接着是高中阶段的重度参与。拿到国际部录取通知书后，小雨的父母带着小雨来北京和我当面沟通。第一次见面，温和有度的父母、眼中有光的小雨，都给我留下了深刻的印象。那时候，我们双方对于申请何种档次的学校没有特别清晰的目标，但这次面谈我们确定了清晰的专业方向：数学相关，计算机专业最好。

理科，男生，这是名校申请中最难的一类人。当时，小雨的爸爸说："我们知道这个方向申请很难，我们就是为了学本事、发挥孩子的长处，学校排名我们可以不考虑，重要的是孩子能学他喜欢的专业。"一家人的目标非常清晰，态度异常平和。因为有前面两年的线上沟通，孩子爸爸信任地说："司老师这三年你就给我们规划吧，只要我们能做到的，我们做父母的全力支持孩子。"小雨也立

马表态：“只要我能做到的，我一定全力以赴。”

接下来的规划，托福、SAT、竞赛和科研同步进行。2019年，小雨高一，首先是规划SAT的学习和备考。当时想的是SAT一战后再提升分数，结果当年12月去香港地区的第一次考试他就考了1520分。太出乎意料了！本来我们计划着来年再战，结果他一步到位，直到申请用的都是这个SAT成绩，他也是那一届少有的拿着SAT成绩申请的学生。所以，规划还是要趁早。

一步快，步步快，小雨进入高中后在各项主流学术竞赛上均有建树，从高考和出国学生都非常喜欢参加的全国青少年科技创新大赛，到留学圈曾红极一时的太空城市设计大赛，小雨同学均做足了准备，并取得了良好的成绩。为了展现自己全方位的能力，小雨不仅在大型综合类理工科赛事中取得佳绩，还凭借自己出色的计算机编程技巧获得了美国计算机奥赛USACO金奖，以及中国高中生最高水平科研竞赛——丘成桐科学奖的全球铜奖。当时，为了更好地备战丘成桐奖，小雨爸爸通过各种办法找到相关名师带着小雨打比赛。我们表面看到的是小雨获得的众多超高含金量的奖项，背后是小雨和整个家庭的全力付出。

小雨爸爸和几个同学一直在做大凉山学校图书馆的公益援建工作，这也深深影响了小雨。学术竞赛之外，小雨还利用两个暑假的时间去四川大凉山支教。这两次去四川，让小雨更加意识到技术改变生活的重要性，专业方向也逐渐清晰起来，完成了从数学到计算数学，再到计算机的转变。小雨的托福一直是在济南学的，总分都110分了，但口语还是不到25分。于是，小雨妈妈又来到北京，让我给判断、找原因。所幸努力没有白费，再考时，小雨的托福口语终于到达了25分。

之后是选校阶段的双重努力。转眼到了申请季，考虑到小雨学校的既往录取记录，又考虑到理工科、学计算机相关专业的潜在难度，早申阶段我们选择了一所录取难度极高的文理学院进行ED。需要强调一下，这所学校是小雨定的，爸爸妈妈的角色就是支持。而放榜时发现，该校仅在大陆一线城市发放了少量录取，我规划的另外一个北京女孩儿成功录取了，学的是天文学。小雨选择的是申请难度更大的计算数学，没有拿到录取。

虽然ED失败对小雨稍有打击，但极强的理性思维和良好的情绪调整能力，让他很快就继续投入到ED2和RD文书的写作中。在综合考虑了ED2可选学校、他所在高中往年的录取情况，以及同届学生的选校策略后，我们决定ED2申请芝加哥大学。芝加哥大学的文书难度一向不低，踏实的小雨面对这些申请工作，依然全情投入、稳扎稳打。等待ED2结果的过程中，理工强校佐治亚理工学院发来了计算机专业的录取。这个录取含金量非常高，给等待中的小雨吃了一颗定心丸，而接下来是更大的收获，芝加哥大学计算数学专业也来了录取！

回顾小雨的成功录取经验，可以总结为如下几点：

第一，提早规划。小雨初中就开始进行全面的升学规划，做好了标化、活动、文书的时间平衡。

第二，竞赛优异。小雨认真对待各项竞赛，既学知识也拿成绩，直接体现自身的学术竞争力。

第三，执行力强。遵守老师制订的工作计划和时间节点，不拖延，不找借口。

第四，家庭和睦。无论是竞赛活动还是选校文书，家长非常尊重孩子的选择和老师的建议。

案例6 学霸也需助力，3年4夏校，录取宾大双学位项目

信任，在申请家庭和留学顾问团队的合作中发挥着举足轻重的作用。无论从个人信息的机密性，还是从沟通成本来讲，遇到“逢人且说三分话，未可全抛一片心”的孩子和家庭，申请结果多半会事倍功半。和Andy的合作就全然没有这样的问题，这也是我在从业历程中体会到的非常温馨的一段关系。

我和这个杭州家庭的缘分起始于Andy的哥哥Max。Max在11年级的时候来北京找到我们。在第一次面谈中，我很快意识到对面的这个年轻人是一个非常沉稳和踏实的孩子。他的成绩非常亮眼，活动和成绩相比稍显逊色，专业兴趣也有待探索。我和Max一家沙盘推演了申请最后两年的冲刺时间线。Max甚至能够在这个阶段的推演中，自信而慎重地亲自写下每次标化能达到的分数区间。我

们和规划老师一起花了一个下午就敲定了初版的两年时间线。对于一个优秀的孩子来说，后来一切自然就顺理成章了。我眼看着 Max 在申请的最后一年是如何抗住压力，有条不紊地逐一达成目标的。

在 Max 最后一次参加 SAT 考试前的两个月，Andy 突然提出来想要陪哥哥一起参加这次的考试。在北京转机的时候，我去机场第一次见到了 Andy。在哥哥顶住压力考出理想分数的时候，Andy 也在两个月的备考后取得了首考 1500 分的成绩。在哥哥拿到加州大学洛杉矶分校的录取通知书时，9 年级的 Andy 也和我们正式签约。我安排了帮 Max 申请的原班人马来对 Andy 进行指导和辅助。

哥哥的申请结果珠玉在前，Andy 有了可借鉴的路径，但同时也感受到了更大的压力。我还记得那天在机场，Andy 跟我说起他对未来的规划，说起他想要攀登的高峰，也说起家人对他的无限期望。这是一个家庭的梦想，也是一个年轻人的追求，能够参与其中我深感荣幸。

10 年级，Andy 二刷 SAT 拿下了 1580 分的好成绩，在准备标化考试环节省出的大量时间对团队和 Andy 一家来说都是巨大的惊喜。出分的当天，看到 Andy 在群里发的截图上的数字，我甚至来不及高兴，就直接和规划老师说："快，和孩子马上再约时间，重新敲定一下接下来的时间点。"

有了标化打底，Andy 在 11 年级的选课较为激进，他不仅挑战了 IB 体系 4 门高难度课程（HL）外加 2 门标准难度课程（SL），还通过线上视频自学了 AP 课程，以补充 IB 课程中无法选择的科目。在校外活动中，因为 Andy 早早确定了生物与商科大方向，从生物科研到商科竞赛，从生物实验类夏校到商科理论类夏校，Andy 一直保持着齐头并进的态势。

Andy 在 10 年级参加了宾大沃顿商学院的 Wharton Business Leadership Academy 和约翰斯·霍普金斯大学的 Biomedical Engineering Innovation 夏校；11 年级参加了宾大工程学院的 Engineering Summer Academy 两期项目，课题涉及最前沿的生物科技和基因编辑。连续两个高强度的暑期参加的四个夏校项目不仅加深了他对自己兴趣的认识，还锻炼了他的领导能力和团队协作能力。

有个细节值得一提，当 Andy 飞去费城参加宾大夏校时，去机场接他的夏校助教正是两年前我送去宾大的学生。他们俩同时给我发消息，惊叹于这样的小概率事件。我笑着给 Andy 的学长发语音：“希望两年后你能在迎接新生的时候再次见到 Andy。”

但也正因为 Andy 的优秀，选校才变得更加困难。Andy 追求的并不只是单一的生物专业，他也希望探寻商科领域。在与 Andy 标化成绩匹配的院校中，只有宾大的 LSM 项目和加州大学伯克利分校的 MET 项目能够满足他的诉求。陷入两难境地的 Andy 也体会到了哥哥选校时的纠结。

考虑到 Andy 在夏校中和宾大结下的缘分，我们将侧重点放在了宾大上。LSM 项目是宾大文理学院与沃顿商学院联合创办的，是自然科学类专业和商科专业结合的双学位，全球每年只招收 24 名学生。该项目一方面偏重于自然科学研究，另一方面与商业结合，在大二大三还会为学生提供 2~3 段带薪实习。这一切的一切，完全契合了 Andy 对学校和专业的向往。在父母和我们的鼓励下，Andy 最终下定决心放手一搏。

在宾大的文书中，Andy 回顾了自己的实习和发挥领导力的经历，同时也对这几年的辛苦和充实做了一个全面的复盘，看到文书的终稿，我也感受到了这几年 Andy 的成长和变化。

在 Andy 提交宾大 ED 轮次申请的那一刻，我们都如释重负，接下来是一个半月的焦急等待。12 月中旬的一个冬日，早上 8 点 59 分，我看到群里的微信提示。深吸一口气点开后，我看到了 Andy 梦寐以求的录取通知书！他成为全球被录取的 24 个学生中的一分子。这是一段漫长的旅程，充满了挑战和机遇，而最终的录取通知书是对他所有努力的最好回报。

案例 7 美国公校中等偏上成绩，定向规划助 ABC 男生超车进藤

Eric 是我老同学的孩子，是一位典型的在美国长大的 ABC，在波士顿附近的 TOP 公立中学读书。老同学在孩子 11 年级的时候找到我，让我帮 Eric 做大学申请规划。当时 Eric 已经考出了 SAT 高分，但老同学说，在这个竞争激烈的大公校，孩子的高中成绩只是中等偏上。班里牛娃太多，再加上又是偏理工的男

生，申请名校难度很大，但他们一家对申请藤校很期待，希望得到我们团队的帮助。

我和同事在与Eric和我老同学的沟通中，不断了解、发掘孩子的优秀之处。我们判断，如果充分利用好孩子的特点、学校的优势，再加上一系列目标导向的规划，那么冲击藤校的可能性是很大的。

首先是帮Eric了解学校，确定申请专业。虽然我同学在波士顿生活多年，Eric也是在美国东北部长大，但说到真正了解美国这些大学和专业设置，Eric还是得需要老师的指引。我的同事根据Eric的特点，给他安排了我们的院校专业调研老师，带着他进行全面的院校和专业了解。通过老师们客观理性的介绍、详实的数据，Eric在专业选择上逐渐有了思路。最后，他锁定了工科方向，并且最想主修电气工程。但经过相关软性背景分析，我们发现Eric缺少相关背景活动。于是，我们在申请上需要做更详细的调研和规划。

深入了解和探索是选择的基础，我们依次调研了近20所在工程方向上见长的大学，包括每个学校的毕业生人数、学校录取难度、文理学院或者其他学院转到工程学院的要求及情况。理性的判断和分析是必须的，我们帮Eric针对不同学校，采取不同的专业申请策略。在仔细分析了他的经历和优势后，最终确定了最适合他的、冲击藤校的专业——材料科学。

这么多年的经验告诉我，面对美国本科前20院校申请的激烈竞争，我们需要充分利用Eric的优势来递交申请，而不仅仅是依靠他的激情。否则，他会落后于更强的学生。当Eric的早申请一锤定音、拿下康奈尔大学工学院的录取后，老同学非常激动。他说，Eric的高中每年早申请总会有七八个录取者，但今年早申请录取是少之又少，也就3个孩子。Eric的同学里有30多个早申康奈尔的，其中还有好几个成绩特别优秀的孩子，这些孩子为了稳中加稳，绝大多数都申请了文理学院，却没敢申请工程学院。老同学非常庆幸我们在帮Eric申请的过程中，做了理性的判断和选择，直接申请工程学院，在工程学院的申请递交中没有遇到过强的对手，而申文理学院的一帮牛娃却全军覆没了。

回想起我们合作的这一年，整个辅导过程时间比较紧凑，所以每当老同学和Eric有困难、问题和争议的时候，总是第一时间寻求我们解惑。针对一些细节，我能做的就是及时调集资源，做出相应的指导和支持，无论是在选择夏校、进行科研，还是访校方面，无一例外。

Eric 属于非常积极主动的孩子，不论是申请还是文书工作都一直保持着高效的执行力。在 9 月底的时候，我们就已经帮他完成了申请系统基本信息的填写，并协助他更正了几处填写错误的地方。他的活动列表，从排序到参加总时长在后续有比较多的变动，我们也积极配合他重新填写更新的信息并及时核查，不放过文书粘贴时易被忽视的每一处细节。最终，在三方配合下，Eric 提前一周完成早申学校递交。值得一提的是，在附表文书中，我们帮助 Eric 顺利地将他的纳米技术和工程经验联系起来，阐述在康奈尔大学研究纳米颗粒如何用于电动汽车电池。我们在文书中不只是去说康奈尔大学能够提供的资源，而是重点讲述该学生将如何去利用这些资源来实现他建立更安全、更清洁、更可靠绿色能源的目标。

康奈尔大学的工程学院在美国及世界范围内都享有盛名，被 U.S. News 评为全球本科工程学院第 9 名、研究生工程学院第 14 名。申请康奈尔大学的工程学院是一件非常有挑战性的工作，为此我们团队不断与 Eric 和妈妈交流：我们应该选择康奈尔大学的文理学院还是工程学院？选择这个学院的哪个专业？该专业每一年录取几位学生？选了专业之后转专业的要求和难度如何？当时的迷茫在于，材料工程录取 24 位学生、机械工程录取 139 位学生、环境工程录取 27 位学生、信息系统技术录取 157 位学生，我们在经过排除和比对专业所学后，果断选择了材料工程。我们对于美国排名前 50 的工程学院也做了相应调研，随着信息的增多，对于学校不同专业的了解也越深入，选择也更加清晰，最终果断锁定康奈尔大学作为 ED 申请选项。

帮助 Eric 一锤定音、ED 申请到康奈尔大学工学院后，老同学就在美国大范围给我们团队做起了广告，说 12 个小时的时差，一万多公里的距离，都没有阻挡我们的有效沟通，不但制定出高质量的规划方案，还帮孩子拿下了理想的录取。感谢老同学的认可，但录取的核心还是 Eric 本人的努力和老同学对孩子从小到大的精心培养。

案例 8 低龄早规划，进藤早一步，美高 4 年早申进康奈尔

2023 年 12 月 15 日，一大早看到 Daisy 的康奈尔大学录取通知，激动之情溢于言表，各种亢奋心情交织在一起，久久不能平息。跟 Daisy 一家十年的缘分和友谊，随着兄妹两人都入读康奈尔大学，变得更加深厚了。

Daisy 的哥哥，曾经就是我帮忙申请的美本、美研，最终哥哥拿到了常青藤名校、康奈尔大学的计算机科学专业硕士学位。有哥哥作为榜样在前，Daisy 爸妈对她的期待和规划都更进了一步，目标是让 Daisy 本科就冲藤，国际化路线规划自然也就更加提前了。Daisy 在 9 年级的时候申请了美国东部的私立高中，在拿到高中录取后，她爸妈就带着她找我咨询大学的申请规划，甚至她都还没来得及出发去美高读 10 年级，就已经开始了本科申请的系统规划。

美高第一阶段，适应与自信

虽然有哥哥的经历在前，但是 Daisy 去读美高，一家人在期待、兴奋之余，还是有很多担心的。毕竟 Daisy 要去读的学校竞争力很强，从国内公立系统直接过渡到美高，一切都是新的挑战。所以，第一次面谈我们主要聊的是如何主动去适应新环境、如何选课、美高的授课方式、如何交到新朋友、如何在美高第一学期就拿到理想的成绩等实用话题。至于两年后，要申请哪个学校、哪个专业，我们先初步把目标定在美国前 30，更具体的等 Daisy 放了寒假，我们再根据 Daisy 第一学期的收获确定。初次面谈的最后，Daisy 认真地点了点头，表示听进去了，说我第一学期给她定的任务不重，相信自己可以完成。

Daisy 顺利落地美国后，按照我们的既定目标前行。虽然申请美高时 Daisy 的托福已经考到 95 分，上课却依然有听不懂的时候，需要课下更多的投入。Daisy 经常和我们分享她在学校的情况，比如数学课选的有点简单了、学起来真的不难；历史课很有意思，但作业量大，稍微有点压力；物理课难度适中，学起来很有自信等。我们老师也在群里经常和她沟通，看到 Daisy 的积极状态，她父母也放心了很多。

第一学期，Daisy 还参与了学校非常知名的团队合作挑战赛，该赛事要求学生们根据自己的兴趣选择课题，并进行社会调研。Daisy 选择了女性视角下身材

焦虑的问题作为研究方向。我和 Daisy 妈妈一致认为这个课题非常好，既不落俗套，又是广大女性朋友们的焦虑和关注所在。

寒假回国后，我和 Daisy 进行了第二次面谈，她很兴奋地和我分享她在新学校的收获，全 A 的成绩让她更加自信，即便是最难的历史也拿到了 A。新交的好朋友、有趣的老师、喜欢的社团、感兴趣的课题……一切都按照计划进行，甚至超越了我们当初的规划。对于接下来的安排，比如 AP 物理科目要加强，5 月份 3 门 AP 考试争取全 5 分，研究课题继续深入，美高就读一学年后托福要突破 110 分等，对这些目标我们都一一做好了规划。

Daisy 是个执行力非常强的孩子，她在学业上越来越自信。5 月份考完 AP 后，在老师的指导下，她又在既定课题女性身材焦虑这个问题上投入了非常多的时间和精力。随着高中课程难度的增加和课外活动的深入，以及老师们多次和 Daisy 的深入探讨，对于未来方向她逐渐有了一个模糊的想法。直到某一次我们语音时，她在规划老师的询问下第一次表达了自己对于专业的想法："老师，我可能对心理学挺感兴趣的。"

确定专业方向，并全力投入

作为老师，Daisy 能大胆说出自己的想法，我们是非常高兴的。尽管心理学跟计算机、数学这样的专业相比，不算是热门学科，且在很多人眼里心理学专业不但难学、就业还不容易，但 Daisy 爸妈对孩子的想法却表示支持和理解。

当然，对于 Daisy 提出专业兴趣这件事，我们也没有着急定下来，因为专业需要根据她长久的兴趣，而不是三分钟热度来确定。所以我们建议她申请当年的哈佛大学心理学夏校，一方面希望 Daisy 通过 7 周的沉浸式大学生活，提升相关能力，另一方面也希望 Daisy 可以对心理学这个方向进行深入的探索。哈佛夏校的学习，让 Daisy 更加深入了解了心理学这个专业。家长也说，即使孩子将来不选择心理学，哈佛大学暑期课程这段经历也是她宝贵的人生财富，对她的成长影响深远。

确定申请学校和专业

时间过得飞快，转眼就到了申请季，这时候 Daisy 有了 7 门 AP 全 5 分的成绩、超过 110 分的托福成绩、多段科研经历和社团公益活动，这都让 Daisy 对自己的申请目标更加清晰。尤其在最后一个暑期，Daisy 在参与科研的过程中确定了自己未来想进入一个学术型大学，她说："我想做科研人里颜值最高的，颜值高的人里最会做科研的。"

听到这句话，我们不禁一笑，也真心为她的成长高兴。又是多轮深入沟通，终于，我们确定 ED 申请康奈尔大学。然后，我们根据 Daisy 的实际情况，在专业方面建议她申请 Human Ecology 学院下的 Human Development 专业，这主要也是考虑到 Daisy 的活动经历和她的兴趣。

Daisy 第一次看到这个专业名字的时候，感到陌生和疑惑。当我们老师带着她在官网上点开专业介绍，并仔细阅读了它的主攻内容后，她兴奋地发现这个专业涉及的行为学、心理学、社会学，都和她高中做过的活动无缝衔接，并且都是她深入涉猎过的领域，于是她毫不犹豫地确定了这个主申专业，并表示自己将在本科阶段把这个专业读到底。

专业和学校都确定下来后，后面就是申请工作了。Daisy 在美国，我们在北京，时差和距离并没有影响我们的工作，两年多的磨合和了解，我们早已培养出了旁人无法比拟的默契。一切都有条不紊地进行着，没有 Daisy 妈妈担心的慌乱，在截止日期前一周我们就提交了申请。

藤校录取来了

收到康奈尔本科录取的那天，Daisy 第一时间在申请群里分享了这个喜讯，紧接着发了一条朋友圈"我是天才啊啊啊"，让人忍俊不禁。Daisy 妈妈也发了一条令人羡慕的朋友圈："恭喜女儿拿到康奈尔大学的录取。和哥哥一起成为康奈尔大学的校友。"我则在她朋友圈跟了一句："恭喜康奈尔妈妈！一切都是最好的安排，祝福 Daisy 未来在康奈尔大学一切顺利。"

案例 9 跨国申请、一年突击，0 准备理工男孩从迪拜到布朗

与 Justin 一家相识于 2023 年 7 月份，当时 Justin 正值高二暑假，他们一家来咨询美本申请。因为是朋友介绍，一见面 Justin 爸爸就开门见山，周围朋友家的孩子有去卡内基梅隆大学读计算机的，有去康奈尔大学读电子工程的，他家的

Justin 成绩也挺好，目标是去美国常青藤大学就读计算机相关专业。

各司其职，加快节奏

理工科男孩儿，藤校，计算机，这个任务的难度真不是一般的大。我抓紧时间和 Justin 沟通他的学习和准备情况。我了解到，Justin 跟随父母在迪拜读国际学校，A-Level 课程选了数学、进阶数学、物理、计算机，成绩都是 A 和 A*。同时，因为对计算机编程很感兴趣，Justin 为自己学校的食堂做了点单系统网站的开发工作。优秀的成绩和经历让我眼前一亮，但接下来的聊天却开启了紧张模式，因为他没有考托福、没有考 SAT，竞赛只参加了数学类。问及其他的活动，他说要仔细想想，那应该就是没有了。

因为在迪拜读高中，Justin 的整体升学规划几乎是零。如何在短时间内根据他的现有基础，重点展现出他的竞争力和特点是我们要思考的核心。依靠丰富的实战经验，我们快速做好了计划和分工。

我们给 Justin 定的任务是，要在 11 月 1 日之前考到藤校需要的托福成绩和 SAT 成绩，建议他利用在国内的时间，尽快熟悉托福和 SAT 考试的相关流程，8 月份、10 月份的 SAT 考试也都要报上，还有就是要在这个暑假定下 ED 的学校和专业。在专业选择上，根据 Justin 的课程、竞赛等经历，我们建议 Justin 申请数学大类，这样将来进入大学后有机会学习计算机专业。接着，我们又分析了 Justin 所在国际学校的过往申请结果和他在本校的竞争力，最终把布朗大学数学专业作为 ED1 的申请目标。

高效冲刺，冲藤成功

定好申请目标后，申请团队更加细致地梳理了 Justin 高中阶段的竞赛、活动、成果，发现他缺少数学相关的学术科研活动。于是，在规划过程中，我们推荐他参与美国大学的在线课程，匹配到藤校教授带着他做数学、数据分析、科研等项目，以提升学术背景。同时，针对他活动内容较少的问题，我们帮助他寻找到合适的科研项目，推荐他学习线上网课，提升学术竞争力。

7 月份见面做完规划，Justin 的学习、考试成了接下来几个月的重点。由于时间紧迫，Justin 一天当两天过，我们也跟他保持着频繁、高效的沟通，随时探讨细节。还好，迪拜和北京没有时差，才能让我们在那么多个深夜里并肩作战。

Justin 的全情投入、父母的全权理解和支持、我们老师的专业与付出，让 Justin 在短短 4 个月内就实现了托福 110 分、SAT1540+ 的好成绩！接下来的在线课程、高质量的老师推荐信，还有专业的面试培训，一切努力都水到渠成，我们终于迎来了早申请的收获，布朗大学数学专业录取到了！

文书背后，父子之爱

在与 Justin 的深入接触中，我深切感受到他作为一个“理工男”的独特性格，比如他的写作和修辞手法都非常直截了当，不追求华丽的辞藻和复杂的叙事结构。在讨论主文书创作的过程中，我们花费了大量时间来思考如何将“与父母相处”这一主题以故事的形式展现出来。一次偶然的交谈中，Justin 提到他非常喜欢英剧《神探夏洛克》，但是某一次却因为剧情，跟父亲产生了一些小争执。我恰好也是这部剧的粉丝，对其中的一句台词印象深刻：“I’ve always assumed that love is a dangerous disadvantage.”于是，我提议以此句作为故事的开篇，展示 Justin 从最初认为任何形式的爱都是存在劣势的，到逐渐转变对这句话的理解的过程。

在文书创作过程中，我们遇到了一个主要分歧。Justin 爸爸在阅读完主文书后，认为自己在故事中的角色过于严厉，建议我们在文中不仅要描述 Justin 的转变，也要展示作为家长如何逐渐接受孩子转变的过程。我与家长进行了深入沟通，向他解释了这是以 Justin 为第一人称的主文书，不应过多加入家长的观点。经过不懈的坚持与沟通，Justin 父母逐渐理解并接受了保持孩子独特视角的重要性。最终，我们达成共识，让 Justin 自己决定文书中故事的具体呈现，也感谢 Justin 爸爸对孩子深深的爱和理解。

在附表文书中，因为爸爸有糖尿病，Justin 悄悄参加过多次当地社区举办的小型预防糖尿病的活动，当 Justin 爸爸看到这段文字后说，儿子对他的爱，他也都感受到了，更放心让孩子自主决定文书的故事和叙事方式。

我们常说，留学申请的过程也是孩子成长的过程，但实际上，又何尝不是孩子和父母的共同成长、相互成就的过程呢？

案例 10 高考失利，果断转轨，从 UCLA 本科到 UCB 硕士

四年前 6 月底的一天，一个熟悉的名字加我微信，我一看，这不是我当年的老领导王校长吗？记得大学毕业后刚参加工作时，王校长是主管教学的副校长，经常动不动就推开教室门去听我们这些新老师的课，晚上还会不定期去办公区巡视，敲敲门看看我们这些新人是否在加班，隔周还要抽查我们的教案，当年见了王校长我可是躲着走的。

我们电话沟通了一下，王校长告诉我，他是为孙女来咨询留学的。一向优秀的孙女睿睿今年高考失利，老校长焦急地说："小司帮我想想办法，我和你马老师的退休金可以帮助孩子付点学费，你可得帮睿睿申请到一所理想的学校啊。"后面，我和孩子父母做了充分沟通，我说："如果你们相信我，大学志愿照常报，看录取结果后再说。现在先让孩子抓紧时间来北京学习托福，争取在 12 月份考出一个不错的成绩，我们申请第二年的美国本科入学。时间紧、任务急，我们就先冲托福，其他的往后放。"

睿睿同学来到北京后，我问她："如果过几天你报的大学录取你了，你会去上大学还是在家学托福啊？"睿睿说要学托福，既然决定了要走这条路，该放弃的就要放弃，报志愿的大学录取了她也不想去。

于是，我给睿睿制定了目标和时间安排：7 月到 11 月 5 个月时间，托福最好能考到 100 分，中间还有活动、文书写作等申请工作。接下来，睿睿报了多次托福考试，并开始了紧张的学习。学了一个月，第一次托福考试 80 分出头，她接着埋头继续学，然后是 85 分，到 11 月中旬达到了 95+。放弃了早申请但不能放弃加州系大学的申请，在申请过程中我们充分挖掘睿睿的特色：出色的高中成绩、喜欢书法、擅长画画，高中三年担任班干部，喜欢数学，高一时还参加了数学竞赛拿了小奖……即便没有刻意规划，睿睿的高中生活也过得丰富多彩。尽管没有充足的时间准备，但日常的积累也能证明她的优秀。于是，我们给她申请了加州系大学，还有几个排名 50 左右的学校。我还记得申请完加州系大学后的 12 月份，睿睿又考了一次托福，这一次接近 100 分。

3 月份录取季，宾夕法尼亚州立大学、俄亥俄州立大学、加州大学欧文分

校、加州大学圣芭芭拉分校都来了录取，睿睿最后选择了加州大学圣芭芭拉分校。9月份进入大学后，时常看到她在朋友圈秀厨艺、秀课业笔记，我一直很关注她的生活和学习节奏，睿睿妈妈也会和我同步睿睿每个学期的成绩。大一结束后，睿睿又来找我，说想转学到更好的学校，这一次我们把目标定到了加州大学洛杉矶分校（UCLA）的数学专业。加州系统内转学有优势，4.0的GPA让睿睿在众多转学生中脱颖而出，于是，她很顺利地进入UCLA读书。在UCLA，睿睿的成绩依然优秀，朋友圈也依然能经常看到她精妙的厨艺和工整的笔记。在UCLA的第一年，她暑假没有回国，继续在学校上课。

2023年7月份，老校长又找到我，说睿睿要申请研究生了，让我帮忙推荐学校。我说，现在睿睿和三年前可不一样了，现在睿睿手里拿的是UCLA满分绩点的成绩单，只要考出GRE成绩来，研究生申请就可以进藤啦。

睿睿果然不负众望，GRE考出了325+的好成绩。由于她大学四年更多的时间用在了学习上，实习相对少了一些，但瑕不掩瑜，两所加州系大学的本科学习经历可以助力睿睿申请到理想的学校。接下来再次经历申请季、再次经历等待，这次等来的是加州大学伯克利分校的运筹学硕士、哥伦比亚大学的统计学硕士、康奈尔大学的统计学硕士等录取，因为有浓厚的加州情结，睿睿最后选择了去加州大学伯克利分校读硕士。

一个高考550分的山东孩子，通过自己的努力和家长的助力，一步一个台阶，两年一个学校，直至今天到加州大学伯克利分校读研究生。真的为睿睿高兴，也为老校长感到欣慰。

案例11 从中考失利到研究生放弃耶鲁，规划出来的“开挂之路”

2023年8月底，表外甥小宇在微信上和我说准备放弃耶鲁大学的研究生录取，决定去纽约大学读研。小宇这个理性的决定，既在意料之外，也在情理之中。陪伴孩子成长的十年间，不由得感慨，他真的长大了。

叛逆的中学

说起大外甥小宇的求学之路真是一言难尽。2000年出生的小宇来自山东的一个小县城。在他初中的时候，表姐和表姐夫把他送到了大连枫叶国际学校去读书。初三的时候表姐找到我，说希望送小宇到北京读高中。因为我在新东方工作，就推荐表姐一家人考察新东方的双语学校。经过面试再加上我的推荐，小宇很顺利地拿到了录取。高一开学后的 11 月，我突然接到表姐的电话，说小宇因为一些问题，在家待了两个星期了，要我帮忙问下如何才能回到学校继续上学。表姐隐约提到了是和班主任的关系问题，好像还有早恋问题。

我和校长电话沟通后得知，小宇是和他初中的一位女同学一起入读了新东方双语学校，入学分班考试，两人因为成绩差异分到了不同班。小宇找老师要求和女同学分到一个班，并且要坐在一起。被拒绝后，小宇和老师闹起了矛盾，和同学关系也不好，国庆假期小宇放假回到山东后就没再回到学校。

经过各种沟通协调，小宇承认了错误，表姐和姐夫把孩子送回北京后，就来找我，要我严格要求小宇，给他定目标、做规划，申请美国大学。就是这个时候，我开始和外甥频繁接触。给小宇规划美本的过程中，我明显感觉到他的数学能力很强，但是英语等文科类科目相对弱一些，尤其是像口语、背单词等，相对来说，小宇没有付出那么多的时间和精力。

整个高中三年，一到寒暑假，我就会叫小宇来新东方跟着学习，这三年我虽然都盯着他，但一直是胆战心惊的。一是怕接到表姐的电话，说孩子在学校里不懂事、犯错误；二是也怕接到校长的电话，说你家大外甥在我们学校不遵守纪律，让我多加管教。

还好，经过高中三年不断的拖拉拽，小宇自己也在不断努力，高二高三成绩逐渐上升。虽然没有了高一时的叛逆，但他的托福成绩一直没有很大的突破，高二升高三的暑假，小宇还把那位女同学一起带到新东方来咨询美国留学规划。那时候小姑娘都是喊我司老师，上了大学后，小姑娘自然而然地跟着小宇喊我舅妈，喊得既亲切又自然。

相比大多数同学，小宇的学术基础和英语基础比较弱，经过各种努力后，最终用 85 分的托福成绩和 84 分的 GPA 申请到几所大学，小宇最终选择就读宾夕法尼亚州立大学的哈里斯堡分校区。小姑娘的学术基础更弱一些，申请到了一个全美排名 100 位左右的学校。

奋进的大学

再次见到小宇是在他读完大一回国，孩子说到想转学，并说了转学的理由和优势。这时候的小宇变得高瘦、精神抖擞，说起大一成绩时的自信和想进到前30学校的渴求，让我对他有了新的认识。我说没问题，舅妈可以帮你，暑假好好考个托福，争取考到100分，舅妈帮你转学。后来孩子考了两次托福，考到了98分。转学的过程相对比较顺利，录到了密歇根大学安娜堡分校、北卡罗来纳大学教堂山分校和弗吉尼亚大学，录取结果还是很理想的。孩子最后决定去安娜堡。转眼到了2020年，疫情防控期间经历了高价买机票、回国上网课、入学手续顺利转到密歇根大学安娜堡分校，然后继续在国内上网课、做研究生规划、做科研、做实习、考GRE，继续带着小姑娘来新东方做研究生规划。这时候小姑娘见到我总是甜甜地喊我舅妈。感受到幸福的同时我也在感慨：为啥我家老大没有找到这么可爱的小姑娘陪着一起上网课啊！

看外甥的大学成绩，数学相关科目全是A。上了大学后，小宇的数学潜力爆发出来，学习上也变得努力和认真了。大三结束时小宇的GPA是3.9，同时还考了一个330+的GRE。根据他这个成绩，研究生申请我们选了耶鲁大学的生物统计专业，哥伦比亚大学、杜克大学、纽约大学的金融工程专业等，选择的宗旨是名校加好就业的专业。在这个过程中，小宇又把他的女朋友叫来，让我一块帮着做研究生的申请，小姑娘舅妈叫得更加亲切了。

申请的过程还是很顺利的，小宇第一个拿到的是耶鲁大学生物统计专业的offer。拿到耶鲁的offer后，孩子特别高兴，我也很高兴，表姐和表姐夫更是特别激动，这个录取在山东的小县城也引起了小小的轰动。接下来他又被纽约大学的金融工程专业录取，同时小姑娘也被纽约大学的某个专业录取了。

理性的选择

拿到录取后，小宇充分分析了耶鲁大学的生物统计和纽约大学的金融工程两个专业的就业位置，还有他的兴趣方向，当然还有女朋友的因素，最后他给我发微信说："舅妈，我要放弃耶鲁大学，我决定去纽约大学读金融工程。"现在孩子已经在纽约大学读研究生一年级了。

回想这些年小宇的变化，迷茫的青春期伴随着他的初高中，努力的大学时期帮他实现了三级跳，从宾州州立大学到密歇根大学安娜堡分校，再到研究生的纽约大学，一路并不容易。前段时间他告诉我，学习的同时在准备简历，全力以赴找明年暑假的实习。

身边像小宇这样的孩子很多，学习上偏科，中学时叛逆，或明或暗的早恋，多次培训后不出分，不断地折腾家长，考验家长的心脏承受力和耐心……但是，“静待花开”这四个字最终在表外甥小宇身上得到了完美验证。

案例 12 低分高录，托福 99 分逆袭纽约大学

熟悉我的人都知道，我家老大在纽约大学读书，每一年纽约大学放榜的时候我都会格外关注。这几年纽约大学的标化分数要求越来越高，比老大申请的时候难太多了。但是从去年开始，每每提到纽约大学，我总会想起小房同学的笑脸，她是那一年以 99 分的托福成绩就拿到纽约大学本校区经济专业录取的幸运儿。从拿到录取的那天起，她的微信头像一直是纽约大学的紫色。

我和小房第一次见面是在她高一下学期的 6 月份，她是个很腼腆的小女孩，当时已经有 91 分的托福成绩，初步意向是经济专业。除了在校 GPA 比较理想外，没有其他相关活动和竞赛。接触下来我发现，小房是一个执行力很强的孩子，但比较适合单线思考，当选择太多的时候，就会产生纠结，而且高二的升学压力实在是大。为了避免这样的内耗影响后续申请，在整整一年的规划过程中，我们为小房制定了非常精确的时间轴，每个竞赛活动按时间排序，每个月只做一件事情，小房同学非常喜欢这样的规划模式。同时我们也利用新东方的平台，帮助小房组建竞赛队、调研队，节省了她自己去拉队友的时间。小房同学积极承担了队长角色，起初我还有些担心她和团队成员能否顺畅沟通，结果在老师协助做完破冰介绍后，她就一直在积极发挥领导作用，顺利带着 3 个队员完成了 CTB/FBLA/ IEO 的综合竞赛，并取得了一定的奖项。这也极大地锻炼了小房的时间规划能力，为我们后面的本科申请打下了基础。

AP 大考后，我们一起进行了充分的院校调研，小房最终锁定纽约大学作为梦校。因为小房的大学申请整体准备比较提前，所以有更多时间和文书老师进行

文书的打磨推敲。例如，在主文书的逻辑结构和选材方面，老师们先是确定了舞蹈社团的选材，但是小房不擅长的中国舞和内心向往的韩国女团舞，在讲述个人经历时一直都没有很好地顺承下来。于是文书老师就和小房一起，把每一个跳舞的真实细节和真实感受都进行了透彻的回顾和分析，最后终于用中国舞作为开篇引入，用韩国女团舞作为自己内心不畏困难、多方面探索兴趣的例证，以“做丰富的自己”为立意完成了主文书。

每个学生的申请季可能都会有波折，小房同学面对后面托福和ACT考试一次次不出分的打击，开始纠结和怀疑自己，甚至看到纽约大学官网建议的托福100+是有竞争力的分数后，一度想要放弃。最终早申之前，小房的托福只有99分，ACT不到25分，分数上确实不占优势。我记得那时候每次跟小房妈妈打电话，都能听到一声声的叹息，家长的心态也有点扛不住了，一度很担心孩子没学上。小房这一路走过来的改变我都看在眼里，我也一直在给家长加油打气。在离早申请截止5天的时候，小房给我发微信，他说周围的人都不建议她申请纽约大学了，说很多都是学IB课程的学生去申请，大学会更倾向于学IB课程的学生，而且还有那么多活动背景非常好的学生申请纽约大学，自己这个情况肯定是炮灰了。小房想放弃，但我并没有同意。我问小房，纽约大学是你最理想的选择吗？她说是的；我说，30名之后的学校你想绑定吗？她没说话，我说你迟疑了，所以你并不想。我坚持让小房递交了纽约大学的申请。

最后，小房在ED阶段就被她最最喜欢的纽约大学录取了！我也很为她开心。后来她和妈妈来办公室看我，小房的笑容真的是发自内心的，就像一个小太阳。妈妈也化了妆，一身轻松的样子看起来都年轻了几岁。

回顾整个规划和申请阶段，学生和家长都有过纠结，想过放弃，这个时候，能在迷茫中给出坚定的建议，说实话对我们来说也是沉甸甸的考验，毕竟一旦结果不如意，对于孩子来讲打击也是很大的。其实，这也多亏了我们过往的经验，才让我们有信心给出专业的建议，并最终帮助小房拿到梦校的录取。

案例13 当生物撞上音乐，个性经历赢得TOP20名校青睐

林林的父母在他9年级时找到了我，我清晰地记得第一次见面时林林的父母就非常坚定，表示“一定要让孩子去美国接受前沿的教育”，让我安排老师团队，为其美国本科申请做准备。

当时，林林的背景整体尚属空白，但已经开始学习托福，提前做好了语言准备。林林的妈妈表示孩子对生物方向有浓厚的兴趣，恰巧我家老二申请的就是生物专业，于是我们有了共同的话题，聊得分外投机。林林妈妈是个果断干脆的人，看准的事情毫不犹豫，在与我们做了详细、深入的沟通后，很快就决定将孩子全盘交给我们团队来做申请规划。

我们也快速帮林林同学出具了申请方案，林林妈妈了解后非常满意，于是坚定地跟随我们一步步落实计划。

林林在9年级暑假便开始了规划准备。最开始与他沟通时，就能够感受到他对生物的热情和浓厚兴趣。他的学习能力很强，在与我们的每一次面谈中都有实质性突破，同时在活动竞赛中也展现出对生物学领域很深的造诣和钻研精神。

在活动规划中，林林遇到的最大难点是时间紧迫。标化考试、校内课业、活动竞赛、论文发表……每一样都需要学生付出很多的时间和精力，尽管已经制订了非常详细、合理的时间分配计划，可时间方面却总是让人感到捉襟见肘。但林林凭借自己超高的执行力，把计划都变成了结果，按照老师为他量身定制的时间规划，完成了各项重要任务。

在整体的活动规划中，我们感受到林林对于生物的热爱和坚持，于是鼓励他参加iGEM国际竞赛，发挥出他的优势。林林也很努力，还拿下了BBO全球金奖、USABO银奖、Brain Bee二等奖。我们还建议林林充分利用学校给予的资源，在校内组织同学一起参与iGEM比赛。他不但成功组织起了队伍，还担任了队长角色，在这个过程中既展现了出众的号召力，又让人看到了他作为队长的担当和责任心。作为一个没有指导老师的校内iGEM竞赛队伍的队长，林林的付出和辛劳大家都有目共睹。他经常在实验室一待就是几个小时，多数时候，他都是暗自努力、从不抱怨，遇到问题虚心接受建议，然后继续默默地努力。

当然，单个活动是不够的，我们还为林林定制了多个适合他的个性化活动，给他补充申请生物方向专业所需的实验经历。而丰富的活动背景，不能仅仅局限于专业方向，我们还鼓励林林去发展领导力。于是他参与了校内社团，并担任了生物社社长；我们发现林林关注公益问题，建议他将学术兴趣和公益相结合，对公益活动进行补充。最终，在双方的积极配合下，林林获得了完整且丰富的活动竞赛简历。

林林同学是非常有自己想法的，他擅长声乐，还是学校戏剧社的一员。在圣路易斯华盛顿大学的文书写作过程中，我们引导他详细复盘了自己过去的活动和经历，并鼓励他去挖掘其中的意义及感悟。经过多次沟通，我们和林林一致决定将他的生物经历和戏剧表演经历用一种巧妙的方式串联起来，同时记录他在心智上的蜕变和成长。通过老师的启发，在进行主文书创作时，林林最终选择提炼学术探索过程中收获的个人品质和性格层面的财富，并阐述这份财富如何影响他的个人生活和为人处世。这篇主文书撕掉了他单一的性格标签，使整体形象更加饱满。同时，基于林林优秀的自主调研能力和分析能力，我们的老师建议他多花一些时间自行研究该校的生物专业，找到可以将高中活动和未来目标相连接的资源。在我们的建议下，他对初稿进行反复修改，最终完成了一篇内容充实、语言精炼的附表文书。

由于规划早，林林有很多尝试的机会，也顺利在早期就确定了生物专业方向。经过长达 2 年多的沟通，我们对于林林的了解也不断深入，能清晰感受到林林的性格相对内向和慢热，但对学术充满热情。在申请时，我们一直强调适合学生的才是最好的，因此，在后续的选校中，林林着重选择了学术性强、生物专业突出的院校。除了院校本身的情况外，在选择学校时，我们还结合了林林的标化分数、竞赛奖项、各项活动进行综合判断。经过我们与家长、林林多次院校调研及讨论之后，确定将圣路易斯华盛顿大学作为 ED1 的目标院校。我们大家都相信这里最能发挥林林在生物领域的热情，能够帮助他在未来的研究领域越走越远。

在整个留学规划期间，林林同学和家长都非常信任我和我们团队的老师，林林特别愿意跟我们分享他自己内心深处的真实想法，我们也因此能够快速抓住他的真实诉求。同时，林林的学习能力很强，也愿意吸收我们给的建议，和老师们配合得非常默契，整个申请过程因此进行得十分顺畅。最终在早申请阶段，林林收获了满意的offer。愿林林同学能在梦校学习到更多前沿的生物领域知识，一步步靠近自己心中的理想，未来可期！

每一个成功的录取都不是偶然，都是背后认真准备的必然。机会往往都是留给有准备的人，留学规划需要趁早。愿每一个勇敢逐梦的孩子，都能梦想成真。

案例14 高考大省转北京国际部，陪读6年圆梦全美TOP50

每一个成功孩子的背后都有一个任劳任怨的妈妈，今天我要分享的主角却有点不同，是一位爸爸，一位自己没有上过大学的爸爸。周爸爸，陪着非京籍的孩子在北京追求国际化教育，并成功把儿子送到美国排名前50的罗切斯特大学。

认识周爸爸，是在北京市第八十中学门口我们一起等着给孩子交学费的时候。很快，周爸爸成为我们这一级家长群的群主，他热心地帮着做家校联系、共享资源。三年下来，周爸爸成了我们这一级家长中最重要的家长领袖。下面的文章是我采访周爸爸的实录，分享给大家。

问：周爸爸您好，请您和大家谈一下您送孩子出国留学的初衷。

周爸爸：我们的老家是河北，属于典型的高考大省，今年（2023年）有86万考生，如果让孩子走高考升学之路，属于千军万马过独木桥，竞争肯定特别惨烈。而且基于对孩子小学学习情况的了解，他成绩中等偏下，如果参加高考，有可能都过不了本科线，更不可能指望考上985或211的院校了。

我和孩子妈妈都没有上过大学，又在四线小城市工作和生活，但是我们有胆量赌一把，让孩子避开高考，选择出国。要走出国留学的道路，就必须送孩子到北京，因为我们深知不管公立私立，北京的教育资源都是最优秀的，远远优于河北。所以孩子小学毕业后，我们毅然决然地给孩子送到北京。孩子没有学籍，只能选择私立国际学校。孩子先是在一个私立国际学校读了初中，要上高中了，就通过多方了解，经历了各种笔试、面试，最终来到八十中国际部。现在回头看，来到八十中是个正确的选择。虽然高中3年有各种客观因素的不利影响，但孩子还是坚持了下来，最终获得了超出自己预期的大学的录取。总结一下，作为京外生，这是我们的留学规划路线：小学公立—初中私立国际学校—高中公立学校国际部。

问：您这 6 年，开车往返北京和承德，跑了十万八千公里，能和大家分享一下您这 6 年的陪伴之路吗？

周爸爸：2017 年小升初送孩子到北京读书时，我们对出国留学还是一知半解。当时孩子住校，妈妈由于工作原因不能每周都来，我每周五下午 5 点前（因为京外牌照限行）开车来北京，从学校接上孩子，在北京陪孩子两天，周日送孩子回学校，我再返回河北。整整六年，我看了下里程表，刚好跑了十万八千公里，所以有人戏称我为“十万八千里爸爸”！

周六周日，除了负责照顾孩子的衣食住行、吃喝拉撒外，我不能给任何学习上的辅导，我能做的就是去听各种和留学相关的讲座，学习再学习，至少不要给孩子在留学道路上拖后腿。北京海淀黄庄和朝阳国贸的写字楼我几乎都去遍了。当然，还是听新东方的讲座最多。期间认识了好多的业内专家和热心家长，他们给我提供了大量的帮助，让我从无知的留学小白渐渐入门，到最后活生生把我这个“留学文盲”变成了一个家长们眼中所谓的“留学专家”。

回想这 6 年的陪伴，我想到了《渴望》的主题曲：“有过多少往事，仿佛就在昨天。”尤其是高中的 3 年，有苦有乐，有喜悦也有辛酸。

问：作为正值青春期的高中生的家长，您和孩子日常是如何交流的？

周爸爸：现在回想起来，其实有好多地方做得不对。一开始听讲座，回家训孩子成为常态。当时孩子刚到北京上学不久，我每次去听优秀学长学姐的分享会后，到家看自己的孩子就来气，眼眶子发青，觉得自己孩子哪儿哪儿都不行，就会批评孩子。实际这是不对的，因为每个孩子都有不同的天赋，都有不同的特点，尤其对于准备出国留学的孩子，作为家长一定要善于寻找孩子的闪光点，多找优点，少找缺点。多鼓励、少批评才是最佳选择。当然，我也是后来才想明白并及时纠正的。

再就是所有家长都面临的孩子刷手机、玩游戏的问题。孩子容易沉迷电子产品是个老问题了。我的观点是，不让孩子碰手机是不切实际的，但是要适可而止。孩子在完成自己学业的情况下，玩是可以的，因为管是管不住的，我觉得所有家长的最终目的就是让孩子在不影响正常学习的情况下玩手机和游戏。我的孩子因为住校，平时用不上手机，等到周六周日的时候才能玩手机，但是周六周日他还有其他任务，比如学习托福。我有时候也是说他、催他，不让他玩，但是仔细想想，他一共才那点空余时间，玩手机的时间也没多少，他就是交交友、刷刷抖音，或者是小朋友之间玩玩游戏，这是个交流的过程。我听他们玩游戏还不是纯玩游戏，而是一边玩，一边交流。

有一次，我看他们边玩游戏边讨论早申学校的事情，还有一次都半夜一点多了，他还发微信给其他同学讲托福写作题。他们拿手机也说正事，不是纯玩。所以家长一定要调整心态，在这个时代，孩子接触电子产品是不可避免的，咱们就是调整好心态，只要孩子不沉迷进去，都是可以理解的。因为这么大的孩子，他的交友、交流，以及上网查资料都要依靠手机，不像咱们那个年代没有这么多的东西，所以不能一竿子打死，那也是不现实的。记得在高一开始时，孩子告诉我，因为中考成绩比其他同学差多了，他想好好学习了，于是把“王者荣耀”卸载了。过了一段时间，他又玩上了，理由是自己太不合群了。但又过了一段时间，又主动卸载了。再过一段时间，又玩上了。就像赵本山和范伟小品里的台词:“有错就改，改了再犯，犯了再改，改了再犯，千锤百炼。”

问：偷偷和您说一下，今天跟您聊之前，孩子说一定要让我感谢您多年来的陪伴，这 6 年您最大的感触是什么?

周爸爸：6 年的陪伴，我虽然付出了很多，但这也是陪孩子共同成长的过程。孩子懂得感恩，还是很令人欣慰的，受到孩子表扬是件幸福的事。另外就是我的厨艺见长。每次放学回家第一件事，孩子就兴冲冲地到厨房问我:“今天吃啥?”我原本厨艺一般，就是会做一些家常菜，也是为了孩子，做饭质量有点进步，还挺符合孩子胃口。当孩子当着众位亲友说“老爹厨艺见长，做饭老好吃了”时，我心里还是美滋滋的!

此外，关于留学的知识也增长了很多。前面介绍过了，我一开始是个留学小白，但我一点一点听、一点一点学，从留学小白到相关英文单词懂一点，再到可以和孩子探讨留学相关问题了，后来早申请选校就是我和孩子一起讨论确认的。

还有就是 GPA。八十中国际部对 GPA 的计算是比较科学的，分为平时、期中、期末三部分。平时考勤、按时交作业、小测、背单词等都要计入GPA，而且比重最大。虽然我不能在学术上给孩子支持，但每周查看学校的打分系统，督促他把平时的任务完成，是我能做的。这个过程中，有时候也会和孩子有小摩擦，孩子偶尔也有忘记交作业的时候，和老师也有沟通不畅的时候，但孩子情商在线，最终还是能成功化解矛盾，最终在申请时，取得了GPA 4.0的优异成绩。在其他方面没有特别突出的亮点的情况下，GPA对录取起到了关键作用。虽然当时孩子不是特别理解我的一些做法，但最后还是给我提出了表扬，认为督促他保证GPA是我做得最正确的事情之一。

我家孩子属于独生子女，但是我们从小就不娇惯他，注重独立性、自主性、规则性的培养。从小他自己摔跟头，我们从来不去扶，自己呼噜呼噜就起来，膝盖总是新伤盖旧伤。我们从小就培养他，自己的事情自己做，从幼儿园起就自己背书包，在公立小学时，他是班里极少数自己背书包上下学的孩子。跟他玩扑克、做游戏，一律按规则，从不为哄他开心让他赢而放弃规则。孩子在北京从7年级开始就住校，6年的住宿生活也锻炼了他独立生活的能力。前段时间他还和我们开玩笑说："小时候都不知道让着我，都没有童年快乐了。"这实际上是在表扬我们，他现在理解了独立性、规则性的重要性。去美国上大学，也是他自己坐飞机去的，我们不送他。

记得高三下学期申请结束后，孩子时间充裕了，有机会和朋友们深入交流了，也互相了解了彼此原生家庭的氛围。就在前几天，他突发感慨，跟我们说："我生在这个家庭，有你们这样的父母，太幸福了！"我问为什么，他说："你们不吵架，给了我一个温馨有爱的家，还不够吗？"当时我和孩子妈妈差点眼泪流出来，孩子能够感受到爱，我们付出再多，值了！

问：真是一个伟大的爸爸，和孩子相互陪伴，共同成长。在这方面，您有哪些经验要和家长朋友们分享吗？

周爸爸：孩子喜欢的，大力支持；不喜欢的，不要强求。孩子进步成长是波浪式的，有高潮、有低谷，只有极少数的牛娃是坐火箭直线上升的。有张有弛才是正常的，孩子在低谷的时候，家长不要逼孩子。

归因，分清内因和外因，家长和老师都是辅助的，最终还是靠孩子自己。孩子自驱力有了，开窍了，就什么都解决了。

孩子不优秀，多从家长自身找原因。子不教，父之过，孩子就是家长的翻版和复印件。

情商比知识更重要，素质比学历更重要。

问：最后一个问题，作为过来人，您给家长朋友们有什么建议呢？

周爸爸：建议谈不上，还是说说我的一些感受吧。选校主要是选同学、选氛围，适合的最好。无论什么时候，请尊重孩子，肯定孩子，表扬孩子。给孩子试错的机会，包括活动竞赛、专业探索等，当然越早越好。寻找孩子的闪光点，多找优点，少找缺点。家长要减少焦虑，就要早规划，自己多学习。

最后，我想对所有的家长们说，请相信你们的孩子，孩子是独一无二的，是最棒的。同时，我想对孩子们说，请感恩你们的父母，要知道父母的爱是最伟大的、最无私的。

另外，我想提醒家长们一句，对孩子感到无奈、火烧脑门的时候，请按下暂停键，缓一缓！如果还是不行的话，少说话、多做饭，也许是最好的选择。

案例 15 发挥人文优势选择文理学院，一击即中史密斯学院

对每一个留学申请顾问而言，每一位学生都代表着一段特殊的故事，而 Jenny 的留学申请之旅是一个充满活力和激情的故事，充分展现了合作、沟通和奋斗的力量。

第一次见面，我们选择了一家宁静的咖啡馆，阳光透过窗户洒在桌子上。在咖啡蒸腾的热气对面，坐着 Jenny 这位令人印象深刻的年轻女孩。她非常知道自己想要什么，这个特质在她这个年龄段的孩子里弥足珍贵；更可爱的是，她同时还知道自己不想要什么。而我们团队需要做的，就是将她的“要”和“不要”，转化为时间线上她需要执行和完成的一项又一项动作。

我了解到，Jenny 是一个极富正义感的学生，她在新闻、演讲等领域都取得了卓越的成绩和奖项。她曾积极参与“北京女工不公正待遇”的调研项目，展现

出对社会问题的关注和卓越的研究能力。此外，她还参与了肥胖歧视研究，表现出对社会偏见和公平正义的敏感性。无论是在活动列表还是在文书中，处处都可以看到“social justice”这一关键词。她的奖项也十分亮眼，比如美国高中传媒竞赛（JEA）荣誉奖 TOP 19%、美国国家拉丁语考试（NLE）的金奖。

在咖啡的氤氲中，Jenny 的画像在她的叙述中逐渐清晰。我问了她一个一般不太会在第一次咨询中抛出的问题：“有考虑过文理学院吗？”

诚然，文理学院在国内的知名度和就业接受度并不高，但在美国本土的认可度是非常高的。同时，文理学院本身的精英教学和小班教学特色，以及随之带来的无与伦比的就学体验，正是一些家庭在择校中所珍视的。

Jenny 为什么适合文理学院？第一，Jenny 的身上有着与生俱来的社会责任感和正义感，她对社会权力结构复杂性的思考正是文理学院看重的社会变革者和领导者的特质；第二，她对男女平权活动的深度参与虽发心于正义感，但确实会在申请文理学院，尤其是女校的过程中有很大助益；第三，Jenny 的拉丁语是一大优势。拉丁语作为一门“死去的语言”，使 Jenny 能更深入地了解文学、历史、哲学等人文科学领域的学术研究背景，而这正和文理学院精英教育和博雅教育的气质相符。

在接下来的合作中，我们针对 Jenny 的兴趣和潜力，经过了多轮专业和学校选择的探讨，最终将目光投向了史密斯学院（Smith College）。史密斯学院是一所位于美国马萨诸塞州北安普顿的私立文理学院。学院成立于 1871 年，是著名的“七姐妹学院”之一。史密斯学院以其卓越的学术水平享有盛誉，一直稳居全美顶尖文理学院之列。史密斯学院的一个显著特点是致力于女子教育。学院仅面向女性提供本科课程，为她们提供一种富有激励性和支持性的环境，促进她们在知识和能力方面的发展。

史密斯学院的小班教学、高学术自由度、多元化的学生背景构成，以及丰富的研究机会，完美契合 Jenny 对本科学习的期望。她在平权活动中的积极参与，与史密斯学院的学生画像高度契合。最终，Jenny 选择在 ED 轮申请史密斯学院。

学校确定后，Jenny 明白文理学院的文书往往需要花费更多精力去打磨。在主文书的创作中，Jenny 和我们通力合作，以仲夏夜盛放的花为意象，回顾了她在小学时期的不幸经历，用文字表达了自己的成长历程，如何从个人的挫折中汲取力量，进而转化成为社会公正而战的驱动力。她在文书中描述了自己参与女性工作环境调研、为反肥胖歧视发声，以及为LGBTQ+小众文化群体创作文学作品的经历。这些故事充分展现了她的坚韧、决心和社会责任感。

在整个申请过程中，我与Jenny及其家人保持了密切的联系。我们每周定期进行电话会议，讨论选校策略、面试准备等各种申请细节。每一次沟通都充满了热情和奋斗精神，我们共同努力着，为Jenny的申请添砖加瓦。

在逐步完善申请材料的同时，我们还特别为Jenny安排了模拟面试，帮助她提高自信水平和应对面试的能力。我们从着装、目光水平线等细节出发去打磨，模拟了各种可能的面试问题，让她能够自信、流利地回答。经过反复练习，她的面试表现非常出色，给招生官留下了深刻印象。

等待录取结果的日子总是漫长而紧张的。在这段时间里，我与Jenny及其家人继续保持密切的联系，提供情绪上的支持和鼓励，一起期待着好消息的到来。

终于，录取结果揭晓！我清楚地记得，当Jenny收到史密斯学院的录取通知书后，她那洋溢着幸福和自豪的笑容。这个成功的瞬间，不仅是Jenny个人的胜利，也是我们共同努力的结果，更是对合作和沟通重要性的最好证明。

总的来说，与Jenny一家的合作是一段充满信任和希望的旅程。我们一起经历了申请的高潮和低谷，最终迎来了成功的喜悦。留学申请顾问的使命就是帮助学生找到最适合他们的学校和专业，为他们的未来铺平道路。在这个过程中，沟通、合作和坚定的信念是取得成功的关键，也是我们所珍视的价值观。

第二章

英国本科

学制短，学术强

一 英国本科留学优势解读

英国的教育历史悠久，以正统高素质的教学质量、严谨的学风、完备的体制闻名世界。英国的大学大多为公立院校，由英国教育部直接管辖，学历受世界各国认可。英国十分重视高等教育的质量评估，逐步形成了由议会、政府、专业机构以及院校分工协作的教育质量保障体系。英国的教育体系经过几百年的发展，已非常完善、灵活。目前，全英共有 160 多所高等院校，提供超过 8 万门课程，教育资源丰富且优质。

在 2024 年 QS 世界大学排名中，有 17 所英国院校跻身世界前 100 名。牛津大学、剑桥大学、帝国理工学院和伦敦大学学院更是长期稳居世界前 10。同时，根据《2023 中国留学白皮书》中的数据统计，从 2016 年起，英国连续 8 年一直是最热门的意向留学国家之一。

课程特色

英国本科课程的设置非常清晰明确，既有传统的单一学科专业，比如数学、物理、经济、会计等专业，也有很多交叉融合的多学科专业，比如哲学经济、数学音乐、经济管理、会计金融等专业，以满足不同学生的学业需求。每个专业的课程安排也都可以提前在官网进行了解。

英国大学的很多专业十分有特色。例如，位于伦敦的英国女王大学的金融专业，该专业获得了特许金融分析师（CFA）大学联盟认证资格，这就意味着该专业课程内容至少涵盖了 CFA 考试体系 70% 的知识，就读该专业的同学可以更加轻松地通过 CFA 考试。

不仅如此，女王大学还有专门的金融交易室，为学生们配置了多达 12 台彭博终端来帮助学生学习和研究金融市场的知识理论和实操技巧。在第三年的课程中，学生可以选择在英国的各大金融机构进行9~12个月的实习。这段长达约一年的实习期，可以让学生在求学阶段积攒宝贵的工作经验和优质人脉，从而在后续的就业中更有竞争力。

再比如，伦敦大学学院开设了为期四年的法律本科专业，这个专业前两年在伦敦大学学院学习，后两年可以在香港大学学习，最终可以获得伦敦大学学院和香港大学的法学学士双学位。此外，该专业还设置了中国法律概览的课程，为未来选择回国发展的学生提供助力。

留学费用

英国本科学制大多数为三年，苏格兰地区本科为四年。由于大多数学校都在英格兰地区，所以英国大多数学校的本科学制比其他国家都要短，总体留学费用远少于美国，留学的性价比非常高。一般非伦敦地区的学费和生活费一年是40万人民币左右，伦敦地区为50万人民币左右。具体费用根据不同院校、不同专业会有一些差异，该数据可作为一般参考。

留学环境

对于刚刚成年的学生来说，要到一个文化背景完全不同的国家学习和生活，留学环境是非常重要的考量因素。英国有着极佳的留学环境，比如在安全方面，英国对于每一个外籍入境人员，均进行严格的指纹登记。在福利政策方面，中国留学生在英国居住超过半年，就可以和英国人一样享受完善的医疗保险待遇。学生如果办理了国际学生卡，在买车票、机票、参观博物馆时，可以享受到相当多的折扣。此外，英国法律规定，留学生在读期间可以每周打工20小时以内，假期时间不限制，最低工资是7英镑/小时，并且无需申请工作许可证。英国大部分院校还有专门的工作人员负责为学生介绍工作。

综合来看，英国本科留学无论是从学术水平、课程设置的实用性、经济预算，还是留学环境，都有着巨大而独特的优势。

二 英国本科留学录取要求和路径

英国本科不同学校同一专业，或者同一学校不同专业，录取难度和标准是不同的。每个学校、每个专业都有明确的录取要求和详细的录取标准，给申请者提供清晰的努力方向和目标。

在语言要求方面，雅思和托福考试成绩英国的大学都可以接受，一般排名越高的学校对英语语言能力的要求也就越高。不同学科要求也不同，相比理工科，文商科的英语要求会更高一些。例如，牛津大学对语言要求就有两个档位，数学、计算机和统计学相关的专业一般雅思要求是 7 分，对应的托福要求是 100 分；除这几个专业以外的牛津大学的其他专业，雅思需要达到 7.5 分，对应的托福要求是 110 分。其他世界排名前 100 的英国大学，一般雅思的最低要求为 6—6.5 分，对应托福就是 80—90 分。

需要特别注意的是，相比于其他国家需要申请者在申请材料提交环节就提供合格的语言成绩，英国大学采用发放预录取制度，即使我们在申请的时候没有达到学校的语言要求，仍然可以提交申请，只要在正式入读大学之前提交合格的语言成绩即可。所以，对于申请英国本科的同学们来说，有更充裕的语言学习和准备时间。

英国本科接受不同课程背景的学生进行申请，针对不同的课程体系有对应的录取要求。即使是在高考体系就读的普高学生，英国部分大学也接受用高考成绩来进行申请。如果高考成绩不够理想，还可以申请一年的本科预科作为本科学习的过渡。一般高中毕业或者高二课程结束的学生，就可以参加本科预科的申请。在英国本科申请的路径里，只要找准适合自己的赛道，学生就有机会通过灵活的课程和专业选择进入世界名校。下表是目前不同课程体系对应不同排名学校的录取要求，具体学校会有一定的差异，可以作为大致的参考。

学校	A-Level	IB	美高	加拿大背景	澳新背景	中国高考
牛津大学	AAA 至 A*A*A	38~40	3~4 门 AP5 分；ACT31+ 或 SAT1460+	85%	98.5+；Excellent	仅供参考
剑桥大学	A*AA 至 A*A*A	40~42	5 门 AP5 分；SAT：大部分理科和经济 1500+，其他课程 1460+	90%	98.5+	高考成绩达到所在省份排名的前 0.1%；同时会关注学业水平考试（以前的会考）成绩，同时建议高中生积极参加奥林匹克竞赛，或者 SAT、AP 考试
帝国理工学院	AAA 至 A*A*A	38~42	3~4 门 AP5 分；建议提供高中毕业证，个别专业会需要额外的 AP 科目	85%~90%	98.5+；Excellent	仅供参考
伦敦政治经济学院	AAB 至 A*AA	37~38	5 门 AP5 分；完成 3 年高中且获得高中毕业证；GPA 达到 3.7	90%~95%	获得 NCEA LEVEL3 共 80 学分，且 3 门科目达到优秀（每门最多 18 学分）	完成高考，并通过 CEIS（世界名校中国英才遴选计划）取得有竞争力的 AST 成绩
伦敦大学学院	ABB 至 A*A*A	34~40	5 门 AP4~5 分，加 SAT 或 ACT 混合申请参考具体院校和专业录取标准，需不同科目	83%~93%	96~98.5	仅供参考
世界排名前 50	ABB 至 A*A*A	34~39	3 门 AP4~5 分，加 SAT 或 ACT 混合申请参考具体院校和专业录取标准，需不同科目	75%~80%	92~97	仅供参考
世界排名 50—100	ABB 至 A*AA	32~38	3 门 AP4~5 分，加 SAT 或 ACT 混合申请参考具体院校和专业录取标准，需不同科目	75%~80%	85~90	部分院校的部分专业可以接受高考成绩直入本科学习，需要高考成绩达到总成绩的 80%，个别专业要求高中均分达到 85% 或以上；对 A-Level 相关科目有要求的专业，则需要相关科目达到 85%

英国本科留学除了语言成绩和高中课程成绩这些基本的硬实力之外，对于学生的背景软实力也越来越看重。相比于美国大学希望申请者背景软实力的多元化，英国大学则更注重申请者在专业方向上的深度挖掘。

例如，伦敦政治经济学院对学生文书的要求，就是要展现学生在某一领域上的学术认知和学术热情。具体可以通过课外学术阅读积累、科研实践、学术论文写作、实习竞赛等经历进行专业认知的提升。在这个过程中，申请者也会越来越清晰自己的学术方向和学业规划。因此，越来越多的英本申请者也加入早规划的队伍中。只有早日明确申请方向，我们才能尽早有针对性地进行学术能力的培养，增加申请竞争力，提高名校录取的成功率。

三 英国本科留学申请时间线

英国本身的教育理念就是培养专才，让学生在高中阶段就开始进行针对性的自我认知探索，尽早发掘自身的兴趣和能力优势，并在本科申请时就需要明确申请的具体专业。

因此，对于去英国读本科的学生来说，认识自我非常重要，而且越早越好。当然，认识自我并不容易，需要不断探索和反复验证，越早开始探索的学生，就能越早发现自己的优势，并有针对性地进行长线规划培养。在正向的努力中不断得到正反馈，把自己的优点和长处不断强化，最终找到自己擅长又热爱的领域。

由下表可以看出，越是想在本科阶段冲刺名校的学生，就需要越早开启规划。对于在时间上稍晚一点进入规划的学生，需要根据自己的情况合理高效地进行重点提升，只要规划科学合理，仍有可能后来者居上。下面，我们以初三开始做留学规划的学生的时间线为例，看看每个阶段的规划重点。

初三 开始进行英语语言基础学习，进行语言能力测试的备考，同时进行专业探索											
9 月	10 月	11 月	12 月	1 月	2 月	3 月	4 月	5 月	6 月	7 月	8 月
英语语言学习				进行第一次正式英语语言考试		继续英语语言学习，打好校内课程基础				全学科学术探索营	
高一 明确申请专业方向，进行针对性选课安排，实习科研背景补充，语言考试出分											
9 月	10 月	11 月	12 月	1 月	2 月	3 月	4 月	5 月	6 月	7 月	8 月
各类竞赛初步尝试，进行筛选				进行第二次正式英语语言考试		提前进行高二课程预习，AP/A-Level 个别科目可以提前参加考试				参加专业相关科研和实习，开启 EPQ 项目学习	

<table>
<tr><th colspan="12">高二　全力冲刺大考复习和备考，语言考试达到要求，竞赛出结果，参加夏校</th></tr>
<tr><td>9 月</td><td>10 月</td><td>11 月</td><td>12 月</td><td>1 月</td><td>2 月</td><td>3 月</td><td>4 月</td><td>5 月</td><td>6 月</td><td>7 月</td><td>8 月</td></tr>
<tr><td colspan="4" rowspan="2">雅思最后一次考试达到目标要求，并在申请有效期内</td><td colspan="4">A-Level/IB/AP 大考备考复习</td><td colspan="2">A-Level/AP 第一次大考</td><td colspan="2">进入申请季；
8 月出成绩初步定校；文书准备 + 申请素材收集</td></tr>
<tr><td colspan="6">EPO 项目结束，竞赛出成绩</td><td colspan="2">科研夏校 +
笔试准备</td></tr>
</table>

<table>
<tr><th colspan="12">高三　根据预估成绩进行选校，文书申请材料准备，换无条件录取</th></tr>
<tr><td>9 月</td><td>10 月</td><td>11 月</td><td>12 月</td><td>1 月</td><td>2 月</td><td>3 月</td><td>4 月</td><td>5 月</td><td>6 月</td><td>7 月</td><td>8 月</td></tr>
<tr><td colspan="3">9 月 UCAS 开通申请，开始递交申请；10 月 16 日牛剑和医学类专业截止申请；牛剑笔面试开始报名；出预估分和推荐信</td><td colspan="2">12 月中旬牛剑面试；1 月中旬牛剑录取发放；1 月 30 日其他学校大部分专业申请截止</td><td colspan="3">拿到申请结果，同时准备最终大考</td><td colspan="2">A-Level/IB/AP 最终大考结束</td><td>通过学术先修提前预习大学课程</td><td>换无条件 offer+ 签证；行前准备 + 入学</td></tr>
</table>

四 英国本科留学录取趋势

在 2022/23 申请季，中国大陆共有 27,710 人递交了英国本科申请，中国香港、中国澳门以及中国台湾分别有 5680 人、180 人和 460 人递交了申请，共计 34,030 人，在非欧盟留学申请人数中占据 36%。根据英国 UCAS（Universities and Colleges Admissions Service，即大学和学院招生服务中心，英国大学的本科学位课程，都要通过 UCAS 进行申请）发布的最新数据，截止到 2023/24 申请季的 10 月早申请数据，国际学生申请人数为 72,740 人（比去年减少 1350 人），其中中国大陆地区申请人数为 4340 人，比去年同期下降约 1%，但仍为留英国际留学生最大生源地。

UCAS 于 2023 年发布的《全球视角：中国学生留英体验》报告中显示，在 2013—2023 年间，英国高校国际留学生入学人数占比从接近 10% 攀升至 21.8%。究其原因，该报告的调研人员分析称，英国的高等教育名声、英国的高等教育质量、英国本土的文化体验、英国大学的课程体系设置及申请流程的便利性，推动了国际申请人数的上涨。随着申请英国高校的人数不断上升，中国的申请者除了跟中国本土学生竞争外，还需要跟其他国家的留学生竞争，英国名校的申请难度仍然在不断攀升。

针对英本申请，一个常见的误区是：拿到优秀的大考预估分数即可，背景提升的规划不重要。其实恰恰相反，由于英国本科申请对于专业的选择需要非常明确，目标为英本的学生，相较于其他主流留学国家的申请，需要更早确定好未来的主攻专业大类，并尽可能细化自己的专业选择。UCAS 文书的核心就是需要学生展现自己对申请专业的准确理解、硬核学术背景，甚至是未来的职业规划。和美国主文书侧重体现学生的个性化不同，英国对学生学术专业能力的要求非常严苛，如果学生对申请专业了解不到位，会直接收到学校的拒信，学校会明确告知因为文书内容达不到要求所以不予录取。

英国的本科教育极为严谨，从不同专业对高中课程选课和成绩要求中便可见一斑。如果学生无法在高二之前明确专业方向，就不能根据学校专业申请要求进行选课，进而最终没办法申请自己想学的专业。这样的环环相扣，才是英国本科申请的难点。学生们不仅需要花时间去探索专业，还要和时间赛跑；不仅要重视规划，更要认清早规划对于专业探索的优势。

对于绝大多数高中生来说，明确自己的专业兴趣并非易事。受学校课程的限制，高中生很难仅凭学校开设的几门课程来了解不同专业和不同领域的差别，更别说真正去探索、去挖掘适合自己的专业方向。英国本科留学规划的核心之一，就是利用相应的竞赛活动资源，来帮助学生明确适合自己的专业，确定自己的核心兴趣方向。学生只有找到适合自己并热爱的专业方向，才能激发内心的动力，为自己真正想要的生活去努力，而不是人云亦云地随波逐流，最后在激烈的竞争中被淘汰。

现阶段目标是申请英国本科的同学和家长应注意到，英国教育部下属的学历及考试管理办公室（Ofqual）自2021年起指导UCAS进行了一系列改革举动。目前这一改革计划的最新进展为2023年12月UCAS公布的于2025/26申请季开始的文书改动计划：现行的单篇开放式4000字符文书将会改为3篇问答形式的文书。在新的文书形式中，将包含以下3个问题：

1. 学习动机：你为什么想学习这些课程？

2. 课程准备：你现在所学能够帮助你在将来学习的课程上取得成功吗？

3. 通过其他经历做的准备：你还做了什么来帮助你做准备？为什么这些经历可以起到帮助？

相较于2023年初UCAS发布的原定于2024/25申请季启用的文书改动计划，最新的政策撤回了3个问题：

1. 为学习做准备：你为大学的教学方式和未来大学生活做了哪些准备？

2. 首选学习方式：哪种学习方式和评估方式最适合你——你的课程选择如何与之匹配？

3. 额外补充情况：你所经历的哪些客观情况，可能导致了对学习过程和结果的影响？

撤回上述问题的原因在于以上问题可能产生通用答案，而不能体现申请人的个人特质。UCAS 改革计划的初衷在于减少申请人的申请压力，增加文书内容的准确性。将原有的文书细分成几个问题，让申请人能更清楚哪些信息对申请有真正的影响，也更容易表达自己，涵盖真正必要的内容。

UCAS 的这一改动在刚刚出台时，便被认为是尝试“取消文书”的一个举动。但实质上，新的形式只是对于原有开放式文书的一次细分，需要包含的内容并没有减少，只是形式上出现了变化。英国本科申请的未来改革细节虽仍具有一定的不确定性，但基本的大致方向已经明确，即减少非学术性内容对于申请人的压力及对大学评估过程的干扰。围绕这一方向的结构性变动可能会造成大学的评估过程产生变化，大学招生办公室及相关学系系统极有可能会增加面试、笔试及类似环节，以更加直观地了解申请人。

在附加考核测试方面，目前新晋确定的变化主要是关于原有的附加笔试。剑桥大学招生考试委员会（CAAT）在 2023 年暑期已经明确指出该机构将不再提供任何入学测试。受影响的考试将包括原有的自然科学能力水平测试（NSAA）、工程科学能力水平测试（ENGAA）、大学数学能力测试（TMUA）和逻辑思辨能力测试（TSA）。针对上述测试，剑桥大学于 2024 年 1 月中旬释放出最新信息，NSAA 及 ENGAA 考试将不再举办，取而代之的是两者的融合体——工程与科学入学考试（ESAT）。想入读自然科学、化学工程与生物技术、工程和兽医四个专业的申请人需要参与该考试。ESAT 的考试形式和原本的 NSAA 非常类似，共分为三个部分，包括必考的第一部分数学 1，以及从生物学、化学、物理学和数学 2 四个部分中任选的其他两个部分。对于 ESAT 的附加要求，除了对目标为剑桥的申请人有影响外，帝国理工学院的部分专业也同样增加了对于该考试的要求。帝国理工学院的工程及科学类专业，包括航空航天工程、化学工程、土木及环境工程、戴森工程设计研究所项目、电子电气工程、机械工程及物理专业等，均需要额外报名参与 ESAT 考试。

TMUA 考试也确定了其主办方将改为 OCR 考试局，剑桥大学的经济和计算机两大专业仍然需要申请人额外报名 TMUA 考试。除此以外，帝国理工学院也将自己的计算机专业、数学与计算机专业的附加笔试由 MAT（Maths Admissions Test）改为了 TMUA，其商学院开设的经济金融与数据科学专业也增加了对于 TMUA 的额外要求。

面对越来越卷的英国院校要求，我建议有申请意向的同学尽早开始规划的过程，细化自己对于未来专业的认知，并且有针对性地准备好个人兴趣选题。我希望英本的申请者不要点对点地完成热门竞赛及科研项目，而是有体系地计划自己的各类活动，让自己未来的申请材料中可以展现出一条清晰的主线脉络。

五 00后英国本科申请经典案例

案例1 早人一步储备实力，从非重点国际部走进剑桥

跃跃是我家小儿子的学姐，她不仅是所在的国际部的骄傲，也是A-Level班级同学们的榜样。跃跃参加过多次线上线下的分享，给我的印象是小姑娘努力、目标性和执行力强，做事非常有规划且很高效。

初次沟通，锁定大方向

第一次面谈，主要是了解跃跃的基本情况和留学目标。关于留学，就读国际高中、国际部的家庭通常都有一定的认知，跃跃家也不例外。用跃跃妈妈的话说，虽然孩子在所谓的“第二梯队”国际部读书，但她相信孩子的学习能力，目标设定在英国G5没问题的，并且要全力冲刺牛剑。跃跃妈妈有一个非常值得借鉴的点，她很认可想要冲刺顶尖名校、必须早规划的理念，青春期的孩子有老师陪着肯定比妈妈自己陪着要好，这种理念也是最后跃跃能够成功获得剑桥录取的原因之一。

跃跃的学术基础很好，而且英语好、能力强，确实是名校的苗子。然而，虽然大方向定了，但是跃跃和家人并没有系统地了解过英国G5大学的申请流程，对于该如何进行申请准备仍是一头雾水。尤其是谈到具体要申请哪所学校、哪个专业时，跃跃和妈妈都没有更进一步的规划了。因此非常需要专业老师从细处着手，为她做针对性的规划指导。

英国牛津、剑桥的本科申请，由于历史原因，申请者只能择其一，不能同时申请两所，而且英国本科的申请一定要确定学院、确定专业。这些关于申请的关键性信息，对于大多数学生和家长来说都是比较陌生的，在这种情况下，专业老师的指导是非常必要的。

关于学校的选择已经有了初步大方向，接下来就要把目光锁定在专业选择上了。跃跃有一些初步的想法，她明确表示不学理工科，其他专业都可以接受。她更倾向心理学专业，但是对于心理学的细分领域还没有细致的了解和认知。

专业探索，落到细致处

专业沟通就围绕着心理学专业展开。首先是关于专业细分方向的探索，心理学有很多专业方向，比如牛津大学有实验心理学、心理哲学和语言学，剑桥大学有心理学和行为科学等。为了明确适合跃跃的选择，我们帮助她对专业方向进行了详细梳理，让她充分了解相关专业课程设置及内容。经过多轮深入沟通，跃跃最终锁定了心理学和行为科学。专业确定后，规划起来就更清晰了。

接下来是选课安排，根据跃跃想要申请的专业和她自身的兴趣，A-Level 初步选择了数学、物理、心理学、经济等课程。科研和竞赛也必不可少，而且因为目标是牛剑，我们的规划就要做到人无我有，人有我优。

考虑到是行为心理学方向，在科研和竞赛上，我们一方面鼓励跃跃在心理学相关方向深入探索，并推荐她参加了 EPQ。EPQ 是英国本科创新与研究能力提升项目，它可以提升学生的独立学习能力和必要的研究技巧，EPQ 带给学生的技能受到了各大高校的重视，能够帮助学生提升申请竞争力。在 EPQ 项目中，跃跃研究的方向是“戏剧与表达疗法对自闭症儿童心理效果的批判性评价”。她查阅了大量学术资料，做好了信息收集整理，并在最终答辩中表现出色，受到了答辩老师的极高评价，最终 EPQ 项目的成绩是 A。另一方面，考虑到申请牛剑的学生是全球最优秀的学生，心理学专业本身是非常考查研究能力的，我们鼓励跃跃选择与专业方向相关性很强的心理学研究——精神健康与疾病，这是埃默里大学教授的线上科研项目。在这个项目中，跃跃的参与度和成绩都非常优秀，最终也在国际会议期刊上发表了论文摘要。

通过这两个项目的深度参与，以及取得的好成绩和教授的认可，让跃跃愈加自信。为了进一步展现实力，跃跃又报名参加了语言学奥赛。和一些理工科奥赛相比，语言学奥赛虽然参加的学生少，但如果取得好的成绩，绝对是一个很重要的加分项。语言学奥赛是全球 13 项奥林匹克科学竞赛之一，是一项面向全世界高中生的最高水平学科赛事。最终，跃跃获得了语言学奥赛（中国区）初选三等奖和语言学奥赛终选铜奖。

当然，想要申请牛剑，成绩必须是过硬的。2022 年，我统计过新东方拿到牛津、剑桥两所大学面试的学生成绩，雅思中位数是 7.5 分，A-Level 的成绩中位数是 A*A*A。跃跃在成绩上不断努力、刷新自己，最终表现优异，英语雅思一战 7.0 分、二战 8.0 分，而且她的口语成绩非常优秀。也正是提早考出了优秀的语言成绩，才让跃跃有更多的时间和精力参加科研和竞赛。

跃跃的 A-Level 成绩也很优秀，高二下学期数学取得 A* 成绩，高三 4 月份物理和经济两门科目分别获得 A* 成绩。这样的成绩对于申请还是非常有竞争力的。

申剑桥，去剑桥

尽管跃跃有了冲刺牛剑及其他英国 G5 高校的整体性目标，但具体要申请哪所，却是一个艰难的选择。经过反复调研、评估以及沟通确认后，跃跃最终选择了剑桥大学。申请阶段，我们跟跃跃进行了多次沟通和头脑风暴，指导她在文书写作中如何扬长避短、侧重突出自身优势。除了 UCAS 文书写作外，还有剑桥 SAQ（补充申请问题）表中的小文书，也一起打磨细节，精益求精。

后来，跃跃顺利拿到了剑桥大学的面试通知，但这时候依然不能掉以轻心。因为近年来随着申请牛剑学生的增加，拿到面试通知的同学很多，但成功拿到录取的学生竞争却很激烈。我们迅速响应，有针对性地对跃跃进行了面试辅导，从专业深度到口头表达，所有细节都不放过。

赶在剑桥放榜前，跃跃又获得了新的 A-Level 成绩，心理学和英语文学的成绩都是 A，我们在第一时间指导她将新的成绩主动补送给学校，及时展现学术亮点和实力。放榜日，所有的努力都得到回报，最终跃跃以 3 科 A* 的成绩顺利拿到剑桥大学的宝贵录取。她也成为班级唯一一个拿到剑桥大学录取的学生，创造了校史纪录。

拿到剑桥录取后，跃跃很开心地和学弟学妹分享她的经验，可以总结为两点：一是英语基础好，让她迅速适应国际部新高一的学习节奏，并为后来拿到好的 A-Level 成绩打下了坚实的基础；二是选好课和做好科研，EPQ 科研更加坚定了她的申请方向，还获得了深入研究相关领域的机会，线上参加耶鲁大学科研，让她的背景更加多元化，而参加国际语言竞赛的经历，也让她在学术项目上做了更好的延伸。

跃跃说自己拿到剑桥大学录取是幸运的，对于伴随跃跃 3 年高中求学过程的我来说，我很清楚她一路走来的努力与坚持。不管是成绩、科研，还是对于自己目标的深入探索和实践，每一步都并不轻松，这个好结果是她理应得到的。虽然说进入国际部的同学们几乎条条大路通名校，但要到剑桥读大学，还是需要系统准备，需要一步步的努力和付出。

案例 2 高考留学双准备，AST 考试助普高体系女孩提前圆梦剑桥

对于 Claudia 来说，她也许从未想过自己的留学之路会开始得这么早。未来大学到底是选清华好还是北大好？我相信这是很多人小时候都会问自己的问题。Claudia 对这个问题有一个肯定的答案，她会选择清华。作为高考体制内的优秀孩子，她一直向着清华努力，追求卓越的成绩，丰富自己的见识与爱好，坚定地成为着一个优秀的人。但是缘分就是这样妙不可言，在接触了 AST* 考试之后，Claudia 拥有了不一样的了解和探索世界的机会，开启了一段不一样的人生旅程。

新一年的 offer 季，Claudia 同学，一位来自公立高中高考体系的挑战者，以其卓越的学术成绩和精心定制的申请策略，在众多求学者中脱颖而出，让她在清北名校之外多了一个选择——剑桥大学工程学（机械工程方向）的 offer。她的经历，是一个关于探索、勇气与坚持的故事。

走出去看看，目标剑桥

世界这么大，Claudia 对我说她一定会出去看看。但是作为来自高考体系的孩子，她最开始设定的目标是研究生的时候再进行海外高校的申请。因为在她之

---

* AST 考试，全称 Aptitude Scholastic Test，中文名为“学业学能水平测试”，是为以剑桥大学为首的一批世界著名大学遴选中国高中生（及部分大一学生）提供主要考查依据的国际性水平考试，也被称为中国“国际高考”。AST 考试融合了中国普通高中课标，试题由剑桥大学与国内安生教育参考中国高考大纲联合命题，是中国英才遴选中心（China Excellence Identification Scheme - CEIS）用于选拔优秀中国学生参加剑桥大学等世界大学面试并录取的测评工具。

前的印象里，如果她想要去英国读本科，高考生的最好路径可能就是预科了。但其实，去英国直接就读本科的路径也是有的。Claudia 接触到的 AST 考试就是其中之一。其实新东方很早就开始与 AST 剑桥遴选考试进行官方合作，也一直致力于让中国英才遴选计划被更多参加高考的优秀孩子们了解，为他们增加一个探索世界的机会。

尽管 Claudia 平时在校成绩十分优异，对于各主要学科都有着极好的基础知识功底，但对于普高体系到国际教育之间的跨度到底有多大、自己是否能够很好地适应等问题，Claudia 是有着自己的顾虑的。如何平衡备战高考和 AST 学习的时间，对于未知的领域自己是否适配，以及一切的未知会不会影响自己的高考节奏，Claudia 抛出的这些问题，让我看到了一个 17 岁小姑娘深思熟虑的成熟，当然也少不了迷茫和焦虑。让我高兴的是，这个姑娘并没有止步于跟我讨论这个方案是否可行，而是与我们一起想办法该如何实现，这让我对她未来的成功更有信心。

经过充分沟通后，Claudia 了解到 AST 考试的考试内容匹配高考考纲，并且可以配合高考预估成绩向包括剑桥大学在内的一众国际顶尖学府提交申请，这与她本身的高考准备并不完全冲突。于是，在我们的规划下，Claudia 同学利用平日空闲时间，开始了 AST 考试的准备。

细致谋划，找准路径

AST 考试的一大优势是它和高考体系的相同科目几乎可以实现无缝衔接。Claudia 针对她高二时的目标专业大类——工程学，选择了数学、物理和英语作为自己的备考科目。基于优异的平时成绩，Claudia 在 AST 的备考过程中非常顺畅，日常学习打下的优秀基础让她在知识吸收的时候特别高效，我们的老师也帮助 Claudia 进行了高考体系和国际体系的备考衔接，让她能够在答题过程中，更好地按照国际体系认可的思路作答，保证不在细节处丢分。最终，在 8 月 AST 大考中，Claudia 三科均取得了极其优异的成绩，超过了剑桥大学的录取基础要求。

万里长征的第一步，Claudia 开了一个好头，后面就更需要我们的细致规划，以便让她走得更稳、更扎实。

因为Claudia在专业选择上一早就定下了工程学这个大方向，所以在申请规划上，更多的是要让她了解细分领域的区别，并进行深度探索。剑桥大学的工程类细分专业设置复杂，而且还要考虑到学院制制度等情况，所以孩子自己做这些分析不是一件简单的事情，像Claudia这样还有高考准备压力的同学，更是需要有专业的团队来进行帮助和支持。

剑桥大学的工程学本科，在设立的思路上不同于大部分英国大学，为了保障获得录取的学生们能够充分挖掘自我的偏好和优势，工程专业囊括了机械工程、电子电气工程、航空航天工程、生物工程、土木工程与环境科学、信息与计算机工程和能源工程等诸多分支选项，纷繁复杂。而且作为一所学院制大学，剑桥大学的不同学院并不会针对工程学的所有上述分支方向设置教学团队，申请时还需要候选人对不同学院的师资储备情况做更进一步的了解。

在老师们的协助下，Claudia对于工程学的下辖分支学科进行了细化了解。经过多轮次的深度院校调研后，我们为Claudia同学制定了申请策略：明确了机械工程的细分方向选择，并进行相关科研活动，且依靠新东方的大数据储备，以数据为依据，针对性地选择该细分方向竞争强度相对较低的学院。

在之后的系列规划课程中，我们为Claudia细致谋划了研究兴趣和选题方向，并结合她对工程大类专业的理解，针对所选选题进行了系统的文献搜集和回顾研究，指导她有效地开展学术研究。

有自身的努力和专业团队的加持，Claudia很快便完成了自己对于选题的理论回顾文章，深度梳理了前人相关文献和当前的主要研究热点方向，提升了自己的理论储备。在我们回忆申请季经历的时候，Claudia也说这个部分的准备让她对未来大学的学习方式和方法也有了一定的了解，对于未来的学习也有了更清晰的目标。这些工作帮助Claudia形成了极具深度的研究兴趣主线，体现了她与目标专业的高匹配度，也帮助Claudia更快地形成自己的申请材料主线，实现对于过往经历和成就的连贯和统一。

全心准备，赢下笔面试

过五关斩六将，终于来到了笔试阶段。ENGAA是剑桥大学工程专业的入学笔试考试，考验工程知识和应用能力。因此，我们的老师帮助Claudia进行了详细的笔试准备计划。

通过对比普高体系与英国 Sixth Form A-Level 体系的知识点异同，我们帮 Claudia 针对性地补充了普高中没有涉及的内容，提高了题目练习的效率。Claudia 按照老师制订的训练计划，进行了基础试题、模拟卷和真题旧卷的训练。最终，在这一初期具有不确定性的考核项目中，Claudia 取得了极其优异的成绩，在当届申请者的笔试成绩统计中跻身前 3%。

好的成绩带来好的结果，凭借清晰的材料主线和卓越的笔试表现，Claudia 赢得了剑桥大学的面试机会。可喜可贺，但不能掉以轻心，面试是让学校更加直观了解你的一个机会，更需要认真准备。Claudia 还是比较担心面试的，因为在备战高考的过程中，她没有被要求过进行答题过程的表达，对于与外教老师的沟通也缺乏经验。

其实，Claudia 的面试准备节奏是非常好的，在确立材料主线的时候便已开始。得益于之前为选题付出的努力，在面试中会涉及的针对申请材料的问答环节准备上，Claudia 节省了不少时间，这意味着她可以把更多精力花在应对技术型问题上。

Claudia 研究和分析了过往题目案例，精心准备了面试中可能遇到的问题。在初始阶段，Claudia 作为普高学生会有的短板就出现了，她的思维不够活泛，她并不熟悉牛剑面试中需要“think aloud”的形式，即边进行答题，边叙述思考过程，对于英文术语的表达也不太熟悉。好在经过导师授课及模拟场景训练后，她很快掌握了专业类问题的答题技巧，并且形成了具备个人特点的答题方式，能够对单一题目进行多维度、多方法的解题思路列举。面试结束后，Claudia 也和我们反馈了她的面试表现，过程还是挺顺利的，因为遇到的题目都已经进行过同类型题目的训练。

花开剑桥，韶华正好

面试完之后，Claudia 对我说，对于是否能够拿到剑桥的录取，她自己心里是没有底的，因为有太多太多优秀的人了。可是申请季走到这里，她觉得自己已经很成功了，她了解到了在日常学习中没有接触过的领域，这里面有太多太多值得她学习的东西，这些都让她对自己的未来有了更加清晰的目标。不论最终是否能够进入剑桥，她都对自己的未来有了更进一步的规划。老天会奖励每一个认真努力的孩子，在经过团队的周密规划和不懈努力，Claudia 最终收获了属于她的剑桥录取通知书。她出色的学术能力，以及筹备过程中的坚持，赢得了剑桥大学的高度认可。

尽管来自公立高中的高考体系，但在合理的规划之下，Claudia 通过 AST 考试给自己打开了通往剑桥的大门。她的故事不仅是一段追梦之旅，更是一场追求突破、超越自我的挑战之旅。

案例 3 12 年国际学校积累，英美双申大满贯，最终选择牛津

Charles 给我的印象很深刻，整个 2022 年的夏天，他几乎是我们新东方分享讲座的常驻嘉宾。十多个名校 offer 在手，擅长演讲且乐于分享，每一场 Charles 的讲座，都能赢得家长和同学们的赞许和掌声。

有些家长们问他的高频问题，我现在还记忆犹新：11 门 AP 全 5 分是如何在高二阶段就考完的？托福 118 分和 ACT35 分是如何炼成的？这么多的竞赛是如何都取得好成绩的？美国前 20 的名校和英国牛津大学之间是如何选择的？等等。

回想和 Charles 认识的这么多年，从他的经历中我们或许能得到想要的答案。

具有先发优势的初中

Charles 从小就读于海淀某国际学校，凭借良好的学习态度、扎实的学术能力、出色的演讲和领导力，他一直是老师们眼中的尖子生。因为不需要参加中考，初三就可以提早一年全力以赴进入本科申请阶段。在初三这一年，Charles 的学习能力和对学业投入的热情更加纯粹与火热。

初三，Charles 就考出了托福 100+ 的成绩，AP 考了计算机，并在初三阶段，即我们常说的 9 年级阶段，开始了专业探索。当时他参加了 NSDA 演讲、辩论，以及数学、化学等基础学科的比赛，并取得了一定成绩，而这些比赛是很多走中考路径的学生们高一才会去参加的。可以说，Charles 在初三阶段就做了好多高

中生的工作。当时 Charles 还参加了多次演讲辩论比赛、去贵州支教、加入学生会、成立辩论社……从学术到活动到领导力锻炼，全方位提升自己。

自主努力、忙碌收获的高一

带着先发优势进入高一后，Charles 对专业的选择相对清晰了，目标锁定在理工科。他喜欢基础学科物理，也喜欢计算机的不断创新和变化。二者都喜欢，哪一个也不忍放弃。要想在两个专业上都有成绩，只能在学习上更加高效，规划上有更强的执行力，选择上更加有针对性。

高一，Charles 进行了四门 AP 课程的学习和考试，并且全部获得了 5 分的好成绩。老师安排的各项比赛，如 NASD 竞赛、英语大赛、各个组织举办的中文辩论赛等，他都能接住并报名参加。针对他的专业特点，我们后续给他推荐了一系列的物理类、数学类、计算机类的竞赛和科研，如牛津物理能力测试、普林斯顿大学物理竞赛、英国物理奥赛、美国物理碗、美国学术十项全能、加拿大滑铁卢牛顿物理竞赛、丘成桐计算机比赛等。其中有一些，他在高一阶段就参与并获奖了，包括 HOSA 生物与健康未来领袖挑战赛第八名、美国学术十项全能最高个人综合得分第一名。

系统规划、集中爆发的高二

高二还没开学，Charles 就拿着 115 分的托福成绩和四门 AP5 分的成绩找到我做系统规划。看着激情满满的 Charles，我们先做了标化的考试安排，如果想要冲刺顶尖名校，标化成绩是非常重要的部分。关于托福，他说自己还可以考得更高，尤其是口语，他想考到 27 分以上，同时他会跟着学校的安排在学校考 ACT。

在竞赛准备方面，我和他把所有理工科学生能参加的竞赛都捋了一遍后，他决定挑战丘成桐计算机中学科学赛、SIN 物理竞赛、PUPC 普林斯顿大学物理竞赛、“物理杯”美国高中物理思维挑战等，争取在这些高难度、高投入、低获奖率的竞赛上下功夫，并拿到成绩。

同时，他还担任学校公益社团的团长，他还计划挤出时间来做寒假或者暑假实习。对于这个刚上高二的少年，他的基础情况其实已经跑赢很多高三申请者了，但 Charles 并不满足，他计划高二报考 7 门 AP。看到这个孩子的安排，我都担心他如何做好时间管理。但 Charles 却很笃定，他说："司老师，您放心，我能用一年的时间完成这些，只要我分配好时间，相信我可以的。"果真，他做到了。高二结束之前，Charles 就取得了托福 118 分、ACT35 分的成绩。

申请季的纠结和收获

Charles 的执行力、学习能力和时间管理能力，又一次惊艳了我。除了托福 118 分、ACT35 分外，11 门 AP 全 5 分。竞赛上取得的成绩包括："物理杯" 美国高中物理思维挑战全国金奖、SIN 物理竞赛 Global TOP150、PUPC 普林斯顿大学物理竞赛全球优胜奖、丘成桐计算机科学竞赛全球荣誉奖、NSDA 优秀队长、中文辩论赛冠亚军等。

Charles 的申请背景是相当强的，他最早把申请目标放到了美国，后来考虑到外部环境的变化，以及对英国、美国大学进行了深入的调研后，他决定做英美双申，并把申请重点放在英国牛剑。但由于牛津大学和剑桥大学的特殊性，只能选其中一所进行申请，一般这个时候就要看学生的申请意愿和学校的匹配度了。

英国本科申请和美国不同，申请时就需要明确院校和专业。关于专业大类，Charles 比较明确，希望申请工程大类。然后是确定专业分支，这是一项非常细致的工作，我们花了大量时间与 Charles 沟通交流，希望把每一个分支都聊透彻。我们从工程及工程相关的各个分支专业学什么、知识侧重点是什么、未来的发展前景如何等角度进行整理，帮助 Charles 进行专业和院校的梳理，让他能够更好地判断自己真正想要的东西。

明确了这些后，我们针对牛津和剑桥这两所学校的优势进行了讲解，并和 Charles 一起整理、分析了各个学院的情况和申请要求。最终，Charles 决定选择牛津大学作为申请院校，并明确了具体的申请学院——基布尔学院。

老师的相伴和提醒

申请阶段的工作很多，Charles 是英美双申，在申请阶段，每一个学校的申请都要认真对待。不管是要求突出专业的英国大学申请文书，还是突显个性的美国大学文书，每一个环节、每一个步骤，我们都需要及时跟进申请情况，在重要的时间节点之前提醒他需要做好的工作，并陪伴他完成。Charles 的配合度很高，能够高效完成申请材料的准备和提交。从牛津大学的 PAT 笔试成功到后来拿到面试邀请，一路走来，可谓步步为营，始终把牛津 offer 作为努力的目标。

功夫不负有心人，录取季牛津大学发来了无条件录取！一般情况下，牛剑都是发有条件录取，Charles 的无条件录取是他在高一高二考完 11 门 AP 并且全部是 5 分换来的。早准备、早考试让 Charles 跑到了好多人前面，并最终跑赢了这场比赛。

整个申请季，Charles 一共拿到了 14 所世界名校的录取。牛津大学是最早发来录取的，此外，还有香港地区的香港大学，美国的明德学院、范德堡大学、加州大学大满贯等众人羡慕的名校录取。面对这么多的 offer，Charles 不忘初心，坚守最初的选择去了牛津大学。

和 Charles 相识的 3 年，我看到的是一个有激情、有投入、有付出的热血青年努力“战斗”的 3 年。而我也为我们能通过专业的工作帮助到这么优秀的学生而感到骄傲和自豪，也期待他未来越来越好！

案例 4 不同情况的学生，进入帝国理工学院的共性在哪里？

帝国理工学院以其雄厚的学术实力、傲人的全球排名，一直是很多理工科学生追求的梦校。有两个成功申请的案例让我印象非常深刻：一个是我的小儿子小刘，另一个是拿到帝国理工学院本硕 4 年录取的小徐同学。

我家小儿子的帝国理工学院录取回顾

2023 年，我家小儿子小刘非常幸运地拿到了帝国理工学院生物专业的录取。当看到录取 offer 真真切切展现在我眼前时，作为妈妈的我非常激动，第一时间分享到家庭群，并且打电话给我父母讲这个学校有多厉害。虽然小刘最后没有选择帝国理工学院，但这份成功被录取的骄傲我一直记得。

回顾小刘被帝国理工学院录取的因素，除了常规的高中成绩、托福成绩外，我觉得竞赛成绩、科研经历和高一时考的三门 AP 起了很重要的作用。众所周知，英国大学的录取非常看学术，当时决定申请帝国理工学院是因为小刘申请美国 ED1 被拒，这时候我们英国本科部的总监老师建议加申英国并冲刺帝国理工学院。其实我当时是有疑虑的，心想能行吗？来得及吗？但同事专业的回答，给了我信心。

当时，同事总结我家小刘的特点：BBO（英国生物奥林匹克竞赛）金牌、iGEM（国际基因工程机器大赛）金牌、HOSA 生物与健康未来领袖挑战赛银牌，跟着高校老师做了两段科研，并且有产出，同时还担任学校生物社的社长。还有很关键的一点，小刘这届高二学生没有考成 AP，这样小刘在高一阶段考的三门 AP 成绩，和竞争者相比就成了人无我有的优势，而且成绩都还不错。

同事的分析，打动了我和小刘。于是，他认真地准备起了英国大学的申请。在递交申请一个月后，小刘就拿到了帝国理工学院的预录取。拿到这个录取，我惊呼这也太快、太简单了吧！同事说："司老师，这可不简单，你看你家小刘的高中成绩、托福、AP 考试、竞赛，哪一个是很快且很简单就能拿到的呢？这些成绩是小刘用了两年半的时间取得的。"是啊，虽然我们决定申请帝国理工学院的时间很短，但准备工作却是从高一就开始的，托福准备得还更早。

早规划、早准备，真是什么时候都不吃亏。从我家小刘获得帝国理工学院生物专业录取的结果可以看出来，这个专业青睐竞赛强、能深度钻研学术且保持深度热爱的同学。有意申请的同学，可以格外注意这一点。

中考失利转轨国际学校，拿下帝国理工学院 4 年本硕连读 offer

小徐同学是个妙人，他是我家小儿子在国际部的同学，我参加我家小儿子的高中毕业典礼时，看见小徐拄着拐杖上台领奖。但这可不影响他在台下跟我聊得起劲，聊到他申请帝国理工学院的经历，那更是侃侃而谈、自信飞扬。

小徐小学是在海淀的一所普通学校读的，成绩一直是靠最后边的，小升初进了一个非常一般的初中。那时候，小徐真是天天玩，天天待在篮球场上，成绩垫底，毕业典礼上之所以拄拐杖，就是因为在篮球场上受伤了。

小徐真正开始努力是在初三，当时中考的压力让他在学习上突然开了窍，数学、物理、化学等成绩在初三阶段突飞猛进。由于以前功课确实落下太多了，尽管他中考考出了初中阶段的最好成绩，但还是不能进到海淀的好学校，这才来到朝阳读国际部。

进入到国际部的 A-Level 项目后，小徐简直是如鱼得水。AS 成绩数学 93 分、物理 92 分、化学 90 分，选的课程全都是他喜欢且擅长的，越学越自信，越学越深入。来到国际部，不仅没有耽误他打球，他还多次拿到本校的优秀成绩和奖项。此外，他还参加了多个物理、化学类国际竞赛，获得了英国物理奥赛银奖、英国化学奥赛银奖、英国物理思维高级挑战赛银奖。

在国际部的 3 年，是小徐自信不断加强和被认可的 3 年。高二阶段，他雅思就考出了 6.5 分，A-Level 预估成绩老师给了三个 A*，这是非常有竞争力的申请成绩。因为是 A-Level 的学生，在高三申请时，他决定申请英国和中国香港地区的大学。

帝国理工学院是小徐的梦校，当时考虑到小徐的情况和意愿，在选择专业时我们建议他直接选择帝国理工学院土木工程专业的本硕 4 年连读，读完 4 年直接拿到硕士学位，含金量和效率都很高。小徐愿意接受挑战，我们也相信他的实力，于是双方一拍即合，开始共同备战申请工作。

在整个申请过程中，小徐非常用心地听取我们的建议。他说他相信老师的专业能力，文书、网申、面试，每一步都认真对待。在顺利通过帝国理工学院的笔试后，他又认真准备了帝国理工学院的面试，并再一次征服了招生官。很快学校就发来了 offer，在接下来的 A-Level 大考中，他也最终凭借三个 A* 的好成绩拿到了帝国理工学院的无条件录取。

回顾小徐的整个成长经历，其实还蛮曲折的，如果不是来到国际部、选择 A- Level 体系，可能就无法发挥出他的优势，也很难想象他能进入帝国理工学院或者同等水平的大学。我想，每个孩子都是一个潜力股，如何为孩子选择适合他自己的路线，是家长们要仔细思考的问题。

案例 5 从不自信到积极进取，转轨英国高中，圆梦伦敦政经

伦敦政治经济学院，简称伦敦政经，是坐落在伦敦市中心的一所名校，为社会培养了大量的政治经济人才。但这所学校比较小，录取也非常“高冷和挑剔”。Coco 的伦敦政经录取之路走得并不轻松。

高中申请与陪伴，主打消除不适应

2019年2月，Coco的爸爸找到我，想要给孩子申请英国的高中，说她当时不太适应国内的教育模式。在了解完Coco的情况后，我推荐她参加了我们的中学申请悦享计划，主打全程陪伴。例如，要到英国线下参加面试，我们会为Coco一家做全程的贴心安排。最终，Coco顺利拿到了英国顶尖寄宿学校Clifton的录取。

不过Coco入读Clifton后，也并不十分顺利。因为我们会定期和Coco沟通她在英国的学习和生活适应情况，在这个过程中，我们发现由于学校课业难度比较大，她在短时间内有点适应不了，自信心受到了一些打击。我们马上为Coco安排了预习和补习指导，在老师的高效辅导下，Coco快速提升了成绩，重拾信心，也逐渐适应了学校的生活。

我们跟Coco的缘分当然不止于此，基于相处中的信任，后面Coco的本科申请和规划自然也选择了我们。

比学生更了解自己，给孩子真正需要的方案

我们为Coco制定的G5名校申请方案，一开始她是有点不认可的，因为她觉得这个目标太高了，和自己不太匹配。当时，她觉得自己虽然已经跟上了学校的进度，但是G5的申请难度大，自己还有一定差距。当然，我们的建议肯定是有依据的。一方面，我们有太多案例了，我们很清楚长线规划的成功率和可能性；另一方面，从高中结缘Coco后，我们对她的了解已经很深入了，我们也相信她只要能利用好高中两年的规划期，是非常有希望冲击G5名校的。

规划一开始，我们就和Coco敲定了申请的专业方向。Coco父母都从事金融行业，Coco对相关领域也很感兴趣，所以确定了以商业管理为申请目标。在规划过程中，既要考虑到申请所需的课程，又要扬长避短。高中选择A-Level课程时，除了数学科目之外，我们建议她选择和专业高度相关的商务和心理课程。后来，我们实时关注Coco的成绩情况，一起分析每个学期的成绩报告，如果发现有成绩不理想的情况，就立即进行针对性的查缺补漏。凭借自身的努力加上老师的帮助，Coco拿到了A-Level3个A*的预估分数。

在软实力背景提升方面，Coco先参加了EPQ研究性学习项目，在老师的指

导下，Coco 设计了一个和专业相关的课题论文，并拿到了 A* 的好成绩，这个经历在本科申请上为她增添了不少竞争力。由于商科申请每年都异常激烈，除了 EPQ 研究性学习项目以外，我们又建议 Coco 增加实习经验来加深对专业的认知。于是，在高二升高三的暑假，Coco 参加了伦敦大学学院的实习活动。此外，平时她也积极参加各种商科竞赛并都有所斩获。

在选校定校阶段，虽然 Coco 的学术成绩和背景都已经不错了，但她还是有一点不自信，在老师给出的选校范围内，Coco 倾向的最高排名的学校是 QS 世界大学排名 35 左右的伦敦国王学院，保底学校选择了 QS 世界大学排名稍靠后一些的利兹大学和巴斯大学。我们反复和 Coco 沟通之后，她才同意尝试申请 G5 中的伦敦政治经济学院，挑战一下自己。

煎熬的等待之后，是累累硕果

提交申请之后，是难熬的等待期。没想到，首先等到的竟是我们选定的保底学校——利兹大学的拒信。说实话，这让我们都受到了一定的打击，同时也很好奇到底是什么原因。负责申请的老师第一时间联系学校，了解这其中是否有什么误会或者材料上的问题，并积极按照利兹大学的回复说明情况。

同时，我们也继续等待其他学校的回信。在这个过程中，Coco 也担心其他学校会不会出现类似的问题。不过按我们之前的经验，这个是个例。果然，Coco 陆续拿到了爱丁堡大学、伦敦国王学院甚至是伦敦政治经济学院的录取！

从去英国读中学到本科申请，长达 3 年 2 个月的时间，我们一直跟踪陪伴 Coco 并和家长紧密沟通、互相配合、相互支持。我们见证了 Coco 一路披荆斩棘的成长之路。拿到理想录取的那一刻，Coco、家长还有我和团队所有的老师都非常激动。长线规划让我们看到一个普通学生的成长之路，也让我们在工作中感受到了更多的使命感和成就感。

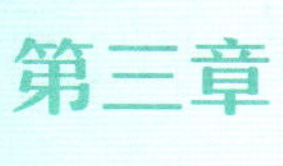

第三章

加拿大本科

宽进严出，高性价比

一 加拿大本科留学优势解读

加拿大的大学可以分为三大类：医博类大学、综合类大学、基础类大学。三类大学各有所长。

医博类大学通常研究实力非常强，博士项目较多，且学校都设有医学院，开设医学博士学位。在过去的50多年里，加拿大医博类大学前三名一直由麦吉尔大学、多伦多大学、英属哥伦比亚大学所把持。医博类大学通常在国际上的排名也很靠前，这三所大学也常年位居世界前50名。

综合类大学的研究实力也不容小觑，这类大学可以提供多样的本科和研究生课程以及学位，开展大量学术研究，每所大学都有自己的特色和优势项目。排名靠前的综合类大学，如西门菲莎大学、维多利亚大学、滑铁卢大学等，深受留学生们的喜爱。其中，滑铁卢大学虽然是一所年轻的大学，但其理工科在全球排名十分靠前，再加上其知名的带薪实习项目，已逐渐成为许多学生去加拿大留学的首选学校。

基础类大学主要侧重于本科教育。通常这类学校的规模不大、专业不多，但也正因为如此，才造就了基础类大学在某一领域的专与精。此外，基础类大学通常以就业实践为导向。

那么具体来说，加拿大本科留学有哪些优势呢？总的来说，有以下六大优势。

第一，高质量的教育和相对较低的学费。加拿大是世界上公认的教育体系完备、教育水准较高的国家。优质的北美教育体系，严谨的教学态度，使得加拿大毕业文凭得到全球认可。加拿大政府十分重视教育，每年在教育上投入的经费非常高。

加拿大有三所常年排在世界前50的名校，还有多所排在世界前200名的院校。除了提供高质量的教育，加拿大留学的平均费用还比美国留学低1/3左右，整体来说性价比是非常高的。

第二，灵活的毕业时间和课程安排。加拿大的大学采用学分制和选课制，毕业时间以学生修读学分的进度为准。不同的学校和专业对毕业学分的要求不同。以普通学科来看，一般来说，四年修满符合要求的40门课程的学分后即可毕业，学生可以根据自己的实际学习情况做调整。

选课制要求学生在学校提供的必修、选修课程范围内，自己安排每学期的修读课程，自行选择授课老师和上课时间。在这个基础上，学生也可以选择自己更加感兴趣的课程。因为加拿大的毕业学位通常是根据学生本科阶段所修读的课程决定的，所以在符合毕业目标专业的大框架下，选择自己感兴趣的必修课程和选修课程即可。这也意味着大部分学校可以随时更换专业，不过跨大方向转专业也会造成学分的损失，需要同学们自己权衡。

第三，丰富的实习机会。加拿大的很多院校在本科阶段都会为学生提供带薪实习项目，通常会算学分，用以抵扣学术课学分。对于选择常规项目的学生，加拿大也允许留学生在上学期间（大学或大专教育）每周拥有最多20个小时的校外打工权利。若是寒暑假，学生则可以全职打工，积累工作经验，这对未来求职也会有一定帮助。

第四，利好的工签政策和毕业薪资。加拿大本科留学生毕业后，无需找到工作就可以申请工作签证，两年制以上的全日制学生可获得三年毕业工签。2023年3月，加拿大移民局提出了要开放毕业工签最多18个月的延长申请通道。即从2023年4月6日起，毕业工签在2021年9月20日以后到2023年内过期的申请人，有机会再次延长工作签证，最多可获得18个月的延期。

加拿大统计局的数据显示，本科毕业生所有专业的年薪中位数为57,000加币左右，约合30万人民币。其中工程专业的本科毕业生年薪普遍高于其他专业，达到77,500加币，约合41万人民币，紧随其后的是医疗专业（73,000加币，约合38万人民币）、数学及计算机科学专业（71,000加币，约合37万人民币）以及商科（62,000加币，约合32万人民币）。

第五，友好的移民政策。加拿大政府鼓励留学生来加学习、工作和生活，近年来也不断吸引来自世界各地的人才扎根留下。作为一个移民国家，加拿大的移民政策是特别友好的，不论任何高等学历背景，只要毕业后在加全职工作累计满一年均可以申请联邦移民。一些特定省份也会有更快捷的移民通道，如安大略省硕士及以上毕业学生，无须工作经验，即可申请加拿大永久居民身份。

2023 年 4 月 5 日，加拿大移民局也发布了签证审批指导修订内容，提出要积极向潜在学生推广学习、工作永久居留途径，并鼓励这些学生移民加拿大。

第六，安全的生活和学习环境。加拿大是公认的发达国家中犯罪率较低的国家之一，也是全球社会稳定系数较高的国家之一。加拿大对枪支、药物等管控十分严格，且政治简单，发展平稳，在西方发达国家中，其国家安全度名列前茅，非常适合学生留学以及后续长期生活。

二 加拿大本科留学录取趋势

作为留学的热门国家之一，加拿大每年吸引众多优秀学子赴加留学。截至2023年，在加拿大留学的国际学生总数超过90万，其中中国学生人数超过10万人。从近年的录取数据来看，加拿大本科的录取有如下趋势。

趋势一，录取专业多样化，人文社科专业申请比例逐年提高。从本科专业的录取数据来分析，人文社科专业因其专业课程难度较低，竞争激烈程度不高，有近37%的学生成功拿到学校录取offer，其中留学生选择最多的专业包括经济学、心理学、传媒学、文化研究等方向；但在申请专业选择方面，中国留学生更热衷的仍是理科和商科，原因在于在全球一体化和数字化的趋势下，这两大学科在未来就业上有更灵活的选择。其中理科的录取比例近33%，主要集中在数学、统计、生化等学科；商科的录取比例因其申请难度较高，仅有21%，专业分布主要在会计、金融、市场营销、国际贸易等方向。另外，生命科学类的专业也逐渐变成了学生和家长们的重要选择之一。

趋势二，录取方式多样化，适合不同背景的留学生。针对学术条件优异但语言成绩暂时无法达到直接录取标准的国际生，加拿大的大学近年来陆续增设了“双录取”的录取方式，即向此类学生同时发放大学语言课录取及专业课录取，为学生提供了更多的录取机会。截至2024年，加拿大《麦考林杂志》医博类和综合类大学中（法语授课大学除外），除了麦吉尔大学以外，其余大学均开设双录取课程。双录取课程一般分为两种：一种是在专业课开课前提前学习语言课程，比如多伦多大学、西安大略大学、滑铁卢大学等；还有一种是在就读大学专业课时，同时修相应的英语课程，比如英属哥伦比亚大学、西蒙菲沙大学等。

趋势三，热门专业录取要求较高，竞争激烈程度增加。加拿大本科录取的形式为“先到先得，择优录取”。根据新东方前途出国加拿大申请的数据统计，部分学校的实际录取成绩高于学校公布的申请要求。其中一些竞争激烈的专业，如多伦多大学和麦吉尔大学的工程和商科专业，录取平均分更是高达94%，甚至95%以上。

趋势四，个别课程体系学生集中化。申请加拿大本科的学生，大部分为修读加拿大高中课程体系的学生。以多伦多大学为例，加拿大高中课程体系的学生占录取总人数的67.2%。在其他课程体系里，相对比较多的有中国的普高课程体系和A-Level课程体系。IB课程体系的学生较少，AP课程体系因其高中毕业证需要认证的限制，录取数据相对也较少。

下图是加拿大六大名校针对不同课程体系的录取成绩的对比，数据来源为近三年北京新东方前途出国加拿大团队的录取统计。从中我们能清晰地看到这些加拿大名校在录取不同课程体系学生时的成绩要求及倾向性。

院校	普高	加高	A-Level	IB	AP	SAT	ACT
麦吉尔大学	91%	90%	AAA	35	4分	1429	32
多伦多大学	91%	86%	AAB	32	4分	1458	33
英属哥伦比亚大学	91%	88%	AAB	30	3门4分	1398	31
麦克马斯特大学	89%	85%	AAB	30	4分	1388	31
女王大学	91%	86%	ABB	31	4分	1456	33
滑铁卢大学	92%	86%	AAB	35	4分	1416	32

三 加拿大本科留学费用及时间线

加拿大本科留学费用

加拿大因为是公立教育体系，针对留学生的学费都是比较适中的。大多数大学本科阶段学制为 4 年，如果含有带薪实习项目，可能需要 5 年才能毕业。如果涉及转换就读专业，也可能因为不同专业课程要求不同学习时间有所增加。在加拿大国际学生一年的学费成本在 2 ~ 6.5 万加币之间。目前加币兑换人民币汇率是 1 : 5.4 左右，即在加拿大读书一年的学费大约需要人民币 11 ~ 35 万。

由于每个学校、每个专业的学费都有所不同，下面为大家整理了一些比较热门的学校的学费供大家参考。需要注意的是，由于每年学费会有一定变化，详细学费还是需要参考录取 offer。

院校	学费（加币）/ 年
多伦多大学 University of Toronto	60,510~68,780
英属哥伦比亚大学 The University of British Columbia	42,543~58,153
麦吉尔大学 McGill University	25,485~68,834
滑铁卢大学 University of Waterloo	48,000~71,000
麦克马斯特大学 McMaster University	43,000~53,050
女王大学 Queen's University	25,870~59,466

续表

院校	学费（加币）/年
渥太华大学 University of Ottawa	42,525~63,164
西蒙菲莎大学 Simon Fraser University	33,045~39,044
阿尔伯塔大学 University of Alberta	31,895~42,707
约克大学 York University	32,397~ 40,387

加拿大本科留学规划时间线

加拿大本科录取的形式为“先到先得，择优录取”，申请遵循早递交、早录取的标准，因此建议提早准备，以下为建议开始规划的时间轴。

<table>
<tr><td colspan="12">高一　英语语言基础学习，进行语言能力测试的备考，同时进行专业探索，逐步明确所申请的专业方向</td></tr>
<tr><td>9 月</td><td>10 月</td><td>11 月</td><td>12 月</td><td>1 月</td><td>2 月</td><td>3 月</td><td>4 月</td><td>5 月</td><td>6 月</td><td>7 月</td><td>8 月</td></tr>
<tr><td colspan="2">雅思 / 托福的学习</td><td colspan="6">在进行语言学习的同时，对不同的学科和专业进行探索</td><td colspan="4">进行雅思 / 托福的第一次考试</td></tr>
<tr><td colspan="12">高二　全力备考，争取语言考试达到要求，积极参与专业相关的活动丰富经历（包括不同课程体系的大考：AP/B/A-Level）</td></tr>
<tr><td>9 月</td><td>10 月</td><td>11 月</td><td>12 月</td><td>1 月</td><td>2 月</td><td>3 月</td><td>4 月</td><td>5 月</td><td>6 月</td><td>7 月</td><td>8 月</td></tr>
<tr><td colspan="6">课外活动 / 竞赛 / 科研经历的补充
常见竞赛准备：
针对理工科商科学生：欧几里得数学竞赛等；
针对商科学生：沃顿商赛等；
针对工科学生：牛顿物理竞赛等；
针对计算机专业学生：加拿大计算机科学竞赛（CCC）等；
针对生化专业学生：Brain Bee 竞赛、国际基因工程机器大赛（iGEM）等</td><td colspan="6">进行雅思 / 托福的第二次考试
语言成绩达到学校要求</td></tr>
<tr><td colspan="12">高三　根据高中前两年成绩 / 预估成绩进行选校，文书申请材料准备，办理签证，以及换取无条件录取</td></tr>
<tr><td>9 月</td><td>10 月</td><td>11 月</td><td>12 月</td><td>1 月</td><td>2 月</td><td>3 月</td><td>4 月</td><td>5 月</td><td>6 月</td><td>7 月</td><td>8 月</td></tr>
<tr><td colspan="4">递交网申，准备文书和面试</td><td>补充 12 年级上成绩单</td><td colspan="3">有条件录取</td><td colspan="3">准备签证材料，递交签证</td><td>无条件录取，出境准备</td></tr>
</table>

四 00后加拿大本科申请经典案例

案例1 条条大路通向多伦多大学，不同背景申请案例集锦

加拿大的多伦多大学是公认的世界名校，排名高、学术强、位置好、华人也多，而且相对于其他国家同等水平的学校，好多家长认为多伦多大学比较安全，且学费适中。这几年咨询去多伦多大学读书的同学和家长特别多，我就和大家分享几个申请到多伦多大学“殊途同归”的案例。

国际部AP项目，美加双申，选择就读多伦多大学商学院

2023年的申请季结束后，Annie妈妈自豪地和朋友分享她女儿今年加拿大的本科申请实现了“大满贯”：多伦多大学商学院offer、英属哥伦比亚大学（UBC）商学院offer、麦吉尔大学文理学院offer。看着Annie妈妈充满喜悦的分享，我不禁回想起陪Annie成长的这几年。

Annie是在初三时决定走国际路线的，整个过程也很曲折。从2019年上初三时的笃定，到2020年春是否走国际路线的犹豫，再到拿到某民办国际学校AP课程录取时的惊喜，再到最后中考选择家门口国际学校的坚定。这一年，我陪着Annie妈妈焦虑，陪着她兴奋，陪着她一起担心Annie的中考成绩，到后来Annie拿到心仪国际部offer，又陪着她一起兴奋。2020年上半年经历的这一切，其实是刚开始走国际路线时的必经之路。

2020年9月，Annie入读心仪学校国际部AP项目后，Annie妈妈对于选择哪个国家并不确定，有对美国名校的向往，又有对外部关系的担心，还有对能不能上大学的忧心，Annie妈妈的心态变化可以说是一众让孩子走国际路线的家长都经历过的。然而，进到国际部后，这些心态全部被Annie的学习、留学规划给驱赶了，所有的担心和忧心都消失了，剩下都是孩子的学业成绩、托福、AP成

绩、竞赛活动等。当时，Annie 面临着诸多压力：高一第一学期数学课的压力、托福学习的压力，还有面对各种活动选择参加哪些的压力、期中考试后老师分析各种分数的焦虑等。Annie 妈妈也因此无暇忧虑未来了。

还好，随着时间的推移，Annie 逐渐适应了国际部的节奏，成绩一学期比一学期好，托福成绩也从最初的 60 多分上升到高三时的 105+，各种商科类竞赛如 NEC、沃顿商赛也逐步获奖，假期还跟着海外教授做商科类的科研，Annie 的成长有目共睹。Annie 妈妈也随着 Annie 的不断进步，逐渐从担心变成了安心。

2022 年下半年的申请季，在决定申请学校时，我们给出的方案是美加双申。加拿大确定的学校是前三强：多大、UBC 和麦吉尔。之所以选择申请加拿大的学校，尤其是把多伦多大学作为 Annie 的首选目标，不仅有前面所说的多伦多大学的优势，还考虑到了家人的因素。Annie 的表姐在多大读完本科，研究生申请到了美国的名校，Annie 也想走姐姐的这条道路。确定学校后，后面的申请节奏、申请文书都进展顺利。尤其是多伦多大学商学院，很快就发来了录取。在美国大学 ED1 被拒后，多伦多大学的录取宛如一股春风，让 Annie 和妈妈吃了一颗定心丸。紧接着“高冷”的麦吉尔大学和 UBC 也发来了录取。

手握这些名校的 offer，Annie 妈妈说，3 年前是为前途焦虑，3 年后是为选择去哪个学校为难。哪一个都是好学校，哪一个都舍不得放弃。我说这些名校的 offer 都是 Annie 用 3 年的努力换来的。这 3 年来，Annie 认真学习，认真参与，认真考试，认真申请，最终去哪个学校就交给 Annie 来选吧。最终 Annie 还是跟随姐姐的脚步，选择去多伦多大学商学院就读。祝福这个一步一个脚印，努力攀升的姑娘！

就读 A-Level 体系，目标从英国转到加拿大，被多伦多大学录取

经常有家长问我：AP 方向倾向于申请美国，A-Level 方向倾向于申请英国，那加拿大呢？

事实上，加拿大的录取可以说是非常多元化的，每年我们都有很多学生拿到多伦多大学的 offer。如 2023 年申请季，就拿到了超过 300 枚多伦多大学 3 个校区的录取，并且学生的背景各不一样。根据我们新东方的大数据统计，录取到多伦多大学的国际学生中，学 AP 和 A-Level 的占到 70%，除此之外，还有学习

IB 课程的学生、高考生，以及加拿大 OSSD 课程体系的学生。

Brain 是某国际部 A-Level 体系的学生。起初，他的留学目的国是英国，但随着对学业和对各个国家了解的逐步深入，Brain 的申请思路开始发生了变化。到了高二，Brain 决定申请加拿大，目标对准多伦多大学。对于 A-Level 的学生，多伦多大学的录取要求一般是 AAA，强势专业还要求有 A* 成绩。Brain 的学校目标定在多伦多大学，专业上想学计算机或者数据科学这样的热门专业，想申请工程学院。针对这个目标，我和 Brian 逐一分析了各个学院的录取要求，工程学院的计算机工程专业需要四门 A-Level 成绩，包括数学、物理、化学等学科，还对 IGCSE（A-Level 的衔接课程）和 AS（A-Level 第一年课程）的选课和成绩都有要求。面对这么高的学科要求，Brian 不想数理化 3 门都学，于是他决定避开工程学院，在文理学院下面选专业，先申请数学专业。多大的数学专业相对来说录取难度不大，课程选对了，预估成绩拿到 AAA，机会应该很大。托福经过两年多的学习，Brain 已经拿到了 100+ 的成绩，此外，Brain 还参加了几个数学类的竞赛，取得了不错的成绩，这些都是申请的加分项。最终，Brain 在录取季顺利拿到了多大的预录取 offer。

多伦多大学在主流大学排名中稳居世界前 30，相比同等排名的世界名校，多伦多大学采用的是宽进严出的政策。相比美国的顶尖大学，多大的录取更加纯粹，更加看重成绩，录取率也高出不少。对于很多同学来说，申请多伦多大学确实是一个不错的选择。

用高考成绩申请多伦多大学，多个选择护航名校

轩轩是我大学同学的儿子，2023 年秋天成功入读多伦多大学。对于轩轩这个决定，他们一家真的是纠结了好久，最后还是尊重轩轩自己的选择。

轩爸在 2022 年的 10 月份来北京找我，让我给他读高三的儿子出几个解决方案。轩轩在山东读高中，成绩中上，如果发挥好可以上国内的 985 大学，但高考这个事儿谁也不敢打包票，于是让我给出主意。但轩爸和轩妈当时的意见还不一致，轩妈想留儿子在国内读大学，轩爸则想让孩子本科上世界排名高的学校。因为是临时想到要让孩子“多条腿走路”，轩轩除了在学校学习高中课程外，托福、雅思等都没有涉及，轩爸要求我考虑他们一家三口的实际情况给出解决方

案，前提是不放弃高考。

老同学把任务给出来，我就得认真完成，我给出的解决方案如下：现在是10月份，申请国（境）外高校的截止时间大部分在次年1月到2月之间。首先是轩轩要开始准备英语语言考试。在10月份这个时间点上，考虑到托福、雅思报名的难度和孩子的英语基础，我建议孩子利用周末时间还有晚自习结束以后的时间，进行线上一对一的多邻国（Duolingo）的学习。因为这个考试时间灵活，线上报名和考试都比较简单，我们可以在次年2月1日之前多考几次。接下来的时间，尽可能给多邻国学习和考试让路。接着是选择学校，首先是满足轩妈的要求，要在国内读书。我们选择的学校是上海纽约大学（简称“上纽”）和昆山杜克大学（简称“昆杜”），这两所中外合作办学的学校近年来越来越被家长和同学们认可。我们在1月1日之前申请，学校会根据对申请材料的判断安排面试的录取档位，这两所学校也都认可多邻国的成绩。最后是满足轩爸排名的要求，我们推荐了可以用高中成绩申请的多伦多大学。先用多邻国成绩提前申请，拿到有条件录取，等高考成绩出来，再补交给多伦多大学，转换为无条件offer。时间紧任务重，这些考试、学习、申请都需要我们在2023年1月中旬之前完成。申请完成后，轩轩就全力以赴准备高考。

当时轩爸回到山东就组织了一个线上会议，这个方案得到了他们一家三口的一致认可。然后便是各负其责和时间赛跑，考试、申请、学习，都要保质保量完成。这个过程的核心是轩轩，作为高三的山东考生，学习压力可想而知，英语一对一的线上学习只能安排在每天晚上放学后。第一次多邻国考试的失利，第二次的成绩上涨，第三次的成绩擦边上线，孩子的努力和家长的陪伴不是几句话就能说清楚的。申请节奏也是非常紧张的，上纽和昆杜的文书素材、申请资料等也都需要孩子的配合。在这个过程中，我们遇到过孩子的高中学校不在上纽的下拉列表中的小失落，也有在申请昆杜时很快拿到校园参访日资格的喜悦。轩爸青睐多伦多大学，在申请中他多次跑到北京和我们沟通交流、送资料，老父亲的拳拳爱子之心，体现在轩爸一个个给我打来的电话和一段段奔走在山东和北京的路上。

功夫不负有心人，2023年的4月份，多伦多大学主校区发来了预录取，而且还是计算机科学专业。轩爸说有了这个offer，轩轩高考可以轻松上考场了。

有多大 offer 傍身，轩轩在高三的最后两个月心理上非常放松，心态非常好。轩轩高考考出了 610+ 的成绩，这对于高考大省的山东学子来说，是非常不容易的。这个成绩让轩轩拿到了某 985 分校的录取，但专业不是轩轩喜欢的。经过多方咨询和国内外亲戚朋友的建议，最后轩轩决定去多伦多大学学习计算机专业。

轩爸后来和我说，幸亏去年 10 月份有了多条腿走路的想法，更欣慰于有了留学方案后轩轩的努力，从确定方向到拿到多伦多大学的录取只用了不到半年的时间。

看到轩轩在多大学习得很快乐，他作为老父亲，去年跑那么多趟北京感觉都是值得的。

国内大学转学进多伦多大学，省时省成本

父母之爱子，则为之计深远。到现在，我依然记得 Kyle 爸爸来新东方咨询的场景。2021 年的夏天，我在新东方的咨询大厅看到一位拄着拐杖、年过花甲的老人在和顾问沟通，我就上去递了一杯水并和家长沟通起来。老人是为自己的第三个儿子 Kyle 咨询未来的发展。因为是小儿子，老人倾注了更多的关爱。

Kyle 从山东考到天津的某顶尖院校，学习材料工程专业。老人说从拿到录取时，孩子就不喜欢这个专业，本以为上了大学后会好一些，但孩子越学越不喜欢。老人看着孩子学得很费劲，用老人的话说，孩子学习这个专业时老天爷没赏饭吃。因为学得一般，在学校换专业的可能性很小。再想到将来的研究生申请还有就业，老人就非常担心，想提前给孩子规划一下，找出路、找方向。

在来北京咨询之前，Kyle 爸爸咨询了自己在加拿大的亲戚，他们建议 Kyle 去加拿大读书，说加拿大的大学可以换专业，学费也没有美国那么高，毕业后在当地就业，生活压力会小很多。于是 Kyle 爸爸开始考虑让孩子去加拿大读书，换一个专业，这样孩子在学业上开心，将来就业也更好。

再次见面，Kyle 爸爸和 Kyle 带着大学成绩单一起来找我。Kyle 的物理、工程类的课程成绩确实一般，但数学成绩还是很不错的，于是我就给了两个方案：一个是转学分去加拿大，申请如多伦多大学的数学类专业，这样既省钱又可以省时间；二是因为高考成绩在 630+，重新申请读大一，专业选择会更加宽泛

一些，还可以享受本科生的一些待遇，如带薪实习等，专业也可以申请计算机科学等相关热门专业。Kyle 考虑了这两个方案后选择了转学，说不想再读 4 年给家里带来经济负担。Kyle 爸爸则说让孩子学得开心最重要。一家人最终的决定是申请转学，如果成功，Kyle 可以通过多修课的方式来提升自己的竞争力。

定下目标后，Kyle 就努力考雅思，一战 6.5 分，二战 7.0 分，优秀的学习能力在雅思考试中得到了验证。然后就是准备申请资料，在材料中尽可能突出他的优势，这样不但能增加申请的竞争力，还有利于多转学分。申请过程很顺利，Kyle 成功拿到多伦多大学的转学录取，也转了比预期多的学分。现在 Kyle 已经在多大读大四了，正在进行研究生的申请。2023 年的暑假，Kyle 在当地找到了实习，说挣的工资可以覆盖他一学期的生活费了。看到 Kyle 自信地谈起他的学业，谈起他想以数学为基础，研究生申请方向涵盖数据科学、商业分析、金融工程等专业，我从心里为孩子高兴，也更佩服 Kyle 爸爸当年的选择。

案例 2 高考留学双保险，UBC 工学院录取护驾高考

偶然的一天，我接到了 Winston 妈妈的电话，Winston 正在北京一所知名公立中学就读高三，高压的高考备战生活让 Winston 妈妈也备感压力。Winston 的在校成绩是比较优异的，但是在学校的摸底测验中发挥得不是很稳定，于是 Winston 妈妈找到我，想问问能不能高考和留学同步进行。

经过沟通，Winston 妈妈发现，想要申请加拿大顶尖学校的热门专业并不容易。尤其是计算机、电子工程这一类理工科专业，这些顶级名校的工程专业涉及大量的文书、面试要求，需要 Winston 也高度参与到其中，这会占用他一部分高考备考时间。本来孩子如果专心备战高考，也会考上不错的国内院校，但要是两边都想上名校，需要巨大的付出和充分的心理准备。

在多次沟通梳理后，Winston 和妈妈都坚定地选择了进行加拿大院校的申请。虽然会占用宝贵的高三时间，但是 Winston 一直对于工程实践比较向往，也觉得加拿大带薪实习的教育模式方便之后的就业。不管以后是留在加拿大，还是回国进大厂工作，都能提供实打实的帮助。最终我们敲定了选校方案，只申请加拿

大前三的学校并且都是计算机专业。Winston 首考雅思就达到了学校的录取要求，他在课余时间争分夺秒地与我们同事沟通文书的思路，做面试前的准备练习，终于在春节前夕紧锣密鼓地完成了所有学校的申请要求。

最终，Winston 收获了英属哥伦比亚大学工程专业、多伦多大学电子工程专业（含带薪实习）、麦克马斯特大学工程学院（带 10,000 加币奖学金）等知名加拿大院校的强势工程专业的录取。

拿到加拿大顶尖院校的录取，也让 Winston 在紧张的高考备战过程中稍稍松了一口气，高考的发挥尽管重要，但并不完全决定他的未来。Winston 的父母也非常开心，一是在这个过程中，Winston 进一步加强了对工程专业的了解并坚定了自己的选择；二是他们看到 Winston 在准备文书、面试时，虽然时间有限，但是非常认真、努力，并最终满足了学校的录取标准；三是高考留学双规划，Winston 的命运不仅仅由 6 月份的高考决定，而是把握在了自己的手中！

我也非常开心能陪伴 Winston 一家走过这段旅程，期待他在未来能够绽放属于自己的光芒！

案例 3 高考后临时想转国外，紧凑规划，本科取道加拿大

2022 年高考结束后的 8 月，一位家长经朋友介绍，带着高考后的孩子前来咨询。在新东方前途出国忙碌的咨询大厅，我一眼就看到了高高大大的 Zach 和他的父亲。

我的咨询方式是开门见山、直入主题，Zach 给我讲述了自己当前的情况。Zach 高中就读于北京海淀区的“六小强”学校之一，成绩一直名列前茅，高考分数 650+，已经收到了北京邮电大学理科实验班（信息科学）专业的录取。孩子本人对计算机、信息科学专业非常感兴趣，也表达了在这个专业深钻深造的想法。但拿到北邮录取通知后，孩子和家长对将来的深造和规划想有一个大致的了解。

Zach 爸爸说孩子从小学习上就不让家长操心，高考成绩也非常理想，本来

计划是在国内读完本科，研究生再去海外深造。在拿到北邮录取后，了解到美国对北邮的学子在签证方面有一些限制，就想提前寻求一些解决方案。Zach 自己也说他的高中同学中有不少人本科就出国读大学了，而且去的学校排名也非常高，他想在研究生阶段去美国的名校深造，但美国的签证限制让他在将来选择美国研究生项目时会受一定阻碍。为了达到研究生进入美国名校深造的目的，我提到了 Zach 这么高的高考成绩，多伦多大学的工程学院、滑铁卢大学的计算机科学等专业，都是非常喜欢 Zach 这样的学生的。我建议 Zach 考托福，提升学术和科研背景，申请加拿大的名校去读本科，研究生从加拿大申请美国的名校。

Zach 一家经过综合考虑后，决定申请 2023 年的加拿大本科，目标很明确，申请加拿大名校进工程学院，否则就继续留在北邮。加拿大的名校录取不难，但进入工程学院学计算机工程、电子工程等专业，录取难度还是挺大的。我给 Zach 定的规划是：要在 2023 年 1 月份之前托福考到 105+，参加欧几里得数学竞赛、CCC 计算机竞赛，并且要拿到奖项。这些规则对一个刚上大一的孩子来说相当于再上一个高三。我直接对 Zach 说，你的大一第一学期就是要挤时间学习，不仅要投入，还要提高效率。接下来，Zach 用实力证明了他就是一个优秀的学生，托福两个月就拿到了 110 分的成绩，欧几里得数学竞赛进入全球前 25%、Distinction 荣誉证书，CCC 计算机竞赛也拿到了荣誉证书。接下来的申请还有面试环节，Zach 也全程配合，申请过程非常顺利。

在我们通力合作下，Zach 收获了多伦多大学工程学院计算机工程专业（带薪实习）、滑铁卢大学纳米科技工程（带薪实习）、麦克马斯特大学数学与统计专业等多所名校的录取。包含带薪实习（Co-op）的专业是非常难申请的，学生可以在大学期间到企业实习，而且是有学分、有工资的。

对于这个录取结果，Zach 一家非常满意。心仪的专业、开放的实习和就业机会，更宽广的舞台，对于 Zach 这么优秀的孩子来说是非常匹配的。2023 年秋天，Zach 顺利就读多大的工程学院，虽然比同龄人晚了一年，但这个选择值得！

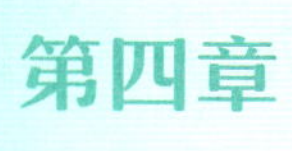

第四章

澳大利亚本科

学历和职业双认证

一 澳大利亚本科留学优势解读

澳大利亚一直是中国学生优先选择的留学目的地之一。澳大利亚之所以能在众多留学国家之中脱颖而出，不仅是由于其教学质量、就业前景等方面具有独特优势，而且在安全性与生活环境方面表现亮眼。整体来说，去澳大利亚留学的优势可以总结为以下几个方面。

优质的教育质量和全球领先的院校排名

澳大利亚共计 42 所综合性大学，在 2024QS 世界大学排名前 100 的院校中占据 9 席，并有共计 27 所大学名列全球院校 500 强。其中墨尔本大学、悉尼大学及新南威尔士大学位列前 20。

澳大利亚有著名的“八校联盟”（Group of Eight），简称“八大”，这八所学校都是享誉世界的综合类研究型大学。下图为八所学校在 2024QS 世界大学排行榜上的排名情况。

院校	澳大利亚排名	2024QS 世界大学排名
墨尔本大学	1	14
悉尼大学	2	19
新南威尔士大学	3	19
澳大利亚国立大学	4	34
蒙纳士大学	5	42
昆士兰大学	6	43
西澳大学	7	72
阿德莱德大学	8	89

澳大利亚的大学不仅在综合排名中表现强势，在专业排名中也有突出优势，

在会计与金融、法律、教育、传媒、心理学、工程、计算机、环境科学、艺术与设计、景观与建筑、药学、生命科学等热门专业领域都有不俗表现。如墨尔本大学在2024QS生命科学与医学专业排名中，位列第18；悉尼大学位居艺术与人文专业排名第34位。

除此之外，澳大利亚也拥有一批虽然综合排名并不显眼，但在细分专业领域中出类拔萃的高校。例如，格里菲斯大学虽然综合排名位列世界第243名，但是其酒店管理专业位居2024QS世界大学学科排名第24位，护理专业位居世界第29位。迪肯大学综合排名位列世界第233名，然而它的运动学相关专业高居世界排名第11位，具有相当强的竞争力。这些高校在特定的专业方面拥有坚实的师资力量和科研水平，以及完备的教学及实验基础设施，其毕业生也受到相关专业领域用人单位的认可。

友好的就业环境与氛围

澳大利亚为留学生提供了良好的就业环境，持有有效学生签证的学生，每两周可以享有不超过48小时的打工权利，并且在各类假期期间不限制打工时长，平均时薪可以达到21澳元左右。通过打工，留学生在锻炼英语能力的同时，还可以补贴日常生活费用。满足条件的高校毕业生还可继续申请2~5年的工作签证，有更多机会在澳发展，积累海外工作经验，这对学生未来归国就业也很有帮助。

除此之外，澳大利亚的大学通常也会设置就业中心，为学生提供更多的工作岗位招聘资讯，以及相关工作信息的咨询与求职培训，帮助留学生加速融入社会及职场。大学里的课程设置也秉承学以致用的原则，更加注重与行业的结合，如专业会计学（Professional Accounting）课程受到澳大利亚CPA认可，可在毕业后减免部分CPA考试科目；工程专业课程受到澳大利亚工程师协会（Engineers Australia，简称EA）的认证，等等。再比如，麦考瑞大学紧邻麦考瑞创新产业园区，许多各行各业的知名企业将澳大利亚总部设立在此，如微软、强生、IBM等，为在校生及毕业生提供了优质的实习及全职工作机会，大大提升了学生的就业质量。

更轻松的入学之路

澳大利亚院校的入学要求明晰，相较于英国、北美等国家，就本硕申请而言，对于学生校园实践、校外实习等，除特殊专业外通常不做要求，而是更加看重学生的标化成绩及学术材料，如毕业证、学位证、在读证明、成绩单等，出具即可递交申请，由院校来进行审理及评估。同等条件下，学生申请到世界名校的可能性更高。

澳大利亚的大学通常在一年之中设置两次开学时间，一般为每年的 2 月与 7 月，其中新南威尔士大学更是设置了三次开学时间，分别在 2 月、6 月与 9 月左右滚动开学。相比单一的开学时间设置，这种方式更为灵活，缩短了学生等待入学的时间，也为学生提供了更多的可能。

另外，澳大利亚的大部分高校同时认可雅思、托福及 PTE 语言考试成绩，递交学术材料申请时，如果已经有符合直接录取条件的语言成绩，有机会直接收到无条件录取。如果递交申请时暂时还没有符合条件的语言成绩，也无须过于担心，学校会在审理后发放带有语言条件的录取，后期补交符合要求的语言成绩即可换取无条件录取。

宜人的自然环境，安全的学习生活环境

澳大利亚位于南半球，北部为热带气候，全国大部分地区属温带气候，气候适宜，自然环境优美。其主要城市墨尔本、悉尼、布里斯班、阿德莱德、珀斯连续多年被评为全球宜居城市前 10 名。由于经度位置与中国相近，澳大利亚大部分地区和中国时差为 2 至 3 个小时。位于澳大利亚西澳的珀斯，更是与中国无时差，这大大便利了学生们与家人沟通，减少了家长因时差原因无法及时联系上孩子的担心。澳大利亚社会环境稳定，拥有来自世界各地的留学生及工作者，氛围开放、文化多元且包容性强。澳大利亚的法律禁止枪支，社会治安良好。澳大利亚是世界上最重视国际学生服务的发达国家之一，拥有全球独一无二的法律保障《海外学生教育服务法案》(ESOS)，该法案以国家立法的形式保障国际学生在澳大利亚享有世界一流的教育，因此澳大利亚也被誉为最安全的留学目的国。

二 澳大利亚本科申请的五种途径

澳大利亚的本科学制通常为3~4年，大部分学校开学时间为一年2次，在每年的2月和7月。个别院校如新南威尔士大学采取一年3次开学的方式，分别在2月、6月、9月这三个月份。澳大利亚本科每年的学费为3~5万澳币不等，通常商科、理工科学费较高。从申请类型来看，澳大利亚的本科申请主要分为五种途径：大学预科、国际大一、高考直录、国际课程直申和国内本/专科在读转学。

大学预科

国内高中在读的学生，可以在国内完成高二的课程学习后，直接选择1年预科外加3年本科的留学路径。预科的课程周期通常为8~12个月左右，可以衔接绝大部分本科课程，且语言要求与普通大一相比会低一些，开学时间也很灵活。完成预科学习成绩符合要求的学生，就可以进入本科的学习。这也是绝大多数去澳大利亚读本科的学生选择的方式。总的来说，通过预科进入本科学习有如下优势：

★ 进入名校的敲门砖，开学时间灵活，入学门槛相对宽松。

★ 提前了解意向专业，更好地衔接本科专业学习。预科期间主要学习大学专业的基础课或框架，了解本科所选专业的学习方式，为更好地适应本科学习打下扎实的基础。

★ 省时又省费用。读完国内高二即可入读大学预科，预科学费相对低廉，读完后可以无缝衔接本科大一。

此外，新南威尔士大学还在中国境内授权提供官方认证的预科课程，主要校区分布在北京、郑州、南京、上海、武汉、广州等地，学生可以通过国内的预科项目提前适应国外的授课方式，同时在国内进行出国前的过渡。这种方式对于留学家庭来说花费会节省很多，是性价比很高的升学方式。

国际大一

除了预科，另一种便捷、快速、入学门槛相对宽松的留澳路径是申请国际大一文凭课程（Diploma）。

想走这条路径的学生需要在国内完成高中三年课程的学习，获得高中毕业证，然后用高中三年的成绩申请国际大一文凭课程。相当于是把预科和大学一年级的课程放在1~1.5年完成，国际大一课程结束后，成绩达到大二入读标准的学生，可以直接衔接本科大二的学习。这样完成本科学习的时间还是3年左右，和普通本科生基本一样，比预科能节省更多时间。不过国际大一课程可以选择的大学和专业相对有限，不是所有的本科专业都可以衔接。此外，国际大一课程的语言要求较预科要高，但是比本科直入的要求还是会低一些。

通过国际大一课程进入澳大利亚本科学习的优势可以总结为以下几点：

- ★ 小班授课。国际大一课程通常是小班授课，学生能够得到老师更多的关注，从而获得比正常大一更多的辅导。正常来讲，国际大一的课程时间要比正常大一稍微长一些，能够保证学生由浅到深慢慢吸收知识。因此，通过国际大一课程，学生往往可以更好地适应留学生活，增强在海外学习的自信心。
- ★ 节省时间。国际大一完成并达到要求后，可以直接衔接大学二年级课程，所以只要一年到一年半内升上大二，完成本科学习基本还是三年左右。
- ★ 语言成绩要求稍低。本科直录对申请者的雅思成绩要求比较高，国际大一则要求稍微低一点。在上课的时候，学院还会提供免费的语言辅导，帮助学生提高语言水平。

高中毕业用高考成绩直申本科大一

国内高中在校成绩较高，尤其是英语能力较强的学生，也可以在高三毕业后直接用中国的高考成绩申请入读澳大利亚的大一。澳大利亚接受中国高考成绩的大学一共有 27 所，澳大利亚“八大”中除墨尔本大学外，其他 7 所大学都认可用中国高考成绩来申请大一。选择这种途径的学生用三年的时间即可完成本科课程的学习，但这种路径对于语言要求较高，需要较长的前期准备时间，对于学生的适应能力和自我管理能力也有更高的要求。

随着国内学生和家长提前规划的意识越来越强，很多家庭都是采用高考、留学双保险的策略来安排澳大利亚的本科留学：高二上学期结束后，学生就可以用高中 3 个学期的成绩申请预科和本科的有条件录取，作为保底；待学生高考结束后，根据高考的结果迅速向大学递交最终的申请意向。高考成绩较好的申请本科直入，高考成绩不太理想的学生就通过预科留学澳大利亚。这样不但能最大限度地节省时间，也给了孩子多一重的选择。这也是我们对于申请澳大利亚本科最为推荐的一种模式。

值得注意的是，由于各校和各专业对高考成绩的要求不同，我们需要格外留意澳大利亚各大学当年的高考录取标准。

国际高中 / 预科课程背景直申本科大一

随着留学低龄化的趋势越来越明显，很多家庭在孩子中学时期就为其规划了国际教育体系的高中或预科课程，如 IB、OSSD、A-Level 及 AP 等。此外，澳新预科、英国预科直申本科大一也较为常见。国际课程的最大优势在于学习时间短、留学申请认可程度高。

另外，由于国际课程是全英文授课，英语课程的成绩受到绝大部分澳大利亚学校的认可，分数若是达到学校专业的录取要求，可免于提供雅思、托福等英语考试成绩。对于一开始就明确要出国深造的学生而言，这是一条更为高效的求学之路。同时，这种途径也可以通过广受认可的成绩进行多个国家的联合申请。

本 / 专科在读转学

国内本科在读的大学生也有机会通过转学赴澳读本科。国内统招的本科在校生，完成本科一年级课程后提交转学申请，澳大利亚的学校会根据学生的大一成绩，以及学生拟申请的课程和专业，来评估能否减免预科就读本科。已经大专入读或者毕业的申请者，如其申请课程与原就读专业方向相同，也可提供详细的课程大纲来申请学分减免。此类申请者需要提供至少一年的大学成绩，这也意味着大学期间的成绩至关重要。

三 澳大利亚本科申请要求及时间线

澳大利亚大部分高校的每个专业都有较为明确的录取分数要求，接受不同中学背景的学生，中国国内普高成绩、国际高中成绩，以及 IB、AP、A-Level 等成绩均受到认可。另外，澳大利亚有 27 所大学认可中国的高考成绩，高考生也可凭借当年的高考成绩进行申请，这相当于给国内的学生提供了一条新的未来求学的规划之路，可以国内、国外院校两手抓。

在录取要求方面，以悉尼大学为例，该校对英国 A-Level 课程的计算方法为 A*=6 分，A=5 分，B=4 分，C=3 分，D=2 分，E=1 分。商学学士专业（Bachelor of Commerce）的录取分数为 3 门 16 分；文学学士（Bachelor of Arts）的录取分数则相对低一些，3 门成绩需达到 13 分。以下为悉尼大学本科部分专业针对各类国际课程的录取要求：

专业	A-Level	IB	OSSD
文学学士	13	29	77
商学学士	16	36	87
经济学学士	14	31	79
教育学学士	13	29	77
理学学士	15	33	83

澳大利亚“八大”中，除墨尔本大学外，其他 7 所均认可中国的高考成绩。下表为这 7 所院校对于国内高考成绩的录取分数线要求。数据可以作为参考，具体情况以学校当年发布的录取标准为准。

QS2024	院校	录取类型	高考要求（750 分满）
19	悉尼大学	百分比划线	高考总分数 75% 以上，大多数专业录取标准为 75%（562 分）
19	新南威尔士大学	百分比划线	高考总分数 70% 以上，大多数专业录取标准为 70%（525 分）
34	澳大利亚国立大学	百分比划线	高考总分数 75%（562 分）以上，择优录取
42	蒙纳士大学	百分比划线	高考总分数 60% 以上，大多数专业录取标准为 65%（487.5 分）
43	昆士兰大学	百分比划线	高考总分数 70% 以上，大多数专业录取标准为 70%（525 分）
72	西澳大学	百分比划线	高考总分数 70% 以上，大多数专业录取标准为 70%（525 分）
89	阿德莱德大学	百分比划线	高考总分数 60% 以上，大多数专业录取标准为 60%（455 分）

在澳大利亚本科申请时间规划方面，以高二在读学生申请次年 2 月入学为例，下图为申请时间安排：

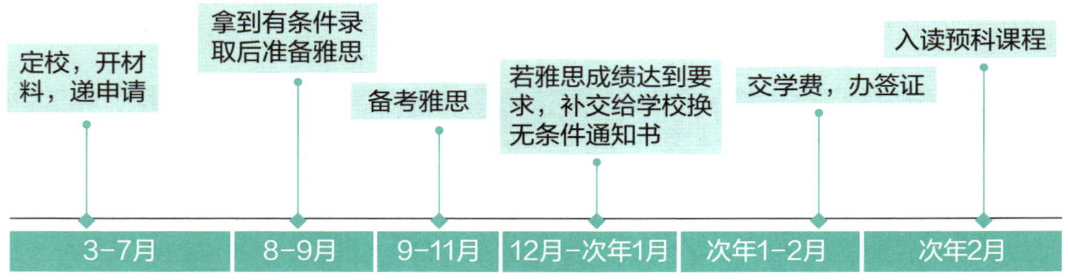

再以高一在读学生申请次年 7—9 月入学为例，下图为申请时间轴：

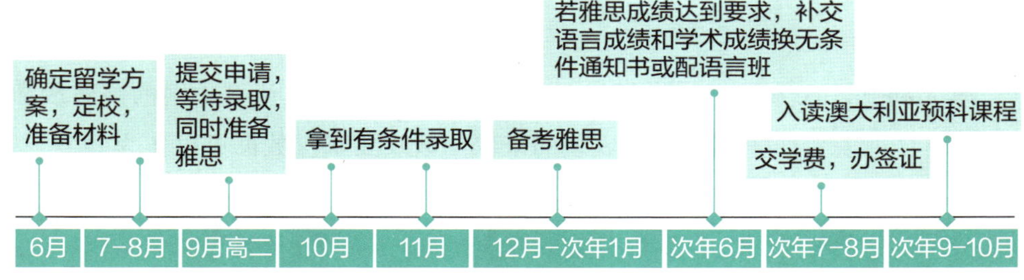

四 澳大利亚本科留学录取趋势

作为热门的留学目的国之一，近年来，澳大利亚本科申请呈现以下三种趋势。

首先是高中学历的多样性。近几年，申请澳大利亚本科的学生高中学习背景呈多样化特点，很多申请者有海外高中或国内国际学校的学习经历，学习过A-Level、IB、AP、OSSD等国际课程。而以往的申请者通常有三种情况，分别是国内普高高二读完、高中毕业，以及用高考成绩申请澳大利亚本科。

其次是学生普遍英语能力较强，这点得益于早规划、早准备。大部分家庭很早就为孩子出国留学做了充分的前期规划，为了能让孩子尽快适应海外学习和生活，很多家长非常注重孩子的英语学习，同对孩子的薄弱学科进行针对性辅导。英语学习在于日积月累，而不是一时突击。随着申请人数的激增和学生综合素质的提升，申请门槛越来越高，雅思的录取要求也水涨船高。

最后是学生综合能力较强，申请专业多样化。现在很多申请者都有多段夏校、游学等经历，他们兴趣宽泛，选择本科专业也不再拘泥于商科等方向，申请专业呈多样性特点。文科、艺术、医学类、理工类这几年的申请量一直呈上升趋势。

五 00 后澳大利亚本科申请经典案例

案例 1 高考后专业不理想，赴澳进入世界 TOP20 名校

Harry 同学的高考成绩在他所在的省排在 12,000 名左右，大学录取到了不理想的学校和不喜欢的车辆工程专业，大学学习一直很痛苦，这也直接影响到了他的学习成绩。在周围朋友的推荐下，Harry 了解到澳大利亚可以接受高考成绩申请本科直入，于是他们一家人来到新东方找我做咨询。

19 岁刚上大一的青年本应是风华正茂的好时候，但 Harry 却非常消沉，总之就是上了一个不开心的大学。我与 Harry 一家一起做了充分的分析和评估，经过职业测评后，最终发现计算机工程专业与他的兴趣和能力都比较匹配。根据 Harry 的高考成绩，我们为他定制了悉尼大学和新南威尔士大学这两所 2024QS 世界大学排名并列第 19 位学校的本科申请方案。很快，Harry 就收到了两所大学的预录取。

相比于 Harry 所就读的国内学校，悉尼大学和新南威尔士大学在世界影响力上更胜一筹，尤其是 Harry 最终选择就读的新南威尔士大学，拥有全澳第一的工程学院，是当今最负盛名的理工科大学之一。拿到有条件录取后，Harry 和家长都非常高兴，国内本科学习的压力也减轻了。为了帮助 Harry 尽快顺利换取无条件录取，让学生和家长都更加安心，我们根据 Harry 本身的特点和情况，为他同步制订了英语学习计划，规划了雅思各项课程，并帮助他做好了雅思考试的规划与安排。在我们的鼓励下，Harry 最终考出了雅思 7 分的好成绩，直接达到了本科课程的语言入学要求。这样的“小成功”，不仅让 Harry 顺利换取到了新南威尔士大学的无条件录取，还很大程度上帮助他建立了赴澳大利亚学习的信心。

通过 Harry 的案例，我们可以看到，澳大利亚大学丰富灵活的课程设置、相对宽松的录取条件、令人瞩目的世界排名，都能给孩子更多的选择。还是应了我常说的那句话，对于世界名校，真的是条条大路可通达。

案例 2 A-Level 体系、英澳双申，高排名墨尔本大学赢学子青睐

Wayde 同学是典型的朝阳学生，修读 A-Level 课程，最早想赴英国读本科课程。高三寒假的时候，Wayde 跟家人一起去澳大利亚旅行。在旅途中，他被澳大利亚宜人的气候和独特的风光吸引，尤其是在参观澳大利亚大学校园的时候，被当地的校园环境和学术氛围感染，回国后便产生了赴澳留学的想法。然而，Wayde 的父母一直在为孩子赴英国留学做准备，一开始并不同意孩子的想法，让孩子先好好学习。一直拖到高三上学期结束，一家人才来到新东方咨询澳大利亚留学的情况。

根据 Wayde 的成绩和背景，我们为其推荐了澳大利亚排名前三的澳大利亚国立大学、墨尔本大学以及悉尼大学。同时我也告诉孩子家长，可以英澳两国同时申请，待所有录取通知书都拿到以后，根据获得 offer 的情况再做最终决定。家长和 Wayde 对这个方案都非常满意，于是便开启了澳大利亚留学申请的准备工作。申请过程中，经过综合考量，Wayde 和父母最终决定放弃英国，以墨尔本大学为主要申请目标。虽然 A-Level 课程是全英文授课的，但是澳大利亚的本科直录课程仍然需要提供雅思总分 6.5 的成绩，才可以获得无条件录取。Wayde 的雅思只考了 6.0 分，没有达到直录本科的标准。经过 3 年的全英文授课，这个成绩让 Wayde 很受挫，甚至有点抗拒再报考。于是，我们迅速调整留学方案，一方面安排澳大利亚国立大学的语言测试，若测试通过则有机会直读本科；另一方面，由于澳大利亚的课程衔接方式非常灵活，雅思不达标也可以先通过校内语言课程提升语言水平，待语言学习达到要求后再继续之后的专业课程学习，因此我们也同时向墨尔本大学语言中心申请了语言课程。最终，Wayde 还是坚守初心，选择了墨尔本大学的本科课程，先读 10 周语言课程，再衔接 3 年的本科课程。

Wayde 的爸爸妈妈都是知名企业的高管，深知未来的人才市场上一份过硬的学历背景是大企业的敲门砖，因此非常看重院校的声誉、排名和学习氛围。对于 2024QS 世界大学排名第 14 位的墨尔本大学的录取结果，Wayde 一家都非常满意。我们也相信墨尔本大学的这段学习经历，在不久的将来，一定能够为 Wayde 同学插上成功的翅膀。

第五章

美国研究生

学历提升优选

一 美国研究生留学优势解读

攻读硕士或者博士是人生中至关重要的决策之一。当你选择去国外读研究生时，需要综合考虑许多因素，包括学习兴趣、教育目标、未来规划、家庭状况，以及目标国家和院校的教育条件、社会环境和经济发展等。

如果选择去美国攻读研究生，就意味着你将会迎来前所未有的机遇和挑战。美国的各大名校堪称学术研究的殿堂，它们不仅是一片知识的海洋，还是学子们破茧成蝶、放飞梦想的舞台。在这里，你不仅能够享受卓越的教育资源，还能通过学习与生活的历练获得丰富的人生体验。这样的经历将会帮助你开拓视野、突破自我，探索更加广阔的人生道路。

若你决心勇攀学术高峰

美国汇聚了许多顶尖学府，对于立志从事学术研究的学子来说，赴美读研，你将有机会接受一流的教育，感受学术研究的无穷魅力。这些享有盛誉的学府会为你提供理想的学习和成长环境。众多教授和研究人员都是领域内的权威，他们将成为你的导师。在他们的引领下，你会深入研究某个领域，切实提升学术能力。

美国的研究机构和实验室提供了丰富多元的研究机会，不管你对哪个领域充满好奇，怀揣热忱，都能在这里找到合适的项目或课题去参与：无论是前沿科学的探索，还是工程技术的创新，又或是社会问题的调研，甚至是人文领域的思辨。通过参与这些项目，学子们将亲身感受到知识的力量，把学到的先进理论知识转化为实际中的应用，为所在领域的前沿进展做出实质性贡献。

在美国的学术环境中，学术自由和创新是无处不在的灵感源泉。这里，学生们将受到鼓励，去追求独立思考，大胆提出新观点和假设。学术讨论和辩论的大门一直是敞开的，你可以与同学们互动交流，从不同的角度思考和审视问题。这种自由和开放的氛围会激发学子的创造性思维，培养应对复杂问题的能力。

当然，在美国读研究生不仅可以享受美国大学教学研究的自身条件优势，还能够拓宽学界人脉和提升国际视野。这里聚集了来自世界各地的学生和学者，你将有机会在不同场合与他们产生各种交集，从而结交志趣相投的朋友，获得思想上的启示，激发研究的灵感。这种国际化的学术环境也为你提供了更广阔的合作空间和交流平台，而且不仅仅局限于在校期间，而是可以通过校友网络延伸到未来的研究项目，甚至贯穿整个学术生涯。相信这样的经历会为留学生打开更广阔的机遇之门，助力学子们在学术界取得辉煌成就。

若你渴望驰骋职场

如果你更倾向于在业界驰骋，而非在象牙塔里坚守，那么选择去美国读研究生也能够大幅度提升你的就业竞争力。作为全球最大的经济体之一，美国汇集了众多知名的高科技企业，催生了引人瞩目的创新产业，保持着充满活力的创业生态系统，它们将为你提供丰富的职业机会和充满无限可能的发展前景。

具体来说，去美国读研会在如下几个方面助力你的职业发展。

首先，来自美国的教育背景和学习经历本身就能够帮助你在就业市场上脱颖而出，吸引潜在雇主的青睐。毕业于美国的高等学府，这会给你打造出一种追求卓越、专业进取的印象，从而为你打开更多的高精尖岗位之门。

其次，美国的研究生课程通常注重实践。许多学校与企业携手合作，提供实习和实践机会，使你能够在真实的工作环境中应用所学知识，积累实践经验。这些实践经验可以使你更好地理解行业需求，熟练掌握相关技能，为未来就业做好充分的准备。

再者，美国拥有许多世界知名的高科技企业和创新产业集群，如硅谷、西雅图和波士顿。这些地区汇聚了大量的科技公司、初创企业和创新项目，为你提供了丰富的就业机会。通过在美国的教育经历，你可以更便捷地接触到这些机会，并与行业内的专业人士进行交流和合作。

此外，美国的教育系统还注重培养学生的创业精神和创新能力。许多学校提供创业课程、创业孵化器和资源，鼓励学生在毕业后选择创业。这种创业文化和创业资源的支持为那些希望创业的学生提供了难能可贵的机会和路径。

最后很重要的一点是，美国的研究生教育会为你提供广泛的职业服务和校友网络。学校通常设有专门的职业发展中心，提供就业指导、职业咨询和招聘活动。此外，你还可以通过校友网络与校友和行业专业人士进行联系，并收获就业机会和职业导师的指点。

总的来说，美国的教育经历将为你带来更多的职业机会、不设上限的发展前景、专业技能的磨砺和专业经验的升华。未来，无论你选择在美国施展才华还是回国发挥所长，这种独具特色的国际学习经验都将为你的职业生涯奠定坚实的基础。

灵活多元的选择，为你开启无尽可能

美国的研究生项目在学制上十分多样化，从纯粹的授课型课程到项目内嵌的研究论文、实践研习或夏季实习，其多元性与广阔性会给你的学习旅程增加无可比拟的丰富性。对于选课范围，大多数研究生项目为学生提供了极大的灵活性。除了少数必修课外，很多项目允许学生与学术导师共同设计个性化的学习方案和选课计划，因此你可以全方位地培养自己的综合素质，以实际行动解锁各种可能性，追求个人发展目标。理工科学生可以考虑申请带论文的理学硕士项目，作为未来继续攻读博士学位的跳板；而一年制的实践课程与工程学硕士项目，也是追求技术类职业岗位或创业的优质选择。

在申请过程中，美国的大学对本科专业背景并不过分关注，对有意向转专业的学生更为友善。在材料审核环节，美国高校采用综合性的评估标准，除了重视学生的 GPA、标准化考试成绩等硬性指标外，同样也看重学生的科研、实习和实践经验等软性素质。这种无硬性划线标准的审核方式，为许多自感条件不足的学生提供了改变命运的机会：或是实现跨专业学习和就业的目标，或是依托研究生阶段的成绩提升和科研努力，在博士阶段迈入更加理想的学府。总之，一切都不再只是遥不可及的梦想。

尽管美国的教育成本较高，但许多大学提供丰富的奖学金和助学金计划，尤其是博士申请，多数情况下都能获得 5 年的全额奖学金，这可以大大减轻留学生的经济负担，让学生得以专注于自身的学业追求。

拥有 F-1 学生签证并成功完成学业的国际学生，可以通过申请 Optional Practical Training（OPT）在美国寻求与所学专业相关的实习或工作机会。你可以申请 12 个月的标准 OPT，如果你的研究生项目是 STEM* 项目，那么还可以申请延长至 36 个月的 OPT。这不仅为留学生提供了更多的职业发展机会，对于寻求工作签证和实现移民身份转换也具有巨大的优势。

另外，对于那些有意向申请博士学位但目前尚未准备完善的学生，也可以通过 OPT 申请全职研究助理的岗位，继续在美国参与相关的研究项目，以积累更多的研究经验。在此期间，你所取得的学术成果和论文发表都会成为你博士申请的重要筹码。此外，与美国的研究机构、实验室和教授的紧密合作，不仅可以帮助你收获强有力的推荐信，更可以加深你的问题意识和研究认知，让你为博士阶段的学习和研究做好准备。

此外，很多美国研究生项目允许国际学生申请 Curricular Practical Training（CPT），即课程实习训练，这是一种让 F-1 学生签证持有者在求学期间从事相关实习或工作的一种许可。它不仅可以让你迅速地将所学应用到实际工作中，提升相关工作经验，还能帮你更好地理解和适应美国的职场文化和行业标准，建立职场人脉，了解行业趋势，从而更好地在毕业后找到称心如意的工作。

综上所述，美国的研究生项目展现出了难以比拟的多样性和灵活性，为学生打开了一扇扇探索未知、挖掘潜力的大门。不论你以后是申请博士学位，还是迅速转型投身职场，或是创新创业，都可以在这个自由的学习环境中找到属于自己的道路。同时，美国高校全面综合的申请评估程序和丰富的奖学金资源，使得不

---

* STEM 是科学（Science）、技术（Technology）、工程（Engineering）、数学（Mathematics）四门学科英文首字母的缩写，是美国鼓励学生主修科学、技术、工程及数学的一项计划。STEM 课程的重点是加强对学生四个方面的教育：一是科学素养，即运用科学知识（如物理、化学、生物科学和地球空间科学）理解自然界并参与影响自然界的过程；二是技术素养，也就是使用、管理、理解和评价技术的能力；三是工程素养，即对技术工程设计与开发过程的理解；四是数学素养，也就是学生发现、表达、解释和解决多种情境下的数学问题的能力。

同背景、不同条件的学生都能拥有属于自己的机会。再加上 OPT 和 CPT 这样的实践机会，你将有更多的可能将学术知识转化为实际经验，为未来的职场生涯做好准备。无论你的目标是什么，美国的研究生教育都可以为你提供一条清晰而广阔的道路，帮助你实现自己的职业和生活目标。

二 如何选择一个适合自己的美国研究生项目

美国研究生的录取注重对申请者全面的评估，涵盖了硬性条件和软性素质的多个方面。因此，我建议学生多角度地提升自己的硬实力和软实力，并采取“梯度申请”策略。这个策略需要在选校时，全面审视每个学校和项目的优劣，以确保选项的多样性，从而提高录取机会。以硕士申请为例，我们一般建议申请 10 个项目，可采取 3+4+3、4+4+2、3+3+4 等梯度组合；对于博士申请者，我们通常建议申请 12~15 个项目，因为涉及的因素更多，包括学校、项目，以及指导教授和实验室的匹配度等。“梯度申请”策略的精髓在于，我们能通过申请多个项目来增加录取机会，避免因为一所学校或一个项目的拒绝而影响到整体申请结果。毕竟，每个学校和项目的录取过程都有其独特性，可能受到申请人数、评审委员会的偏好、项目预算等多种因素的影响。将申请散布在多个项目上，就像为自己购买了一份针对未知因素的保险。

当你收到来自多个美国研究生项目的录取通知书时，首先要恭喜你，你已经成功跨过了申请过程中的大部分难关；但是，接下来要面临的选择可能会更加重要，因为这将对你未来的职业和学术生涯产生深远影响。对于博士项目，我们通常需要在每年的 4 月 15 日前做出决定。这个决定是唯一、排他的，因此必须尤为慎重。一旦我们对某所学校做出了接受录取的承诺，就不能改变，即便之后有更心仪的学校向你伸出橄榄枝。

对于硕士项目，由于各个项目的录取通知发布时间可能不同，我们可以在等待其他学校结果的过程中，为一些吸引你的学校交纳占位费，暂时保留录取资格。等到所有的录取结果都出来后，再综合考虑所有因素，选择一个最符合你期望的项目。在做决定时，你需要考虑的因素包括但不限于以下几个方面。

学校综合排名和专业排名

在评估研究生项目时，学校和专业的排名都是非常重要的参考因素。U.S. News 和 QS 排名是两个全球知名的大学排名，其他广受关注的排名还包括泰晤士高等教育和软科排名等。这些排名系统从各自独特的角度和指标权重对学校和专业进行全面且相对准确的评估。

我们先来了解一下 U.S. News 和 QS 排名的评价标准有什么不同。U.S. News 的排名主要针对美国的大学，其评价指标包括本科学术声誉、学生满意度、师生比、毕业率、师资力量等。而 QS 排名则更具全球性，其评价指标包括学术声誉、雇主声誉、师生比、国际教师和学生比例、引文数等。

对于美国的研究生项目申请，我们通常更倾向于参考 U.S. News 排名，因为其更加侧重于美国大学的学术环境，能更精确地反映出美国大学的实力。然而，在一些特定情况下，我们也会参考 QS 排名。比如，如果你计划在研究生期间进行跨国研究，或者你未来有意在全球范围内工作，QS 排名的全球视野可能会为你提供更有价值的信息。同样，如果我们的目标学校拥有庞大的国际学生群体或教师队伍，QS 排名的国际教师和学生比例指标可能会有助于你的决策。

值得注意的是，无论是 U.S. News、QS，还是其他任何排名，都不应简单相加或直接对比。当我们发现某学校在不同排名上的差异较大时，也许正是需要深入思考的时刻：自己对于未来入读学校的真正期待是什么？对于美国研究生教育提供的哪些价值更加看重？

对于大部分专业的硕士申请，我们通常会更关注学校的综合排名，因为硕士学习通常涵盖更广泛的学术和职业培训，学校的整体实力、声誉和资源会对硕士学习体验产生重大影响。然而，对于博士申请和某些理工科的硕士申请，我们可能会更多地关注专业排名，因为博士研究和理工科学习通常更专业、更深入，因此专业的实力和影响力显得更为关键。

某些特殊学科的申请者，尤其是那些来自理工科前沿研究领域，或是设计、音乐等特殊领域的申请者，他们可能会面临在综合类大学和专门院校之间做出选择的挑战。对于这个问题，没有绝对的对错，关键是看哪种选择更能满足个人需求和职业规划。

综合类大学通常拥有一系列广泛的学科领域，能够为学生提供丰富多元的学习机会。在这样的学习环境中，你有机会与来自各种不同背景的同学进行深入交流，这将有助于你扩大视野，增强自身的跨学科沟通和合作能力。此外，由于拥有众多学科的教学和研究活动，综合类大学往往拥有一流的教育设施和资源，如先进的图书馆、各种科研设备、多样化的学生社团等。

另一方面，专门院校，如艺术设计学院或理工科研究所，通常在其特定的专业领域内具有深厚的教学和研究实力。这类学院可以为那些有明确专业目标和兴趣的学生提供更为深入、专业化的教育和研究机会。但是专门院校的教学和研究焦点通常集中在特定的专业领域，可能无法提供和综合类大学一样丰富多元的学习资源和机会。因此，如果你期望在学习过程中接触到更多的跨学科内容，那么专门院校可能不是最佳选择。

总而言之，学校的综合排名和专业排名都是我们选校的重要参考因素，虽然它们并不是唯一重要的指标，但它们可以反映出学校的声誉和专业的实力，为我们选校提供依据。

地理位置和生活成本

选择研究生项目时，学校所在的地理位置不仅会直接塑造你的生活体验，同时也可能对你的学术发展和就业前景产生深远影响。这其中涉及的因素包括生活成本、气候条件、学术和业界资源，以及城乡差异等。

首先，生活成本是一个必须要重视的因素。美国的生活成本在不同地区存在巨大的差异。比如，加州的旧金山和纽约市被认为是美国生活成本最高的城市，而一些中西部和南部的城市如堪萨斯城和奥斯汀，生活成本则相对较低。这些成本包括住房、食物、交通、娱乐等各方面的开支。因此，在计算整体资金预算时，学校的地理位置必须考虑进去。

其次，气候条件也可能会影响我们的决定。美国的气候在东西海岸和南北之间存在显著的差异。例如，如果我们偏好温暖的气候，加州或佛罗里达可能会是适合的选择。反之，如果我们喜欢四季分明、冬季有雪的地方，新英格兰地区或者中西部的一些州可能更合心意。

此外，学校所在地是城市还是农村，也会让研究生生活大有不同。大城市提供了丰富多彩的文化活动、娱乐设施和社交机会。同时，由于某些地区高校密集，也提供了很多创意十足的跨校学术交流机会和教研共享资源。然而，大城市生活节奏可能会更快，竞争压力也可能更大，令人应接不暇的活动安排也可能使学生分散精力失去重心。相比之下，小城市或者农村可能会拥有更安静的生活环境，更亲和的社区氛围，以及较低的生活压力，这些都有助于学生专注于项目本身的学习和研究。

另外，学术和业界资源也是地理位置的重要考虑因素。在一些大城市中，如纽约、旧金山、波士顿和芝加哥，聚集了众多的企业。对于一些专业领域，如金融、科技、医疗、咨询等，这些城市提供了丰富的实习和就业机会。例如，对金融专业的学生来说，选择在纽约的学校就读会有机会接触到华尔街的各大投资银行和基金公司；如果所读的专业是科技相关，旧金山和硅谷的学校则可以提供世界一流科技公司的资源和实习机会。在这些城市就读，不仅能让留学生在学习期间接触到前沿的行业信息和趋势，也有可能帮留学生建立起丰富的行业人脉，这对于未来的就业非常有利。

然而，这并不是说非城市地区没有优势。一些非城市地区的大学，比如位于纽约州伊萨卡的康奈尔大学，或者位于密歇根州安娜堡的密歇根大学，也有其独特的学术资源和优势。它们可能提供更宽敞的校园环境、更低的生活成本，以及更紧密的学生社群。此外，这些学校往往也会有其特定的行业联系，比如农业或制造业等。此外，有些地方可能还拥有特定的地理优势，这对于某些专业的学生来说是无法忽视的。例如，对于研究海洋学的学生，选择位于海边的学校会有更多的实践机会。对于研究环境科学的学生，位于山区或者靠近国家公园的学校则能提供丰富的研究资源。

总的来说，地理位置对于研究生项目的选择有着重要影响。它不仅直接影响留学生的生活质量，也会间接影响留学生的学习和就业机会。在选择研究生项目时，需要综合考虑个人偏好、学术和职业目标以及财务状况，来判断哪种地理位置和环境最适合你。

项目培养方案

在选择研究生项目时，项目的培养方案无疑是一个核心的考虑因素。由于每个研究生项目都有其特定的培养方案，所以项目培养方案的设计直接决定了学习体验和未来发展。通常，研究生项目的培养方案会涉及诸如项目时长、课程设置、实习以及研究机会等各个方面。

项目时长是一个重要的参考因素，它在一定程度上揭示了项目的深度和广度，可能影响到学生的学习压力、生活节奏，甚至未来的职业发展。

对于很多学生来说，项目时长与学习计划和职业目标息息相关。如果希望尽快进入职场，可以选择时长较短的项目，比如一年制或一年半的硕士项目。这类项目往往更为紧凑，课程设置更侧重于专业技能的训练，目的是帮助学生尽快做好职业准备。然而，也有一些学生会担忧，过短的项目时长可能导致课程安排过于密集，没有机会在入读期间申请实习，甚至找工作的时间也会变得紧迫，这可能对短期职业规划产生反效果。

相反，如果学生有更长期的学术规划，希望在某一领域进行深度研究，可能会更倾向于选择时长较长的项目，如两年制的硕士项目，或者直接申请博士项目。这类项目通常为学生提供了更充裕的时间和空间进行深入研究和学习，可能会包括更多的研究主题和撰写论文的机会，从而使学生在学术领域有更深的积累。

另一方面，项目的时长也会直接影响学生的经济负担。一般来说，项目时间越长，学生需要支付的学费以及生活开支也就越多。因此，对于经济条件有限的学生，在选择项目时，可能需要更仔细地考虑项目的时长和费用，以确保自己的经济能力能够负担得起项目开销。

对于博士生而言，即使学生可以得到全额奖学金的资助，长期在学术环境中专注于同一个项目可能带来的社会压力也不容忽视。对于这一长期过程中可能出现的困难和挑战，我们也需要做好充分的心理准备。

课程设置是研究生项目的关键组成部分。不同的项目对于课程的安排也许大相径庭。有些项目强调基础知识的学习，课程设置较为严格，特别是在一些理工科专业中，学生往往需要通过一系列严谨全面的高阶理论和实验课程，来确保掌握深入的专业知识和技能；另一些项目则可能更强调跨领域的知识整合和方法体系，因此为学生提供跨系选课的机会，允许学生根据个人兴趣和目标来设计自己的课程表；以就业为导向的学生可能会从行业的角度仔细评估课程的实用性；而转专业的学生则可能考虑课程设置是否全面、综合，能否为他们在新领域的探索打下坚实的基础，同时考虑课程进度是否合理有度，是否循序渐进，以便给予自己充足的适应过程。

许多项目都会包含诸如实践项目、暑期实习、研究机会或者论文写作等环节，这些都是获得行业经验和学术训练的重要途径。无论是实习还是实践项目，对于计划直接进入就业市场的学生来说，这些机会无疑会大大提升其专业度。实习让学生深度参与到公司的日常工作中，从而了解和体验行业实际的工作环境，这对于提升职业素养，以及为未来就业做好准备都有极大的帮助。实践项目则提供了解决实际问题的机会，使学生能够将所学的理论知识应用于实践中，以提升自己的问题解决能力和实际操作技能。如果计划在美国寻找工作，还需要考虑所选项目是否属于 STEM 项目，因为这将决定 OPT 时长是标准的 12 个月，还是可以延长到 36 个月。

对于有志于继续读博的学生，研究型硕士项目通常提供了完成毕业设计项目或撰写论文的机会。这通常需要学生深入专业领域，进行系统的文献研读，了解最新的学术动态，并开展自主的研究工作。在此过程中，学生将对所选研究主题有深入的理解，同时提升研究技能，并为未来的博士研究打下坚实的基础。新的科研经历自然可以为简历增光添彩，而且指导教授的学术影响力和学术人脉也能在学生的博士申请中发挥重要作用。所以，即使在读硕士项目时，学生可能也需要留意未来可以合作的导师和实验室。此外，实践项目也可能对未来博士申请提供帮助，让学生有机会将所学理论知识应用于实践中，将所学转化为所用。尤其像是教育学、公共政策与管理、咨询心理学等社科领域，这种实践经验对于未来在研究领域的工作无疑是非常宝贵的。

对于那些已经获得博士 offer 的学生来说，需要考虑的因素就更加复杂。在选择指导教授和实验室的同时，还需要权衡奖学金的金额和性质、项目的课程构架和学分需求、是否存在实验室轮换的制度、资格考试的形式及时间规定，以及作为助教或研究助理的职责等。这些因素将对学生在项目中的学习环境、研究过程和生活体验产生直接影响。除此之外，项目的毕业率和延毕率，以及在延期毕业情况下能否继续获得奖学金的资助，也都是值得关注的重要问题。

如果有机会进行面试或者校园访问，学生可以询问一些关键问题：课程设定和研究资源是否能满足个人研究兴趣？学生能否与其他教授展开研究合作？如果主要指导教授离职或退休，项目会如何提供支持？除了指导教授的指导风格和师生关系之外，整体项目的氛围如何？博士生之间的相处如何？在学术界，人们对该项目的评价又如何？这些问题都是在抉择博士项目时，需要进行深入探究的重要问题。

就业资源和毕业生去向

不论是哪种类型的项目，了解毕业生去向都是至关重要的。对于以就业为导向的硕士项目，就业率和就业服务是评估研究生项目质量的重要指标。学校的职业发展中心提供的就业信息、就业指导以及校友网络，都有助于学生毕业后顺利找到工作。一些学校可能会提供丰富的实习和就业服务，如邀请行业专家举办讲座，和学生开展互动，提供专业的简历修改建议和模拟面试辅导等。这样的服务能帮助学生更好地了解行业现状，提升求职技巧，增加就业机会。然而，也有一些学校可能只提供基本的信息汇总服务，面对这种情况，学生可能需要增强主动性，更多地依赖自身的能力和资源来寻找实习和就业的机会。部分项目会提供详尽的就业数据，如毕业生进入的行业、公司、岗位、薪酬区间和中位数等，这些信息可以在学生选择项目时提供有用的参考。同时，学生还可以向在这些院校学习过的学长学姐寻求意见，了解他们的切身感受，这将会有利于做出更好的决策。

对于研究型的硕士项目，家长和学生可能会更关注毕业生选择继续攻读博士学位或者直接就业的比例。如果学生打算继续读博，则需要了解这个项目能为博士申请提供哪些支持；如果选择直接就业，那么我们需要知道这个项目在相关行业中的声誉。

对于博士生来说，就业是一件至关重要的事情。学生在申请时需要了解该项目的博士毕业生通常会向哪些方向发展，从事什么样的工作，以及他们是如何找到教职、博士后或者业界工作的。特别是自己感兴趣的领域，有多少毕业生能找到相关的职位？他们做了怎样的准备和努力？如果希望在学术界发展，除了预估自己将会取得的学术发展和研究成果之外，项目和项目导师的学术声誉也尤为重要。如果学生打算在美国之外的国家和地区寻找教职，就可能需要考虑到不同国家和地区的高等教育体系的差异。例如，目标项目的研究领域在不同地方是否属于同一学科类别？在那些地方，科研成果是以论著还是以论文形式发表更加受到认可？在博士阶段大量的助教工作和教学经验，是否会增加在其他国家和地区找到教职工作机会的可能性？

最后，值得牢记的是，选择研究生项目是一个高度个性化的决策过程，每个人都有自己独特的需求和目标。因此，最佳的选择往往是最适合个人需求和目标的那个选择。

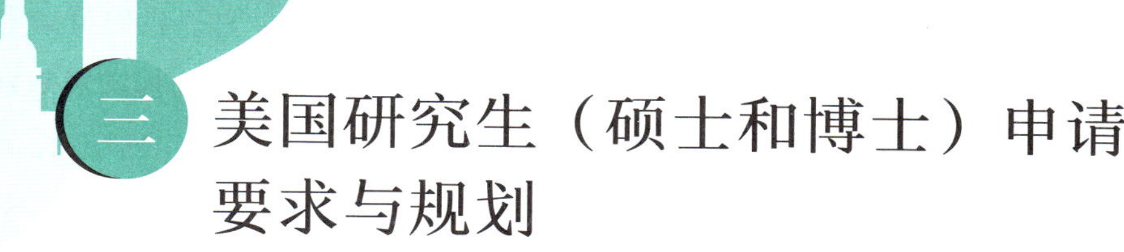

三 美国研究生（硕士和博士）申请要求与规划

美国研究生申请要求

美国研究生申请的要求，主要涉及硬件背景和软件背景两类。在硬件背景中，无论申请的是文、理、工、商学科，还是艺术学科，本科GPA始终是关键因素。在美国的评分体系中，GPA满分是4.0，较高的GPA（3.5~4.0）是学生能够录取名校的基石。在此基础上，对于目前热门的商科以及理工科专业申请，数理类科目，如高等数学、微积分、线性代数、概率论与数理统计以及相应的专业课的成绩是格外重要的。如果这些课程的均分能达到A或者85/100以上，那么在申请中会占据更有利的优势。人文社科专业的学生，如果打算申请耶鲁大学、哥伦比亚大学这样的常青藤学校，那么GPA也建议保持在3.5以上。GPA不管对于继续申请本专业硕士的学生还是硕士阶段转专业的学生，都是很重要的。

除此之外，标准化考试分数（托福/雅思，GRE/GMAT）同样关键。美国TOP10学校的录取标准一般是GPA要求在3.6以上，托福平均要求100+，GRE平均要求320+，GMAT平均要求720+。对于部分热门专业，如计算机、电子工程、金融工程、商业分析等，由于申请人数较多，硬件分数要求就更高了。而对于部分申请人数相对较少的专业，硬件分数要求会适当放宽。

同时，不同排名的高校，录取要求自然也会略有不同。TOP30学校录取标准一般为：GPA平均要求3.5以上，托福平均要求100+，GRE平均要求315+，GMAT平均要求680+；TOP50学校录取标准一般为：GPA平均要求3.3以上，托福平均要求90+，GRE平均要求310+，GMAT平均要求650+。三维标准都会随着目标学校和专业有所波动。

硬件要求固然是非常重要的，GPA 在很大程度上决定了我们可以申请到的院校排名区间，但软性背景的重要性也不在其下。我们除了要提前规划好本科的选课计划，维持较高的 GPA，还要在软性背景方面多下功夫。只有凭借具有前瞻性的规划和有针对性的安排，才能在大学四年有限的时间内，更加有效地提高自身的综合申请竞争力。对于常规的理工科申请，比如电子工程、计算机、机械工程等专业，我们要有的放矢地去匹配对应的、适合的科研和竞赛；对于商科的申请，美国院校对学生的实习经验更为看重，同时实习岗位的匹配度也不容忽视，这样的实习含金量会更高，在美国研究生招生官心目中的认可度也更大。通常来说，2~3 段科研与实习对于申请而言是必需的。对于人文社科申请，科研、论文、实习以及相关的比赛，都是非常有用的，具体情况取决于我们所申请的细分专业是什么。例如新闻类专业，申请者需要提供相关领域的新闻写作稿来证明自己的写作能力和分析能力。对于艺术类申请，学校一般通过作品集来考查学生的艺术修养、逻辑思维和未来的艺术创作潜质，所以如何打造有个人艺术风格和创意理念，有针对性、系统性地准备艺术作品集，就显得尤为重要。所以大学生最晚从大二开始，就应该开始做各种调研、学习、实践等准备了。

美国硕士申请与博士申请的区别

在美国的研究生教育系统中，你可能会遇到各种各样的学位名称，例如 MA、MS、MEng、MFA、PhD、MD、JD、DMA 等等。这些缩写初次听来可能让你感到困惑，不太明白它们各自的含义及区别，更不用说如何在其中做出选择了。下面，就让我们一起深入了解一下这些硕士和博士学位的特点和含义。

① 硕士学位的种类

想象一下，让我们先一起走进充满人文气息的图书馆或历史悠久的教室，你可能会遇到正在攻读文学硕士学位（Master of Arts，MA）的同学们。他们正在深度钻研社会科学与人文领域，充满对理论探索和文献研究的热忱。

走出图书馆，我们再转向充满现代化设施的实验室或工程实践中心，这里的同学们可能正在攻读理学硕士学位（Master of Science，MS）。他们埋首于自然科学或工程技术的学科研究中，致力于攻克科技瓶颈，推动前沿科学领域的发展。同时，那些攻读工程学硕士学位(Master of Engineering,MEng) 的同学们，则更多关注的是应用科学和实践，他们用科技解决实际问题。虽然两者的侧重点有所不同，但它们之间存在的是共享的知识空间和创新的交集，前者侧重于深度探索科学理论，后者侧重于在实际应用中寻求突破。这种交融使得理论研究与工业应用得以相互启发，推动着科技的进步。

接着，我们来到充满艺术气息的画廊、音乐厅或剧场，你也许会遇到正在攻读艺术硕士学位（Master of Fine Arts，MFA 或者 Master of Music，MM）的同学们，他们的创作宛如生活里的诗歌，充满了艺术的感染力和专业性。

在大学附近的公立学校里，你可能会发现攻读教育学硕士学位（Master of Education，Med）的同学正在进行实地教学观察或在实践中锻炼自己的教育技能。他们专注于探索和解决教育领域的挑战，研究方向可能包括课程设计、教育心理学、教育管理等。

在社区服务的现场，你可能会碰见正在攻读社会工作硕士学位（Master of Social Work，MSW）的同学。他们的课堂学习和田野实践都围绕着如何更好地服务贫困社区和边缘人群，改善社会问题，帮助那些真正需要帮助的人。

在繁忙的商业写字楼里，你可能会遇到正在攻读工商管理硕士学位（Master of Business Administration，MBA）的同学。他们作为实习生，身处于紧张的项目分析和激烈的团队讨论之中。他们正投身于市场策略、企业管理、财务决策等课题的研究和实践中，期待在商业世界中找到属于自己的一席之地。

而在律师事务所或公司法务部门的一角，攻读法学硕士学位（Master of Laws，LL.M.）的同学可能正在事无巨细地整理案卷，跟进案例，查询相关法律法规，协助起草文书等。在所有这些环节里，他们都要运用他们的分析能力去理解和应用具体的法律知识，为不久的将来在与法律相关的职业中充分发挥实战能力做好准备。

我知道，这些学位的名称和缩写可能会使你感觉眼花缭乱、目不暇接，但别担心，我们可以简单地把这些硕士学位归为两类：学术型硕士和职业型硕士。学术型硕士学位，如 MA 和 MS，倾向于深入理论研究和知识创新，这些学位的目标通常是为深化学术研究或为攻读博士学位做准备；而职业型硕士学位，如

MEng、MBA、MEd、MSW、LL.M. 等，更加注重应用和实践，这类学位的目标是为学生提供可以直接应用于职场或用于提升职业水平的知识和技能。

作为一个全职硕士学生，你通常需要 1~3 年的学习时间。你的学习将包括课程学习、实践项目，以及可能的毕业论文或毕业设计。当你完成所有学分和其他要求后，你就可以获得硕士学位。无论你选择学术型还是职业型硕士，都要根据你个人的职业目标和学术兴趣来决定。记住，选择最适合你的路径，这是你研究生之旅的第一步，也是之后的每一步里需要做的。

② 博士学位的种类

当然，如果你对于科研充满热情，追求创新，对新的理论和知识领域充满好奇，并且已经做好了充分的学术准备，那么，我相信你并不会满足于只获得硕士学位。相反，你可能正在满怀激情地考虑迈向博士学位的旅程。我们常说的“哲学博士”（Doctor of Philosophy，PhD），虽然名字里有“哲学”二字，但它覆盖的远远不止哲学一门学科，它包括了从自然科学到人文学科的各个领域。无论你是热衷于颠覆经济理论的边界，探索复杂分子结构的奥秘，还是喜欢深入挖掘文学作品中的象征主义元素，PhD 的学术之旅都能帮助你实现这些愿望。

攻读 PhD 学位通常需要 4~6 年的全日制学习，具体的时间长度取决于你选择的专业、院校以及你的研究课题和毕业论文的进展。学习过程通常包括一段时间的课程学习和一些研究活动。在导师的悉心指引下，你将有机会进行深度的原创性研究，并撰写博士论文。一旦完成了所有的学分和学术要求，你就有资格获得博士学位。

在美国，你可以选择先攻读 MA、MS 或者直接申请 PhD，这完全取决于你的个人选择。许多专业允许本科生直接申请博士学位，而无须先获得硕士学位。在一些 PhD 项目中，学生可以在满足一定的学分要求（有时候还需要通过资格考试）的情况下先行获得硕士学位，但这与单独攻读硕士学位的流程是不同的。

美国的教育体系里其实还有一些被称为职业博士学位的项目，它们与学术型博士并不相同，常见的就有 JD、MD 和 EdD。如果你热爱法律，梦想成为一名法律专业人士，那么你可以考虑攻读法学博士（Juris Doctor, JD）。虽然它的名字里有“博士”两个字，但其实 JD 并不需要进行深入的研究。美国的本科教育中并未设置法学专业，JD 的设立实际上就是为了给对法律行业怀有憧憬的学生铺设一条学习道路，使他们在学术和职业训练上有所准备。通常来说，学制 3 年的 JD 是大多数法学生获得的第一个法律学位。

申请 JD 的过程其实很直接，你只需具备某个专业的本科学历背景，并通过一次以逻辑思维为主的考试——法学院入学考试（LSAT），或者在部分院校，GRE 的成绩也是可以接受的。然而，需要注意的是，LSAT 的难度较大，通常只有达到 170 分以上，才可能受到美国顶尖法学院的欢迎。攻读 JD 通常需要三年的全日制学习，期间并不涉及研究项目，毕业时也无需提交论文。JD 的主要目标是让学生做好准备，通过美国律师资格考试（Bar Exam），并成功进入与法律相关的职业。

此外，JD 更侧重于帮助学生全面理解美国法律的基础知识。但如果你已经拥有法学士学位，并且希望进一步有针对性地深入某一法律领域，如国际法或比较法，那么你可能会考虑攻读我们之前提到的 LL.M.。申请 LL.M. 的学生需要已经获得初级法律学位（First Law Degree），比如 JD 学位，或在某些情况下，需要有一定的法律工作经验。值得一提的是，美国大多数法学院的 LL.M. 学位实际上是为来自非美国国家或地区的法学生或法律从业者设计的，而且目前趋向于淡化细分专业，给予学生更大的选课自由度。LL.M. 的学习时间较短，通常只需一年，许多学校的项目甚至可以在 9 个月内完成，这对于已有一定法律基础的学习者来说，是在美国法律领域快速提升自我能力的绝佳机会，既能节省时间，又能节省费用。

如果你怀揣救死扶伤的抱负，渴望在医疗一线为人类健康贡献智慧与力量，那么医学博士（Doctor of Medicine，MD）或许就是你的理想选择。MD 学位不仅仅是一张证书，它更是对你在医学和人类健康领域扎实的理论知识和实践技能的明确认可。

在美国，申请 MD 需要通过一项名为 MCAT（Medical College Admission Test）的考试，它覆盖了生物学、化学、物理学、社会科学和关键思维技能等多个领域。此外，大多数医学院希望申请者已经完成了一些必修课程，如生物学、化学、有机化学、物理学和数学等（这被称为 Premed Course Requirement），因此你需要提前做好规划。另外，你的 GPA、社区服务、医疗实习或研究经验等也会在申请过程中受到评估。只有获得 MD 学位的人才有资格参加美国执业医生资格考试（United States Medical Licensing Examination，USMLE）考试。这项考试共分为三步，前两步可以在读 MD 阶段完成，最后一步在实习医生（residency）期间通过。

与 PhD 相比，MD 更强调临床技能和实践经验。对于那些在医学相关专业（如分子细胞生物学、生物化学、生物信息学与基因学、免疫学、神经科学等）取得 PhD 学位的人，他们主要从事医学领域的学术研究和教学工作。PhD 不能申请 USMLE，因此也不能成为临床医生。但是，一些人可能会选择 MD/PhD 联合项目，这样他们就可以在掌握临床技能的同时，深入开展医学研究。

然而，对于中国学生来说，申请美国的 MD 项目可能会面临一些挑战。首先，因为名额有限，美国的医学院通常更愿意录取本国的申请者。其次，医学教育的费用相当高，国际学生通常很难得到财务援助。此外，国际学生寻找美国临床实习的机会也相对较少。如果没有美国居民身份，申请实习医生需要签证，通常是工作签证 H-1B 或者访问学者签证 J-1。虽然 J-1 签证的申请流程相对简单，但需要在国内完成一些手续，且一旦 J-1 签证结束，申请者需要在国内服务两年（在某些情况下可以获得豁免）。最后，医学教育需要很高的语言技能和文化适应能力，这对于非美国籍的申请者来说，可能是一个很大的挑战。但请记住，只要你怀揣梦想并为之奋斗，所有的努力都是值得的。过去的几年里，已经有许多中国留学生一步步实现了他们的美国医学梦。

如果你投身于教育事业，希望进一步提升自己的教育理念和教学方法，或者你已在教育领域积累了丰富的工作经验，却仍然渴望追求更深层次的成长和突破，那么教育学博士（Doctor of Education，EdD）或许正是你的理想选择。这是一种专门为教育领域的专业人士设计的学位，它巧妙地将实践和研究融为一体，让你有机会通过独创性的研究，来提升你在教育前沿领域的认知和理解。申请 EdD 学位的候选人需要已经拥有一个硕士学位，有时候也需要在教育或相关领域有一定的工作经验。这是因为 EdD 课程通常假设学生已经掌握了硕士水平的知识，并且有一定的实际经验，以便将理论应用于实践中。

事实上，除了上文提到的医学博士（MD）、法学博士（JD）和教育学博士（EdD），在学术世界里还有许多其他种类的博士学位，也是将理论与实践紧密结合在一起，比如心理学博士（Doctor of Psychology, PsyD）。尽管它是一种博士学位，但它更强调实践技能的训练，让学生能更直接、更有效地将心理学的理论应用到实际问题中。与 MD 和 PhD 的区别不同，能否从事心理学的临床工作其实更多取决于临床实习经验和职业认证。修读临床心理学和咨询心理学的 PhD 可能会为你提供更为广阔的选择空间。

另一个例子是音乐艺术博士（Doctor of Musical Arts，DMA）。这种学位致力于帮助学生在音乐表演、作曲或者指挥等专业领域培养高级技能。在追求这种学位的过程中，学生既需要深入掌握音乐理论，又需要有充足的实践经验。

这些职业博士学位的共同之处在于，它们都把理论研究和实践应用结合在一起，帮助学生在深入理解专业知识的同时，能够解决实际问题。对这些学位感兴趣的申请者通常需要有相关领域的工作经验，同时拥有浓厚的研究兴趣和自我驱动力。

研究生（硕士和博士）申请流程和时间线

经过上述的一番探讨，你是不是已经热血沸腾，迫不及待想要踏上申请之路了呢？在美国研究生（硕士和博士）的申请过程中，虽然院校和专业的不同会带来一些申请流程的差异，但基本上，我们还是可以勾勒出一个大致的申请步骤和时间线。

如果你是一名本科生，对出国留学充满向往并跃跃欲试，那么在大三学年就应该开始逐步了解你感兴趣的院校和项目。可以浏览相关的培养方案、课程设置，同时关注往年的申请要求和录取数据等信息。此外，你也应该开始准备托福 / 雅思和 GRE/GMAT 考试，同时通过科研或实习，强化自己的软实力。需要注意的是，针对不同的学科和项目，软实力的准备和强化方式会有所差异。

接着进入大三暑假，也就是申请季前的最后一个夏天。在此阶段，你需要更深入和细致地了解你选择的院校和项目，确定你的申请目标，并开始尽早准备申请材料。通常情况下，7 月至 8 月可用于进行院校的初步筛选，而到了 8 月至 9

月，申请季即将开始时，各大院校会陆续公布新一轮申请季的申请要求、截止日期、注意事项等信息。在这个时候，你可以及时跟进相关信息，关注任何可能的变动，进行深入的思考和讨论，最终确定你要申请的院校和项目。同时，你还需要开始准备和优化个人简历、个人陈述或目标陈述、在线申请的 Essays、推荐信、GRE/GMAT 以及托福 / 雅思的成绩单等。为了让推荐人有足够的时间为你写出有力的推荐信，最好提前几个月就与他们进行沟通，文书也可能需要经过多次的修改和打磨。所有的申请材料都需要准备齐全，务必确保在截止日期前提交所有材料。

美国博士项目申请的截止时间通常在 12 月 1 日或 12 月 15 日，部分院校可能会在 11 月或延迟至 1 月。硕士申请的截止时间大多晚于博士，但也有部分项目与博士申请截止日期相同。对于少数博士或研究型硕士项目，提前提交申请可能有助于获得奖学金或助教职位。对于文商科的硕士申请，可能会有不同轮次的截止日期。对于商科的不同轮次，由于申请池的变化，竞争的激烈程度可能有所不同，因此每年的情况都会有一些变化。申请者需要根据自身的准备情况，理性地选择申请的轮次，而不是盲目追求提前。这里也再次提醒，尽管不少院校会对推荐信的提交时间有所宽限，但仍然需要及时提醒推荐人，在截止时间前提交推荐信，以保证申请材料的完整性。

在次年的 1 月至 3 月，你通常会收到院校的回复，告知你是否被录取，或者是否被邀请参加面试。专业性、技术性的面试通常主要针对博士申请，硕士申请则较少，但有时也会有行为性面试的考查。硕士申请的录取结果可能会稍晚一些公布，比如在 4 月甚至 5 月。

收到录取通知后，你需要做出决定，选择你最终要去的院校。通常来说，博士申请需要在 4 月 15 日前做出最终决定。对于硕士申请，在已经缴纳了占位费的情况下，你可能有更多的时间来权衡。确定了院校后，你需要开始申请签证和安排住宿。

申请要求和申请材料

申请研究生的过程就像攀登一座高峰，长期规划是体能训练，而申请季就好比准备开始攀登的阶段。在这个阶段，我们需要各种装备和工具，准备向着理想院校的山巅挺进。这些装备和工具，正是那些用来展示你实力和潜力的申请材料。无论你是渴望攀爬到硕士学位的高度，还是决心走向博士荣誉的巅峰，以下是你需要准备的基本攀登工具。

① 成绩单

你需要提供高等教育阶段所有的成绩单，包括大学期间和研究生期间（如果申请博士项目）的学术成就，也可能涵盖联合培养、交换访学、暑期学校等特别的学习经历，它们汇集起来，就像一本忠实记录你学术旅程的日记。一些特定的院校项目，比如部分文商科硕士申请，可能需要对非北美地区的学习经历进行第三方成绩认证，这就像是一种公正的翻译，使得你的选课和成绩能够与美国本科教育进行相互比照，给出中肯的评价。

② 推荐信

在整个申请过程中，推荐信的作用如同一面多棱镜，至关重要。它能够从第三方的角度——通常是学术或行业专家——折射出你的学术能力和职业素养的多个面向。通常情况下，你需要准备 2~3 封推荐信，这些信件可以来自你的课程导师、科研指导教授，或是你在实习或实践经历中的主管。需要注意的是，一封优秀的推荐信更注重推荐人对你专业能力和表现的深入理解和客观评价，而不仅仅是推荐人的社会地位或头衔。此外，不同的项目对推荐信的要求可能会有所不同。有的项目可能要求 4~5 封推荐信，有的项目可能只要求 1 封，甚至有的可能不需要推荐信。但一般来说，应届毕业生至少需要 1 封来自本校教授的推荐信。对于博士申请者，通常需要 3 封学术性质的推荐信，而对于更侧重职业导向的硕士申请，可能要求至少有 1 封来自实习或工作经历中的业务主管的推荐信。

③ 个人陈述或目标陈述

这份文档是你向招生委员会表达自己申请动机的重要途径。想象一下你正在和招生委员会面对面聊天，那么个人陈述或目标陈述便是你用来阐述和解释自己的申请动机的那个“故事”。它不仅仅关乎你的专业兴趣、相关学术和实践经验、职业规划，更重要的是你为什么选择申请这个项目。它不应仅仅是对过往经历的列举堆砌，而更应该清晰地展示你在专业领域的特色和优势，以及你的个人动机。如果你是博士申请者，你需要在个人陈述中详述你所希望深入研究的具体领域和问题，以及你期望合作的教授或实验室以及原因。虽然大部分院校的个人陈述一般要求在800~1000词左右，但也有院校可能只要求500词或更少，或者要求1500词甚至更多。无论如何，篇幅应适度，重要的是能简洁、精炼地展示你的能力和潜力。

④ 其他 Essays

有时，某些学校可能会要求你提交除个人陈述之外的其他文章，如个人历史陈述（Personal History Statement）或多样性陈述（Diversity Essay）。这并非你的自传，而是用于展示你的个人背景和独特经历。通过这些文章，学校希望了解你是否属于少数或弱势群体，是否在跨文化背景中成长，是否在求学过程中克服了特殊困难，以及你是否有志于通过学术研究或职业实践为相应社群的多元包容价值做出贡献等。这类陈述一般在300~500词左右。这类要求通常在加州系的大学、密歇根大学安娜堡分校、康奈尔大学等学校的申请中较为常见。

此外，在文商科的硕士网申中，有时你需要回答一些额外的问题，比如询问你的职业规划或你为何选择申请这个项目。这类问题更关注你的申请动机，而不仅仅是你过去的经历。但这并不意味着过去的积累不重要，因为正是这些积累构成了你对专业的理解和追求的基石。另外，也有一些问题可能会考查你的个人价值观和行事风格，比如问你的团队合作经历、领导力的展现、说服别人的经历、失败经验等。还有的问题可能会让你用短篇幅来提出一个你感兴趣的专业问题，并解释你的理由。有些项目可能每年都会变换题目，因此，你需要关注申请当季是否有新的变化，以此揣摩学校的招生意图。

⑤ 标准化考试成绩

这部分主要包括你的GRE或GMAT成绩（具体取决于你申请的项目，通常来说，商科项目接受GMAT和GRE，而其他类型的项目可能只接受GRE）。然而，值得一提的是，在疫情防控期间，一些学校或专业也出现过免GRE的情况。GRE考试是否必需，以及GRE成绩在申请过程中所占的权重多大，对于不同的项目可能有不同的答案，这些都是选校时需要考虑的因素。

对于理工科博士申请者，有时可能需要提交GRE Subject成绩。与GRE

General 不同，GRE Subject 考试主要衡量申请者在特定领域的基础知识和技能，涵盖化学、数学、物理、心理学等四个学科。虽然一些项目可能会建议申请者提供 GRE Subject 成绩，但并不强制。然而，如果你的本科成绩不够突出，或者你正在考虑申请转专业，那么你可能需要通过该考试获得高分来增强你的专业说服力。另外，有些特殊的申请，如我们前文提到的 JD 和 MD，可能需要申请者参加其他专业考试，如 LSAT 或 MCAT 等。

英语能力测试方面，大部分美国大学都接受托福和雅思这两种考试。你选择托福还是雅思，往往取决于你的个人适应性和目标学校的具体要求。同时，对于最低分数，不同的硕士或博士项目可能有各自的标准。与 GRE/GMAT 不同，美国研究生项目对于英语能力测试往往设定了底线分数。一般而言，硕士项目对托福分数的最低要求为 80~100 分，雅思为 6.5~7.5 分。

然而，需要注意的是，相较于理工科，文商科专业可能对英语能力有更高的要求。例如在教育、传媒、社工等领域，许多学校可能会规定各项考试中的最低分数，特别是口语部分。此外，对于需要学生担任助教或助研角色的博士项目，或者是研究型硕士项目，学校也可能对申请者的英语成绩有更高的要求。这些都是在申请过程中应留意的重要细节。

⑥ 写作样本

所谓的写作样本（Writing Sample）是一篇展示申请者学术能力、专业水平和写作表达能力的文章，从中体现申请者的理论洞察力、分析技能和批判性思维。这通常应该是申请者独立完成的作品，尽管有些项目也会接受合著。

举例来说，对于创意写作专业的申请者，写作样本可能会是一部生动的短篇小说，或是一首表达深情的诗歌。而对于新闻、广告、公关等领域的申请者，写作样本可能是一篇精彩的新闻稿，一份媒体公关稿，或是一份详细的市场研究报告。

还有一些领域，比如公共政策与管理，要求的写作样本可能是一份政策备忘录（Policy Memo），需要申请者阐述自己关注的社会问题，展现出自己深入分析复杂问题，并提出可能的政策解决方案的能力。类似要求案例分析（Case Study）的情况，也可能会在教育学、心理学、市场分析、认知行为科学等领域的申请中遇到。

在人文社科研究型项目的申请中，写作样本被视为申请过程中最重要的环节之一。比如在历史学、哲学、东亚研究等领域，申请者需要提供一篇完整的研究论文，这通常是他们在本科或硕士阶段完成的重要研究成果，比如一篇洞悉问题的荣誉论文。虽然不同项目对于写作样本篇幅的要求可能有所不同，但一般来说，篇幅通常在10~30页之间。

然而，对于自然科学和工程领域的申请者来说，写作样本一般并非必须。但如果已经发表了科研论文，那么把它们作为写作样本提交，无疑会增强申请竞争力。

⑦ 作品集

作品集（Portfolio）是一种展现申请者艺术水准的独特方式，尤其在视觉和表演艺术、设计、建筑、表演艺术、影视和媒体制作等领域。它就像是一座窗户，透过它，录取委员会可以一窥申请者的创新思维、技术能力、个人风格，以及申请者对所选择的领域的深入理解和热情。

对于视觉艺术、设计和建筑的申请者，作品集需要包含一系列丰富多样的设计展示，这可能包括精细的草图、细致入微的蓝图、立体生动的建模，甚至还有让人惊叹的摄影作品。这些元素共同构建出一个展示申请者娴熟技艺和独特视角的舞台。

对于音乐、舞蹈、戏剧等表演艺术领域的申请者，作品集则可能需要含有音频或视频。它们记录了动人心弦的演出瞬间，让才华得以生动展现。

对于影视和媒体制作的申请者，作品集可能需要包含其参与制作的电影或视频片段。这些作品能展示剧本写作、导演、拍摄或剪辑的技能，让录取委员会感受到申请者的艺术才华和专业素养。

然而，每个项目对作品集的具体要求和流程可能会有所不同，所以在准备和提交作品集时，我们应该仔细阅读学校的具体指南，并严格遵守，确保作品集能够尽可能地展示出自己的优势和特长。

⑧ 面试

面试，这是一个在硕士和博士项目申请过程中，将申请者从文字跃升为生动个体的关键环节。它可能以各种形式和内容呈现，但无论哪种形式，每一次面试都是展示自己的机会。

以下是几种常见的面试形式。

第一种是视频录制型面试。在这种形式的面试中，申请者需要根据给出的问题录制回答。这种形式多见于硕士申请，通常在网申平台内进行，申请者在规定的时间（如 1~2 分钟）内回答每个问题。问题可能是针对性格或行为的考查，也可能触及对某个专业领域的发展趋势和热点的理解。这并不是一场有明确对错答案的测试，而是一场对你是否能在短时间内表达出清晰而有力的观点，展示你的沟通技巧和应变能力的检验。

第二种是线上真人面试。这种形式更接近传统的面试，通过视频会议软件进行，就像在现实中面对面交谈一样。无论是一对一面试还是群面，面试官都有可能会询问申请者的个人经历和未来规划，或者讨论一些专业相关的问题。在这种面试中，申请者的沟通技巧、问题解决能力以及对所申请领域的理解和积累将得到深度审视。博士面试更着重于考查申请者的学术兴趣、专业知识、科研经历，硕士面试则可能更看重实践、领导力、合作力、行业认知和职业规划等。

第三种是校园访问全天候面试。这种方式是最传统的面试形式，需要申请者亲自到校园进行面试。申请者将有机会参与一对一的面试、小组面试、参观实验室、与学生和教授的交流等活动，就像是一次对大学生活的预演。这种面试形式旨在更全面地评估申请者，包括专业知识、人际交往能力、团队合作精神，以及是否适应该校的环境和文化。

无论哪种形式的面试，都建议做足功课，了解所申请的专业和项目，预备可能被问到的问题，并准备一些自己想要询问的问题。记住，面试不仅是学校对申请者的考查，同时也是申请者了解院校和项目的机会。

此外，有时候博士申请还可能需要准备一份研究提案，就像是未来研究之路的地图。这份提案需要申请者详细阐述对博士项目研究课题的规划，包括文献回顾、研究目标和意义、实验设计和方法，甚至预估成本、可能的结果和应用前景等。这份提案就像是申请者的研究宣言书，帮助申请委员会和教授们评估申请者的研究能力和潜力，以及对前沿领域和热点问题的洞察。然而，这不一定会是入学后实际的研究题目。不过，研究提案的要求在英联邦国家的申请中更常见，而在美国申请中则相对较少。

此外，博士项目以及一些特定的硕士项目鼓励申请者在申请过程中主动与可能的未来指导教授进行沟通和联系。这就像是一场寻找导师的旅程，你可以通过邮件、校园访问或者其他学术场合进行接触。当你和导师之间碰撞出火花，他们可能会提供进一步的线上或线下的面试，你将有机会展示自己，并询问未来跟随该教授的研究机会。

这种主动联系的过程，常被中国的学生们亲切地称为“套磁”。然而，套磁是否有助于申请，这个问题并没有绝对的答案。因为这主要取决于研究生项目的性质和个别教授的态度。

对于那些坚持申请委员会制的项目，他们可能更像是严格的裁判，不太赞同学生提前联系教授，担心这可能会影响到招生的公平性。然而，对于强导师制的项目，提前与教授建立联系至关重要。有的教授对套磁持欢迎态度，乐于与申请者进行初步沟通，特别是那些在职业生涯上升期并正在寻找合适学生的教授；与此同时，也有一些教授可能由于各种原因，对套磁持保留或者不置可否的态度，他们还是更愿意通过标准的申请材料来判断申请者的资质。

对于以研究为主导的博士项目和明确细分领域的硕士项目，套磁的过程就像是为你的申请策划一场详尽的预演，帮助你更好地匹配项目。具体来说，这可以帮助你更清楚地了解哪些项目的教授和你的研究兴趣更匹配，帮助你与潜在指导教授建立联系，更深入地理解该教授的研究兴趣，提前确认教授的招生计划，甚至了解教授的指导风格。如果教授对你的研究背景和经历产生了兴趣，他们可能会在审查过程中为你提供支持或指引，比如向申请委员会推荐你，或者帮助你改进申请材料，特别是研究计划，从而帮助你取得比预期中更好的录取结果。

总的来说，博士申请就像是一场马拉松，竞争激烈，需要的准备也更加繁复，且面试更侧重于专业性。而硕士申请更像是一场短跑，录取率相对较高，申请流程相对简单。希望这些信息能帮助你更好地理解美国硕士和博士申请的过程，帮助你选择适合自己的项目，走进心仪的学府。

大学生应如何合理规划大学四年

在清楚地了解了研究生申请要求与区别之后，我们应该立即思考，如果要申请美国名校研究生项目，作为一名大学生，应该如何科学合理地规划大学四年。

如果你现在是刚刚高考结束的准大学生，或是刚刚成功被美国或其他国家本科名校录取的学子，那么恭喜你，你有充分的时间来思考和规划自己的大学四年，而这也是开始规划的最佳时机。因为在这个时候，你可能刚刚选择了自己未来大学要学的专业，或者对于即将入读美本的学生来说，本科专业甚至还没有确定，一切都充满了不确定和未知性，有很大的试错空间。这个时候，你要做的就是马上去尝试自己感兴趣的课程、实习、科研、实践或者比赛，同时最重要、最需要牢记的就是，不管你是否喜欢已经选择的专业，都要努力学习，提高 GPA，往满分的方向去努力，然后不断探索自己的专业兴趣，找到未来想学的专业方向，判断自己是适合读硕士的实践型人才，还是适合读博士的科研型人才，再根据不同的专业去做好大学四年的规划。

如果你现在已经是大一、大二的在读学生了，时间尚且不晚，但需要赶紧思考未来方向，开始准备托福或者 GRE 考试，马上动手去补充相关的软性背景，同时保持较高的本科 GPA。

如果，此时此刻你已经是一名大三的学生，并且刚刚决定要申请美国研究生项目，那在未来不到一年的时间里，你将会非常忙碌。大一大二没有准备的托福、GRE、实习、科研、竞赛，即将被压缩在大三下学期和大四上学期来准备，这种情况下需要面临的工作量和心理压力是非常大的。尽管如此，也还是有很多大三才决定出国的学子，在我们团队的规划和帮助下，拿到了理想的录取。总之，只要想去留学、想上名校，又愿意付出汗水和努力，就一定能够实现。

四 美国研究生录取趋势解析

每年新春佳节将至，公司上上下下都洋溢着收获的喜悦，因为这个时候是每年录取季的重要收获时刻。待录取季结束，我也会总结当年最新的录取趋势和录取动态，跟学生、家长们分享。

2024 秋季学期的申请给了我很多惊喜，也发生了很多让我印象深刻的事情。早在 2023 年 12 月中旬，美研第一个耶鲁大学商学院管理学双硕士项目（M2M）早申请 offer 来的时候，就在我们的工作群掀起了小小波澜，也点燃了同事们一整个冬天的热情，这样的收获总是让我们在加班加点的申请季中忘却辛劳、甘之如饴。尽管从业十几年，我一直陪伴同事们度过一个又一个惊喜刺激的录取季，但这次连我都不禁感慨：2024 秋季学期申请的第一个耶鲁 offer 来得如此之早！

紧接着，2 月 1 日清晨，哈佛的喜报也不期而至！这是一位从普高到美本申请、美本转学，再到美国硕士申请，由我们团队一路陪伴的学子。孩子的妈妈很激动，第一时间给我们发来了感谢信息，我也很激动，因为我知道这个孩子的不易。回顾这个孩子的申请历程，从普高到哈佛，她经历了太多，但是能够在本科进入伊利诺伊大学香槟分校，然后又转学到康奈尔大学，是她最后能够进入哈佛的关键（下文有关于她的案例，请看本章案例部分第 7 个故事）。

这也印证了一点，美国的顶尖硕博项目，还是一如既往地青睐美本学子，提前在当地的语言环境和学习体系中提升自己的美本学子，在美国硕博早录取中占有明显优势。

春节假期后刚一开工，耶鲁大学、麻省理工学院、普林斯顿大学就纷纷向我们的学生投来了橄榄枝，还都是博士全奖录取，算是正式下起了 2024 秋季申请的“名校 offer 雨”。这些看起来被幸运之神眷顾的学子们，从本科院校排名到 GPA，再到 GRE 成绩都是极为优秀的，学术能力和科研实力也都很强。在短短

4 年的本科生涯中，他们已经把自己培养成了实力强劲的六边形战士。尤其是越来越多的学子早早就确定了读博的志向，他们不断寻找和深入自己的科研方向，包括物理、生物学、生物医学工程、机械工程等热门领域。他们稳扎稳打，并最终用重磅录取向自己交出了一份满意的答卷。

随后，在短短两周的时间内，我们已经集齐了哈耶普斯麻的录取。截至 2024 年 3 月 8 日，已经收到 20 枚耶鲁 offer、7 枚哈佛 offer、3 枚斯坦福 offer、3 枚普林斯顿 offer、2 枚麻省理工 offer！惊喜之余，我也从不断更新的录取数据中，看到了很多能够指导我们下一步规划的信息。

第一，今年的申请季竞争更加激烈。

我们先看这 20 枚（19 人）耶鲁大学的录取，其中有 16 人来自美国本科、1 人来自加拿大本科、2 人来自中外合作院校。在这 16 位美本学子中，本科院校为 TOP30 的有 11 人，其中有 2 人是本科转学。在这种情况下，孩子们申请时提交的三年本科 GPA 平均都在 3.8/4.0 以上。不但如此，他们无一例外都有至少三四段科研、实习、竞赛等。在这些学子中，有 14 人提交了 GRE 成绩，他们的 GRE 平均分在 331 左右！这些名副其实的学霸们，用他们的录取数据告诉我们，他们很牛且美国硕博申请真的是太卷了。随着早规划、早申请的理念逐渐深入广大家长和学子心中，大学在读的每一天真的是丝毫不能松懈。

我们再看斯坦福、MIT、哈佛、普林斯顿等学校的录取数据，更是厉害。拿到录取的学子中，除了一位国内 TOP2 学子外，其他美本学子的 GPA 都无限接近 4.0，同时有与申请方向匹配的深度科研和实习。除此之外，他们还表达能力过硬，在各种类型的机器面试或者视频真人面试中，过五关斩六将，并最终脱颖而出。尤其是申请博士项目的孩子们，从套磁到面试，无不充满着对他们英文书面和口头表达能力的考验。当然，这个过程中也少不了我们团队老师的指导和陪伴。真是应了那句话，天时地利人和，无往不胜，令人振奋。

第二，相比往年，2024 的录取专业更加多元。

仅仅哈耶普斯麻这样的顶尖学府，学子们录取的专业就已经覆盖了物理、生物、管理学、机械工程、生物医学工程、流行病学、建筑学、教育学、环境工程等。可见，大家对于专业的选择越来越多样，对于自己的兴趣和擅长方向也有更加清晰的判断。

这其中也不乏跨专业申请的情况。例如，很多同学本科学习的是心理学，硕士选择了教育学；还有的学生本科学的是生物这样的自然学科，硕士申请选择了商科，诸如管理学、管理科学与工程等专业。这也得益于同学们从大一就开始通过科研和实习、实践的勇敢探索，发现了自己真正的学术兴趣和职业目标，从而有充分的时间去准备跨专业申请美国名校。

当然，除了录取到顶尖学府的孩子，2024 录取季，我们还收获了数百枚美国 U.S.News 排名前 30 的硕士、博士录取。在这些录取中，商科常见的热门专业，如金融、商业分析、市场营销等，依然占据着热榜，计算机、电子工程、金融工程等热门理工科专业也在 2 月末开始放榜。除此之外，我们也看到越来越多文科专业的同学，收获了藤校和专排较高的项目录取，比如南加州大学的传媒专业、密歇根大学安娜堡分校的教育学专业等。

一些小众专业也不断吸引着我们的注意力，比如生物伦理、钢琴、牙医、护理学等，我们拿到了不少全奖博士的录取，尽管录取院校的名字名不见经传，但这些专业录取的难度是不亚于我们前面提到的哈佛耶鲁的。

第三，美国招生办更加看重申请者的软背景。

除了那些本科就是清华北大或者世界知名院校的学子，我们也看到相当一部分普通 985、211，甚至双非院校的学子也拿到了非常理想的录取。例如，有数十位首都经济贸易大学、北京建筑大学等本科院校的学子，录取到了像纽约大学、哥伦比亚大学、伊利诺伊大学香槟分校等名校。

这些孩子本科起点相对来看不算高，但因为有了早规划的意识，从本科选课，托福、GRE 的准备，到实习、科研、竞赛、志愿者经历的准备，都非常充分。有一位对外经贸大学本科的学子，斩获了美国芝加哥大学、约翰斯·霍普金斯大学、加州大学洛杉矶分校等名校的 offer，她同时申请的英国帝国理工学院、伦敦政治经济学院等也都给了录取。除了本科比较高的 GPA 和优秀的托福、GRE 成绩，这位同学脱颖而出的重要原因就是丰富的实习经历，在有限的课外时间里，她出色地完成了 4 段知名券商的实习，覆盖了投研、风控、固定收益、可转债等各个核心岗位。

从上面这些成功的申请案例我们会发现，合理安排大学时间非常重要。学生的每个寒假、每个暑假，都应该得到充分利用，可以用来收获知名企业的实习经历，提前将专业知识应用于实践，补足大学所学的知识与真正的职场要求之间的差距，同时探索喜欢的职业和岗位目标。这一切都可以在申请者美研申请的文书和面试中得以体现。

值得注意的是，文商科与理工科的软性背景差异逐渐缩小，无论哪个学科，科研做得好的学子，都备受名校青睐。

关于留学申请，有一个说法是：文商科重实践，理工科看科研。而在这个录取季，这个说法显得越来越片面和武断。2024 年 3 月 2 日，我们团队收到了来自哈佛大学教育学硕士的两枚录取。按照我们的常识和刻板印象，录取到文科硕士的同学，一般是教育类实习经历非常丰富的学子。但这两位学子却不一样，心理学和教育学的科研经历占据了她们本科生涯大多数的时间，在她们的简历上，科研做得好也是她们向学校展示自己时最核心的优势。其中一个姑娘甚至同时拿到了本校的全奖博士录取。我们另一位录取到斯坦福大学管理科学与工程的学子，简历中有 3 段以上含金量较高的科研经历。

这在一定程度上说明，踏实且深入的科研经历，能够深刻地反映出申请者未来在硕士阶段的学习能力以及解决问题的能力。招生办越来越看重科研，而我们自然也应该尽早引起重视。同时，在备战美研申请的过程中，也要不拘一格，举一反三，摒弃陈旧的观念。实习也好，科研也好，一定要不断提升自己各方面的能力，成为独一无二、闪闪发光的申请者。

第四，博士申请者增多，竞争激烈，录取结果百花齐放。

这两年，美国博士研究生的申请继续呈现出高度竞争的态势。随着疫情和全球形势不确定性因素的影响，申请者数量持续增加，而各个领域博士项目的名额依然有限，这也导致了 2023 年录取率的持续低迷。

然而，从 2024 年秋季的录取结果来看，虽然竞争仍然激烈，但已经出现了明显的回暖趋势。

首先，整体上竞争日益激烈。由于申请者数量的增长和有限的名额，尤其是在顶尖院校的热门领域以及博士生名额较少的学科，竞争变得更为激烈。像前文提到的能够被MIT或者普林斯顿这样的顶级学府的博士项目录取的申请者，一定是优秀学子里的佼佼者。

其次，我们也能看到，不同学科间的竞争程度有显著的差异。商学、社会科学和行为科学领域的竞争尤为激烈。总体而言，商科博士项目最难进入，不过我们有位学生在2024录取季也意外地拿到了芝加哥大学商学院的博士全奖录取。社会科学和行为科学录取难度紧随其后，比如许多心理学博士项目的录取率在5%甚至3%以下。而理工科的博士项目虽然录取难度远高于硕士，但总体上，尤其是在一些应用广泛的专业中，机会仍然较多。但值得注意的是，尽管生命科学领域需求人才众多，但由于资金主要来源于政府机构美国国立卫生研究院（National Institutes of Health），生物医学类项目对国际学生的支持往往较为有限，准入条件比较高。在工程科学领域，由于人工智能和机器学习等方向的突破性进展，计算机科学竞争最为激烈。

在此基础上，博士录取的机会分布其实是很不均衡的，对于那些规划周全、在学术科研方面表现出色、准备充分的学生而言，可能会出现"赢家通吃"的情形。例如，我们今年就有一位学子同时拿到了普林斯顿大学、麻省理工学院和耶鲁大学的博士offer。这段时期的申请趋势提示我们，未来的博士申请者必须更加精心地进行准备，不仅要关注自己的学术表现和研究计划，还要深入了解目标领域和院校的具体要求和竞争格局。

所以，有美国留学计划的同学们，要尽早开始思考未来要申请什么专业，目标院校是什么，申请硕士还是博士。每个人的起点不同、目标不同，所要付出的时间精力也就不同。但无论如何，只要做好精细的规划并充分落实，美国硕博的录取还是值得期待的。

五 00后美国研究生申请经典案例

案例1 逆风翻盘，清华学子从DIY全拒到普林斯顿博士全奖

第一次见小江是在那年的国庆长假后。小江的姥姥、妈妈先来的，小江晚了15分钟，姥姥还替小江道歉，搞得小江很不配合沟通。和小江的姥姥、妈妈聊天，知道她们特意从东北老家过来就是为了小江的博士申请。短短的几分钟了解到，小江从小钟情于计算机编程，智商高，学习成绩好，从小学到大学，小江不只是“别人家孩子”，简直就是“别人家的神童”。上大学后，小江更是如愿以偿读了计算机专业，并且考进了他们学校竞争最激烈也非常有名的Y班。

大四那年，小江自己申请美国博士全部被拒绝，让他深感受挫。一方面，这个孩子从小优秀，顺风顺水，在学业上几乎没受过打击；另一方面，小江有些学习成绩不如他的同学，申请结果又都比他好。面对现状，小江郁闷到足不出户，也不和家人沟通。妈妈和姥姥急到不行，于是从东北来到北京找到我。

和小江的沟通气压确实比较低，他既不满于自己的现状，又不满于姥姥和妈妈为自己的求学奔波。我和小江简单聊了下，知道他在大学四年参加了非常多的计算机信息科学的编程竞赛，并取得了很好的成绩，也参加了不少学术会议和团队科研。小江的大学成绩也非常不错，在牛人云集的团队里，排名非常靠前。所以我一时有些纳闷，这么优秀的孩子怎么没有学校愿意录取他呢？

看了小江的申请资料后，我瞬间明白了。首先是他的英文简历，平淡、毫无重点且过于简短。小江写的简历内容，在打印出来的一页A4纸上是那样的单薄，单薄到让招生官看不到吸引人的地方。而且，从他朴实无华的个人陈述里也丝毫看不出小江对计算机专业的热爱、投入和潜力。于是，面对这位典型的理工科男生，我让我们一位热情且精通计算机的同事和小江沟通。同事用了两个下午和小江聊天，从大一到大四，到大学毕业再到现在，梳理了小江参加的和计算机相关的所有竞赛科研，从国际竞赛到国家级竞赛，从团队到个人，还有相关的科研和实习等。我们据此帮小江做了一份新的简历，小江看过说："明明都是我做过的事情，我一直认为这些都不值得写，但看完这版简历，确实比去年的版本好太多，去年的简历太简单、太草率了。"

意识到简历的前后差距，小江更加慎重地对待他今年的个人陈述写作以及套磁工作。因为有了信任，小江那时候经常来公司和我们沟通，一改以前的颓废状态。他说，他的大学同学都在美国顶尖的学校读博士，现在看来他也完全可以。我们也趁机让振作起来的小江重新考了托福。他之前 105 分的托福不算低，但是口语不到 23 分，对于一个申请博士全奖的候选人来说确实有点低了，毕竟读博士是要去做助教或者助研的，口语分数低肯定会影响录取。小江毫不犹豫地答应了，开始认真学习英语。他在 11 月底考了一次托福，拿到了口语 23 分、总分 107 分的成绩。

在选校阶段，既要考虑去年被拒的学校，又要考虑到小江的名校情结和他的实力，最后我们选出了 15 所学校，在 12 月份递交了申请。等待的时间不算太长，2 月底，2024 U.S.News 综合排名第一的普林斯顿大学发来了 offer。紧接着，康奈尔大学、莱斯大学都纷纷发来捷报，但这些大学已经无法吸引小江的注意力。普林斯顿的 offer 非常优厚，学校不但给了高额奖学金，同时还鼓励小江专注于科研，这个 offer 让小江毫不犹豫地选择了普林斯顿。自打普林斯顿的录取来了，小江彻底回归成一个阳光少年。小江妈妈说他们的家庭氛围也变得融洽了，小江愿意和父母做更多的沟通了。

现在小江是博士三年级，每年过节我都会收到小江的祝福，从朋友圈也经常看到他参加一些学术会议。从第一次见面时妈妈的眼泪、姥姥的担忧、小江的逆反，到今天小江的学业有成、积极上进，真应了小江姥姥那句话："成长路上哪能一直一帆风顺，年轻人跌个跟头，早点爬起来，是好事儿。"

祝福小江，在计算机这条路上越走越远，为国家为社会做出贡献。

案例 2 不满足于 211，目标世界名校，收获芝加哥大学 offer

Alex 是我儿子小学和中学的同学，是一个漂亮、开朗、阳光、自信的女孩。这孩子从小就品学兼优，学习好、领导力强、能歌善舞，我是看着她一路成长为亭亭玉立的大姑娘的。从小一路顺风顺水的她，高考的时候却没有发挥出自己应有的水平，考上了上海华东理工大学。虽然是一所不错的 211 高校，但距离 Alex 真正想去的世界名校还有一定的差距。于是，出国就读顶尖世界名校的愿望，在她心里悄悄地开了花。

Alex 本科学的是经济学专业，但她并不十分擅长强量化的学科，比如数学、统计等。所以，在为她做美研规划时，我建议她选择属于交叉学科的公共管理和公共政策，这样既能发挥她经济学背景优势，又不需要勉为其难去补充太深的量化技能。同时，开设公共管理、公共政策的美国院校数量非常可观，能够给 Alex 比较丰富的选择。后来她拿到的录取包括：乔治城大学公共政策硕士、芝加哥大学公共政策硕士、纽约大学公共管理硕士。从结果来看，我们的选择是非常正确的。

Alex 在语言方面非常有天赋，她托福总共考了两次，首考就有 105 分，第二次直接考了 114 分，很快就结束了托福的备考。这项令众多家长和学生羡慕的能力，背后其实是 Alex 的自律和努力。英语复习的整个过程，Alex 基本都是自学的，非常难得。由于语言底子好，Alex 的托福和 GRE 考试非常顺利，且本科 GPA 也拿到了 3.6+ 的好成绩，于是，Alex 把大量的精力都放在了实习中。

实习与目标专业的相关性，是我们必须要关注的重点内容。在决定申请公共管理和公共政策专业后，我给了 Alex 很多建议，比如岗位要和数据分析强相关，过程中要有 decision-making 和 policy-making 的工作内容，行业不限，可以放开了去咨询公司、券商、基金会等企业去体验。Alex 对我非常信任，尽全力去奔着这个方向寻找实习机会。最终，她获得了 4 段实习经历，分布在不同行业和不同类型的公司，有证券公司、教育公司，还有一段公共卫生类的实习。在这些实习中，她发挥的作用都与市场分析和数据分析相关，并且在这个过程中，她能够关联到本科所学的一些经济学基础知识，以及简单的数据分析工具，如

Excel、Python 等，这些都让她乐在其中。在这里，我也建议同学们在实习中一定要带着思考去体验。

关于找实习的心得，Alex 说离不开家人和新东方老师的帮助。例如，其中一段证券公司的实习，就是她通过爸爸的朋友找到的。其实，在当前的大环境下，大学生自己找实习还是挺困难的，竞争很激烈，Alex 为了能独立找到一份喜欢的实习，投了很多简历，大部分都石沉大海，即使有少数面试也最终因为各种原因没有成功。面对这样的情况，利用父母、亲友以及一切可利用的资源是非常有必要的。

踩在父母的肩膀上看世界，利用好父母和亲友提供的平台去探索职业道路，本身是不丢人的，我们要做的就是珍惜每一份实习机会，不断进步，成为对所在团队和公司有用的人才。有一次和 Alex 妈妈聊天，我特别认同她说的一句话："我们都出自平凡的家庭，只有孩子自己踏实地去努力，才能做不平凡的自己。"从 Alex 一路的成长来看，她确实走出了一条努力上进、不甘平凡的路。

Alex 丰富的实习实践经历、灵活的思维方式，以及她擅长用心去感受世界美好、乐于接受新鲜事物的性格，让她在美研申请过程中的各个环节都游刃有余，早早地就拿到了多个 offer。

对于正在考虑留学的同学们，我想说，我们在国内读本科的话，留学规划这条路其实比我们想象的简单，也比我们想象的难。如果我们坚定地像 Alex 一样，想去看看外面的世界，去接触不一样的文化，提升我们的学历和能力，留学是个不错的选择。就像 Alex 在分享经验时说的："我知道这条路挺难的，但是一直支持我的，是我脑海中想象的我已经在美国读书的样子。我坐在教室里，在一个文化迥异的环境里，我的兴奋和紧张。我真的觉得只要你足够想要，全世界都会帮助你，名校也会垂青你。当然，如果没有达到自己最想要的结果，也要释怀。"

Alex 真的是我心仪的满分女孩儿，从小学一年级认识的小女孩，到今天的芝加哥大学硕士，对她的爱，就像儿媳妇一样，想起来就喜欢！

案例 3 科研铺路，策略导航，三年助他从双非到哈佛

2022 年的毕业典礼上，哈佛大学的校长说：“用热情和激情，去拥抱未知的世界。”来自某双非院校的 Jack 同学，用自己的经历，完美印证了这句话。

常常有学生和家长问：“司老师，我按照您的规划建议去做，加倍努力的话，最高能申请到什么样的学校？”对于这个问题，我的回答是：“如果你现在才大一，甚至高考刚结束，只要按照我们的专业规划去做，你能想到的世界名校，都可以实现。”Jack 同学的哈佛录取再次说明了，世界一流的高等学府看重的是你努力的过程、你的进步、你的全力以赴，你完全不会被本科所在的平台所限。

我和 Jack 同学的首次相遇，令我印象十分深刻。当时的他在妈妈的陪伴下，利用大一寒假的时间，不远千里来到北京，专程来咨询关于美国留学的事。当时他和妈妈对美国了解甚少，对于研究生的申请流程和录取标准也几乎是一无所知。但他们对于当时自己所处的现状是非常清晰的：本科双非，保研名额少，考研竞争残酷，本科毕业直接找到一份心仪工作的可能性更是微乎其微。所以无论从哪个角度考虑，出国读研究生看起来都是未来达成人生目标的最好路径。因此，从当下开始规划，一步步朝着目标迈进是至关重要的。

在给 Jack 定目标的时候，我注意到他高中期间成绩非常优秀，只是因为高考没发挥好掉到双非院校。那我们的目标就非常简单了：这学期成绩排名班级前三，拿到较高的 GPA。

Jack 的专业是建筑环境与能源工程，这个专业是他很喜欢的。但当我提到申请名校所需的科研背景时，Jack 和父母都表示有压力。首先在他本科的学校内，他没有找到合适的项目机会，家人的工作都不在相关领域，那么他的科研如何破冰，确实是个问题，Jack 曾一度被这个问题深深烦扰。看到 Jack 的困境，我们从新东方的资源库中，根据 Jack 同学的情况为他进行了量身定制，帮他设计了从大二到大四的学术提升方案。

大一结束的暑假，Jack 便如愿以偿去了中科院的短期科研营。这类经历对大学低年级的学生来说是非常有益的。科研营的经历，可以让学生能从最基础的科研项目中，学会团队合作、有效思考，以及建立清晰的科研框架，寻找到初步

的科研兴趣。在这个基础上，大二学期，我推荐Jack去参加更高阶的科研项目。过程中，他不但能和教授自如地交流，更是在科研项目结束后，完成了科研论文，并将该论文的成果与学校的大创项目相结合，从而在大创项目中拿到了省级名次。到了大三阶段，Jack顺理成章得到了海外教授提供的科研机会。在科研过程中，通过小组展示、论文产出，以及与国外教授的密切交流，他在科研工作中产生了满满的成就感和自信心。而此时，他不知道的是，他做的这些努力，已经让他在学术方面领先了很多985本科出身的学生。更令人惊喜的是，通过新东方这些科研资源的培养，以及Jack通过个人努力展现的科研潜力，在大四开学后，有位美国教授对他非常认可，主动邀请他再次加入科研项目组。正是这样的积累和沉淀，让Jack在后面的硕士申请中收益颇丰。

说起托福和GRE考试，对于在新一线城市长大的Jack，英语口语并没有成为他的阻力，但对于托福的听说读写四项，Jack还是集中投入了假期的时间，合理利用了学期中的碎片时间。从线下班到断断续续的网课，他不断刷新着自己的成绩。从托福首考的90分，到95分，再到102分，最后考出了109分的好成绩。在GRE考试中，Jack也展现了他该有的学术水平和学习能力，尽管考试方式因为疫情原因改成了线上，他最终还是考出了325分的成绩。至此，他的美研申请才正式拉开了帷幕。

不得不说，Jack和我们团队的相遇，确实是一场缘分。在选校思路上，我们突破了常规思路，为Jack提供了个性化的方案。例如，对于土木工程学院开设的建环与能源专业本科生，常规的申请方向往往局限于土木、环境等专业。但我的同事发现在Jack的科研项目中，很多内容涉及环境与人类健康方向，而且Jack对这类问题又非常的感兴趣，于是我同事建议，我们不如加申一个环境健康方向，这个方向的代表学校有哈佛大学、耶鲁大学。听到这个消息，Jack和爸妈都大吃一惊。Jack说："哈佛、耶鲁，我可以申请吗？"我鼓励他说："我不是说过吗？只要你好好规划，你能想到的学校，都是可以申请的。"

就是这样一个看似平凡普通，但又不停努力的学生，在那一年寒冷的美研申请季结束后，迎来了他人生的春天。哥伦比亚大学、加州大学伯克利分校纷纷发来了录取。随之而来的最大惊喜，是来自哈佛大学环境健康硕士的录取。这枚哈佛大学的录取，带给Jack久久不能散去的兴奋和激动。同时，这个消息也让他的母校沸腾了，双非院校学生拿到哈佛录取！他们大学的校长都知道了Jack的申请故事，让他给学弟学妹们分享经验。

当我追溯着回忆里的点点滴滴，在这篇文章中将Jack的规划过程娓娓道来，想起当初我们初次见面时立下的小目标，再想象Jack在哈佛校园金秋美景中努力学习的情景，作为他的留学导师，我感到分外幸福。

一如Jack在当年递交给哈佛大学的文书中写的那样：他会奋力前行，永不言败。我相信他是这么说的，也正在这么做。在不久的将来，相信他能书写出更绚烂的故事。

案例4 转专业申请，211文科生成就杜克金融梦

Gina同学就读于某211大学，尽管父母是工科出身，Gina本科专业却是商务英语，这个专业不管从升学还是未来就业角度，都不占优势。所以，她的父母在见我第一面的时候就提出来，能不能让孩子在研究生期间学一个核心技能强、好就业、还热门的专业呢？我说当然可以，这个目标是牛娃们共同的追求。

坦白讲，理工科专业出身的学生，想要实现这个目标是相对容易的。然而对于文科专业，实现这个目标会有一些难度，难点在于我们要提前补很多很多课。好在Gina现在才大一，有足够的时间去补课。只要我们把课补齐了，再有序地进行相关实习和科研的背景强化，实现这个目标并不是难事。

在目标院校方面，根据新东方美国研究生申请的大数据，热门专业当属数据科学或商业分析这种以量化工具和方法为基础的学科。开设这类专业的美国院校，集中分布在常青藤以及综排前30的美国名校中。所以，申请量化类且与商科相关的研究生项目，冲刺前30、前20，包括常青藤院校，就是我们的目标。

在我们达成共识后，Gina展开了轰轰烈烈的先修课学习。美国硕士项目常规要求的先修课程无外乎这么几个：微积分（咱们国内叫高等数学）、线性代数、概率论与数理统计，以及热门的编程语言Python或者R等。在这个过程中，作为一名英专生，Gina凭借Coursera等在线课程网站和自己顽强的意志力，成功

地完成了这些课程的学习。她还尝试了这些知识在不同场景中的应用过程。先修课的成功学习，意味着Gina是适合转申数据分析类专业的。阶段性的成功让她对美研的申请以及入读以后的学习，产生了莫大的自信心。于是，在转专业这条路上，她更坚定、更积极地配合我们进行接下来的工作。

在这个过程中，我们也不断提醒Gina，大学成绩固然是最重要的，但是想要往商科方向转，实习是同等重要的。对于同样学科背景、相同分数的学生来说，谁的对口实习丰富、在面试中表现更好，谁就更能获得招生办的青睐。Gina后来复盘自己的申请过程，也反复提到，在证券公司的实习中，她有机会熟悉了科技公司的融资方案计划以及风险评估分析的流程。她的第二段实习是在互联网公司，过程中她跟随三个大型项目，进行了用户营销分析，及时给客户反馈，并最终给出满意的营销方案。这些经历，与她本科的很多同学相比，真的是一笔宝贵的财富。Gina在职场上以实习生的身份不断接触新事物，学到校园里无法学习到的知识，给了自己试错的机会，同时还能摸索自己真正的职业目标，真的是受益匪浅。最终，这些经历助力她收获了像杜克大学这样的知名学府的录取。

说到美研申请带给学生的收获，Gina有个活学活用的细节让我印象十分深刻。在练习利用技术手段解决困难的场景中，Gina深入思考了如何克服量化工具的短板。她以网上消费电子支付习惯为主题，通过统计软件来分析影响大学生消费的主成分因子，还尝试用STATA软件来做数据分析，指出了原有文献中模型设置的错误以及数据搜集的偏差。这在很大程度上证明了她具备批判性思维，并且能够很好地适应她所要转申的专业。Gina在准备杜克大学文书和面试的过程中，充分发挥了主观能动性，比如她善于分析用户的习惯和心理，知道如何给商品做一套线上推广方案，并能引入详细的数据来做支撑。也就是说，她在申请前夕，其实已经具备了传媒、市场、公关、数据分析、行业研究等多个角度、不同业务所需的工作能力。这正是美国知名商学院对申请者的要求。当你的硬性先修课满足了录取要求，能让你脱颖而出的，其实就是这些soft skills，也就是我们常说的软实力。

从纯文科到数据分析，从普通211院校到美国杜克大学，经过四年的努力，如今站在我们面前的，是一个全新蜕变的Gina。谁说文科生转专业难？我和团队见证过无数人文社科专业的学生，通过不断努力，从人文社科到数据分析，从数据分析到计算机编程。越来越多的案例向我们证明，人生的很多目标，只要你想，并且付诸努力，就一定能实现。

案例 5 战胜两年考研失利阴霾，跨专业申请进 TOP30 名校

大力同学是南方某知名 985 工科专业的毕业生，他的专业在全国是首屈一指的。进入大学后，他对金融行业产生了浓厚兴趣，立志跨专业考研，目标是考研报考对外经贸大学金融专业的硕士。理想很丰满，现实很残酷，他二战考研进了面试，但没有进入最终的决赛圈。

两年考研失利后，2023 年 3 月，大力妈妈看到情绪低沉的儿子，决定另寻出路，经朋友介绍找到我帮助孩子咨询出国留学。第一次面谈，大力极强的学习能力和良好的英语基础让我对他的留学规划充满信心。美国硕士一般是一年到两年，快速毕业的优势也吸引了大力和妈妈。

于是，我给出了规划要点：一是托福和 GRE 考试；二是抓紧时间补充泛商科方向实习科研经历；三是制定申请目标。因为是换专业申请，时间又很紧张，我们定了一个冲刺美国排名前 30、争取在美国前 50 名的学校拿到录取的目标。在申请数量上我们放开，多申请几个学校，让孩子不能再没有学上，专业上以泛商科为主，金融、商业分析大类都可以申请。

这个清晰的目标让大力同学重新找回了信心，他按照我们定好的规划踏上了新征程。在标准化成绩方面，大力在老师的引导下，根据备考计划稳步前进，如攀登者逐渐接近顶峰，取得了显著成绩。其中 GRE 考试取得了 325+ 的高分，这个坚实的标准化成绩如同耀眼的星星，提升了他在招生官眼中的竞争力，而托福 105 分的成绩让他可以申请很多高排名的学校。

对于大力的最大弱项在校成绩，我们详细梳理了他大学 4 年的成绩单和本科院校提供的成绩换算公式，并结合美国商学院的成绩单要求，建议他申请 WES 成绩认证，以便按照美国本科成绩单的通用算法重新评估他的在校成绩和本科学业水平。

跨专业申请的一大难点是匹配的专业课比较少。为了达成目标，大力真是一天当两天用，努力学习在线课程，提升专业能力。在准备申请的半年期间，他累计完成了十门金融专业必备的基础课程，并取得了相关证书和成绩证明。这些专业课程如同繁星点点，有力地填补了他在金融领域的知识空白，让招生官真实、明确地感受到他为转专业所付出的努力，看到他丰富的金融专业知识学习成果。

通过沟通得知，大力在毕业后的两年内，除了备战考研，还在家乡的商业银行实习过。为了提升大力的竞争力，我又建议他参加美国大学商学院教授的线上科研，拓展他的知识宽度，提升申请竞争力。

我们和大力、大力妈妈齐心协力，争分夺秒地找资源、做实习、做科研，终于成功将一位经历过考研失败的毕业生，塑造成了一个拥有丰富金融行业实践经历、优秀标准化考试成绩，以及完善的金融专业知识储备的优秀申请者。在选择学校方面，我们给他量身定制了个性化的选校方案，根据他的特点和背景选择了最适合的学校以及申请轮次。

在提交材料后不到一个月的时间内，大力在2024年春节前夕收到了最美丽的新年礼物——QS世界排名前100的伊利诺伊大学香槟分校的金融专业硕士录取通知书。拿到这个录取后，大力妈妈在群里说，有了这个录取，他们全家人终于可以开心地过新年了。这两年因为孩子的研究生没有着落，每天的心都是绷着的，今天终于可以放下了。新年过后，大力又收到了美国前30名的圣路易斯华盛顿大学金融专业硕士的录取通知书。这个录取让大力欢心雀跃，专业是心仪的，排名是满意的，一切都那么完美。

现在的大力正在准备签证，祝福这个优秀的小伙子，接下来的学业一片光明。

案例6 从纽约到香港，4年努力，研究生收获“哈耶麻”offer

2021年9月的一天，我突然收到来自学生Richard的消息，他的微信文字透露着由衷的喜悦：“司老师，我收到香港某知名投行的return offer（实习转正）啦！”

回想起来，认识Richard一家已经近十年了。在这些年的相处中，我与他的父母围绕着年轻人的升学与就业常常进行深入的交流。久而久之，伴随着Richard的成长，我们成了非常好的朋友。收到他在香港找到工作的好消息，我也发自内心感到兴奋和激动。

回想起Richard的成长路径，犹记得当初认识Richard一家时，就被其既传统又温暖民主的家庭氛围所感染。父母的无条件支持与尊重，给了孩子广阔的成长空间，养成了他豁达的性格和淡然的处事风格。但这个孩子对自己的要求颇高，在追求学业和事业的道路上，刻苦自律，早早出击，未雨绸缪，过程中几乎不允许自己有一丝一毫的松懈。在我看来，Richard在学习上，简直就是一台一直不停加速转动的发动机。

最初申请美本时，Richard在我们的帮助下，ED2申请到纽约大学。拿到纽约大学的offer，当时有高兴，有欣喜，也有遗憾，毕竟ED1被喜欢的布朗大学拒绝，也给当时年纪尚小的他带来了一些小小的不安。在他奔赴纽约读大学的前夕，我为了鼓励Richard继续努力，与他约定，四年后一定帮助他迈进哈佛、耶鲁这样顶尖的学府，来弥补本科申请的小遗憾。同时也祝福他不断前行，踏上更高的平台，认识更优秀的人。

四年后，我们当初的小约定也如愿兑现，Richard一口气拿下哈佛大学生物统计硕士、耶鲁大学计算机硕士、耶鲁大学资产管理硕士、麻省理工学院金融硕士、哥伦比亚大学金融经济学硕士、芝加哥大学金融数学硕士、康奈尔大学金融工程硕士等多个含金量十足的录取！这对普通人来说，是多么令人激动的结果，又是多么幸福的选择。面对众多名校伸出的橄榄枝，爸爸妈妈脱口而出：我们去哈佛吧，怎么能拒绝哈佛呢！ Richard摇了摇头：不去哈佛。亲朋好友也给了建议：不去哈佛，那去耶鲁读个计算机也好，计算机是就业的保障。但最后，Richard经过慎重考虑后，坚定地选择了麻省理工学院，他要去读金融。

很多家长听说了Richard申请成功的案例，都发来信息问："司老师，这个优秀的孩子是怎么规划的，何时开始规划的？"

事实上，我们的规划，从Richard赴美读本科的那天就已经开始了。本着对这个孩子发自内心的关心与喜爱，我带领团队从他本科的选课、选专业，以及每一个寒暑假的时间安排，都做了细致的沟通与规划。大一的学生，虽然对于硕士期间具体读什么专业，毕业以后找什么工作暂时没有清晰的概念，但Richard与我始终有个共识，那就是一定要上哈佛大学这个级别的好学校。

尽管大的目标是明确的，但Richard其实也经历过短暂的迷茫。在他大一的时候，出于对商科的兴趣，他有过想从纽约大学文理学院转到Stern商学院的念头，并付诸行动。可惜的是，他转系失败，这也一度给他带来小小的失望。在这个时候，我告诉Richard，通往目标的道路有千万条，转系失败不代表无法实现目标，本科专业选量化相关，才是未来申研的基石。经过调整，Richard在大二的时候，顺利选择了数学和计算机作为自己的专业。同时为了弥补遗憾，也为了拓宽知识面，稳固商科知识基础，他还辅修了商业。这从我们专业的规划角度，可以说是相对完美的搭配了。

在大二学期结束的时候，Richard不负众望，交出了一份优异的成绩单：在美国4分制的评分体系下，他的GPA稳定在3.9以上。然而，这还不是全部。其实从他大一暑假开始，我就已经督促他去寻找实习机会，在职场中寻找自己未来的方向，同时锻炼自己解决问题的能力与沟通能力。大二结束后，他也如愿以偿找到了学院的教授，进行比较前沿的机器学习相关科研。实习科研双线并行，同时保持优异的课业成绩，Richard也感受到了巨大的压力。但他非常清楚，实现梦想的道路本身就是充满了压力与挑战的。我也常常鼓励他，给他精神上的支持。我的同事们甚至提前将几所他心仪的名校里、适合他申请的6~7个不同专业，从他最喜欢的金融金工专业，到计算机、生物统计等专业，都进行了详细梳理。将几个专业之间的联系与区别，以及申请难度，都跟Richard做了分析。这让他在学习和努力的过程中，目标更清晰，动力更足。

在大三学年，Richard面临着难度不断加大的实习，越来越高的工作平台，逐渐深入的科研项目，以及更高难度的课业，但这也是他成长最快速的一年。这一年里，他通过几段头部券商的实习经历，深深喜欢上了量化金融方向。在实习过程中，与上级的沟通，与同事的合作，以及对数据进行建模和分析的过程，让他的能力得到全面提升。

他在校内教授指导下做的科研，也不断取得突破与进展，进入到论文写作阶段。与此同时，我委派团队里最资深的同事，带着 Richard 一起进行选校、文书的头脑风暴，以及申请策略的制定。在这个过程中，Richard 早期培养出的思维能力发挥了巨大的作用。在老师的启发下，他能够举一反三，跟老师一起为每篇文书设计新颖的开头、有逻辑的核心和简洁的收尾。遇到素材较少的问题时，老师会一点一点从他的自身经历出发，引导他去思考和挖掘看似平淡无奇的生活小事，并巧妙转为文书中的亮点。这份努力和认真没有白费，Richard 早在 2 月就拿到了哥大金融数学硕士、哈佛大学生物统计硕士等专业的录取。然而 Richard 此时心还没有放下，因为他还在忐忑地等待麻省理工学院的结果。

事实上，成功申请麻省理工学院的金融硕士难度是非常大的，仅仅有优秀的量化背景、高分的 GRE、亮眼的实习是不够的。经过层层筛选，只有三分之一的申请者有资格进入学校的面试名单。面试官将会从行为表现（behavioral）和技术能力（technical）两个方面慎重地考核学生的综合能力和未来潜力，面试后的淘汰率高达 70%。也就是说，有了面试资格的学生，最后也只有三分之一能拿到录取。在收到面试通知之前，同事就已经将面试相关的参考资料发送给了 Richard。在正式接到面试通知后，同事与 Richard 在线上进行了多次讨论，耐心地和他拆解每一道面试题，并与他的经历相关联，为每一道题准备多个回答的思路，再深入剖析题与题之间的关联。当然最重要的是，在这个过程中，不断地给他助威打气，提高他的自信心来面对这场面试。最后，Richard 没有让任何人失望，通过良好的面试表现，拿下了麻省理工学院金融专业的录取，后来还拿到了哥大商学院全球仅招十几人的金融经济学专业的录取，以及竞争激烈的耶鲁商学院资产管理硕士的录取。

这也就回到了故事的开头，父母尽管嘴上说喜欢哈佛耶鲁，但最终他们还是发自内心支持 Richard 的选择——去麻省理工学院读金融。2020 年夏天正是美国疫情最严重的时候，Richard 一个人联系搬家公司，从纽约搬到波士顿。这两年的求学之路一定是艰难的，但他并没有停止过前进的步伐。暑期顺利找到中国香港某大投行的实习，三个月的锻炼和投入让他在结束实习的最后一天拿到了 return offer。岗位、薪资、地理位置都非常让人羡慕。一年半的麻省理工金融硕士项目，提前拿到的工作 offer，毕业后回国和父母团聚，7 月份去中国香港工作。一切的安排都是那么的完美，那么的让人羡慕。

对于去美国读书的学生来说，Richard 的求学求职过程很有参考意义，所以我很认真地写出来和大家分享。

案例 7 八年求学路，从美本前 50 到哈佛耶鲁，高考生的涅槃之路

我写这篇文章时是 2024 年的 3 月 2 日，当天 Grace 拿到了耶鲁的录取。这个申请季，她把哈佛和耶鲁都拿全了。其中，耶鲁还是两个项目的录取。回想陪伴 Grace 一起成长的 8 年，真的是感慨万千。从普高到全美 TOP50 的伊利诺伊大学香槟分校，再转学到康奈尔大学，并最终拿到哈佛和耶鲁的硕士录取，每一步都有惊喜，每一步也都有艰辛。

2017 年，我和我的同事们第一次见到 Grace，一个温柔恬静的小女孩，话也不多。当时她刚经历了中考，由于之前并没有出国的计划，中考结束后选择了一所普高就读。一次偶然的机会，她听了我们的讲座后，对于去美国读本科充满了憧憬。于是，Grace 当机立断决定申请美本，并在我们的指导下，开始为申请美国本科做准备。

在普高准备本科出国是一件比较辛苦的事情。普高的 GPA 是非常严格的，很多同学即使很努力也难以取得理想的分数。当时，我们果断建议 Grace 增加 AP 课程的学习，让美国大学看到她学习国际课程的能力，另外也在申请的时候和目标高校做出课程难度的解释。

由于繁重的课业任务，且初中阶段没有对英语学习投入额外的时间，Grace 托福模考最初只有 50 多分。孩子从托福 50 多分到 100 多分，这个过程非常煎熬，但也很有成就感。在克服了学习和语言成绩的困难后，原本倾向于学商科的 Grace，在一次理工小课堂活动中听了学长的分享，对生物产生了浓厚的兴趣。于是在老师和父母的支持下，她开始参与一些初级的线下实验室项目，主要是体验，也只涉及一些简单的数据统计和基础实验。但没想到，从这个时候开始，Grace 和生物结下了不解之缘。

不同的人在面对选择时会采取不同的态度，有的人会在不断推进中寻找方向，有的人则会为了明确的目标全力以赴，而 Grace 就属于后者。在成功申请到

美国 TOP50 院校伊利诺伊大学香槟分校的本科生物专业后，为了心中的藤校梦，她决定转学。在伊利诺伊大学香槟分校一年半的时间里，Grace 为顺利转学付出了大量精力，完成了 4 段科研和 1 段生物相关实习。在这个过程中，她还通过自己优秀的表现，成功加入一位教授的脑神经科学实验室，这为她成功转学到康奈尔做好了铺垫，也为她后来成功被哈佛录取奠定了基础。

经历了新生入学和转学两次申请，Grace 已经养成了良好的规划意识和学习习惯，但是藤校的要求和身边同学的学习能力还是对 Grace 有着不小的冲击。刚刚到康奈尔的前两个月，为了能够跟上学习节奏、保持好 GPA，她每天的睡眠只有 4.5 个小时。正是基于这样的努力，Grace 在康奈尔的 GPA 一直保持在 3.9 以上，每个学期都能登上 Dean’s list（优秀学生名单）。除了必修的专业课程外，她还学习了统计学必修课及编程课，在实验和科研数据分析方面打下了坚实的基础。

有康奈尔本科这样的起点，我们硕博团队的同事们和 Grace 共同设定了更高的硕士目标：专业前 3 的院校。当然，其中包括了哈佛。想申请顶尖院校的生物专业，要坚定不移地进行深入的科学研究。Grace 也以强大的执行力和饱满的科研热情，充分做到了这一点。在克服 GPA 挑战的同时，Grace 还以突出的学习成绩和主动的沟通，在康奈尔成功进入到教授的科研实验室。扎扎实实的科研，一做就是两年，这至关重要的两年也为 Grace 在微生物学和免疫学方向奠定了坚实基础，同时也再次确定了她未来的研究兴趣。优秀的 Grace 在学业和科研之外，还不忘利用假期时间在生物科技类公司实习，结合工业界和患者需求，更好地指导和修正自己未来的科研方向。这种既有恒心、有创新又务实的科研精神，也是哈佛大学录取 Grace 的重要原因之一。

感谢 Grace 和家长 8 年来对我们坚定不移的信任，让我有幸见证孩子一路的成长。希望我们能够见证更多孩子在努力中绽放出精彩的人生，一起期待未来更多的可能性！

案例 8 校内科研收获高含金量推荐信，美研圆梦斯坦福王牌专业

每次提到加州大学圣地亚哥分校（简称 UCSD），我常常忍不住说，这是一所非常好的学校。好在哪呢？综合排名高、地理位置好、学术氛围强，其中工程学科尤其厉害。

2023 年我家的小儿子就是被这所学校录取了，作为母亲的我非常自豪、也很庆幸，总觉得在这样一所学校读书，未来申硕士、博士都有保障了。UCSD 每年的本科生生源也是很稳定的，尤其近几年，不少 UCSD 本科毕业的学生，申请美国研究生的过程与结果都展现了该校毕业生的实力。这些学子们厚积薄发，在每年美国大学研究生录取放榜季，都能大放异彩，收获各大顶尖名校的橄榄枝。

本案例的主人公是一位叫 Tina 的女孩。Tina 本科就毕业于 UCSD 的计算机专业，研究生被录取到了普林斯顿大学的计算机硕士、斯坦福大学的计算机硕士，以及计算机专业排名第一的卡内基梅隆大学。这一连串优秀的录取结果，可以说是令人艳羡的。面对众多牛校的 offer，Tina 最终选择去斯坦福大学完成她的梦想。

Tina 是从北京某牛校国际部申请到 UCSD 的。最初美本的专业是数学，后来基于个人兴趣，转到计算机科学专业。面对手握 3.9/4.0 成绩单和刚在 UCSD 做完科研回国的 Tina，我问她："你这么优秀、这么有目标，为啥还要来新东方找我们做规划呀？" Tina 说："司老师，我想要申请世界最顶尖的学校，计算机又是竞争最激烈的专业，这一定不是件容易的事儿。如果有您这样的导师指导定位，提供最优的策略，那我就可以有更多的时间用在精进自己的学习和科研上。我需要您的帮助。"这是多么睿智的回答，之前有好几个清北的优秀学子也给过我同样的答案。

其实，Tina 在找我咨询之前，也在读研和找工作之间徘徊过，毕竟计算机专业毕业，哪怕是本科学历，找工作也是相对容易的。也正因为如此，Tina 在大学的前两年半，精力都花在了找实习上，为她未来大学毕业能拿到全职 offer 做着充分的准备。但在她与父母沟通后，她还是觉得先一鼓作气读书，研究生毕

业再找工作是更适合她的。但这个时候，留给她做申研准备的时间已经不多了。如何能在有限的时间内，让她具备充足的竞争优势进入到顶尖名校，是我们需要突破的难点。因为在短时间内，再妙笔生花的文书也做不到翻转结果，尤其是对于计算机这种强技术类的专业。于是我们开始为 Tina 制定精细化、个性化的提升方案。

经过深入的沟通，我们发现，Tina 在大学期间有过一次互联网公司的实习经历。但因疫情影响，回国再找一份实习的机会是渺茫的。不过，申请计算机的研究生可不是只看实习，科研也是提升竞争力的利器。Tina 马上着手联系 UCSD 本校的教授，表示愿意加入教授的科研项目组。这在后来证明是非常正确的选择，因为教授的科研项目和高含金量的推荐信，对于 Tina 最终的录取结果发挥了重要作用。

这里我也提醒各位有意申请美国研究生的同学，在参与校内科研时，千万不要对科研成果抱有不切实际的幻想。在本科阶段参与的科研，有没有发表文章，或者发表的文章中作者署名是否靠后，都不会从本质上影响科研本身对申请的加分作用。院校在招收硕士生时，更看重的是申请者在科研过程中的积极性、主动性，对专业领域的求知欲和探索欲，以及体现出的科研潜力，也就是我们常常提到的“过程更重要”。所以就在美国读本科的学生而言，如果在读学校属于综合类大学，建议同学们从大三开始，一定要主动联系教授，获取相关机会；如果是文理学院的学生，校内的科研机会可能比较少，建议大家提前申请综合类大学的官方暑期研究项目，在大三开学前确认是否符合申请资格，并在大三的第一学期递交对应的申请。科研的过程，对于优秀的学生而言，是在高分的基础上，从科研导师的视角再次确认你的学习能力和科研潜力。那么对于成绩没那么优异的学生而言，科研如果做得好，导师的推荐信就是用来佐证你学习能力强的有力证据。所以无论本科成绩如何，同学们都应该重视科研和科研推荐人在申请中发挥的巨大作用。

举例来说，Tina 同学的 GPA 接近满分，在她最初与教授沟通推荐信事宜时，教授仅仅表示，我可以根据你写作业的情况如实告知学校你的成绩是 A，其他的方面我对你不太熟悉，所以不会多写。但因为 Tina 最后主动争取到了和这位教授做科研的机会，教授在最终版本的推荐信里，基于对 Tina 学习成绩和科研能力的双重欣赏，写出了更有力度的推荐信，助力 Tina 的研究生申请。所以越是在公立大学读书，越要重视推荐信，教授写的强有力的推荐信和一般的推荐信在录取评判上是有差别的，有时候甚至差别还挺大。

虽然 Tina 找我们规划的时间不算早，但 Tina 本身就是一个对自己有要求，也很自律的学生。她的家族里面，父母和爷爷都是工科出身，在专业上也能给她很多的启发和指导。Tina 本身很优秀，再加上我们团队的指导，申请过程算是如虎添翼。所以说，不管你现在成绩如何，目前在读大几，只要你想要变成更好的自己，都来得及。

案例 9 美英双申，跨洋跨界，6 年共塑剑桥芝加哥直博全奖录取

这又是一个名叫 Tina 的女孩的申请故事。

2024 年 2 月份，Tina 在申请群里和我们说，芝加哥大学博士全奖来录取了！Tina 的爸爸说，兜兜转转 4 年后又拿到了芝加哥大学的录取，这次，芝加哥大学给了我们博士全奖，不能再辜负芝加哥大学对 Tina 的厚爱了。

和 Tina 一家认识有 6 年之久了，看到芝加哥大学商学院发来的录取，再回想 Tina 的求学之路，不禁感慨万千。

本科申请，歪打正着入读剑桥

从初中开始，Tina 父母就帮助她寻找合适的国际化教育路线。初三时，Tina 以优秀的托福成绩录取到美国前 30 的私立中学。申请大学时，Tina 具备了美国名校录取所需的所有资质，但为了能够进到名校，上了双保险——在本科申请时我建议她做了美英双申，一边是美国名校，另一边是英国剑桥大学。

优秀的孩子是会被所有人看见的，先是剑桥大学发来了 offer，是 Tina 心仪的数学专业。当年 3 月份的时候，芝加哥大学也发来了 offer，当然也还有一些其他学校的录取，但 Tina 主要在剑桥大学和芝加哥大学两个 offer 间纠结。最终，经过充分考虑，Tina 一家决定选择去剑桥大学，当时 Tina 爸爸还说了一句，有机会研究生再到芝加哥大学去读。没想到当时的一句玩笑话，最后竟变成了

现实。

进到剑桥学数学后，Tina 发现名校的学习之路果然不是一片坦途，她充分体验到了英国本科期间的学业压力。Tina 对自己高标准、严要求，纵然全力以赴，但这毕竟是在剑桥，高手如林，大学学习还是遇到了一些挑战。实习科研虽然在大学中得到了充分锻炼，但最后由于种种原因和剑桥保研名额失之交臂。好在，最终得益于剑桥大学独特的 1：2 小课，Tina 得到了两位数学系知名教授的强烈推荐，成功就读本校研究生。

从“心”出发，去美国读博士

从事科研工作的想法，在 Tina 本科 3 年里逐渐破土发芽。美国自由的教育体系和学术氛围一直吸引着她，同时，通过老师的专业咨询建议，她也了解到美国研究生对学术成绩考量更为灵活，包容度更高。在拿到剑桥硕士 offer 的时候，Tina 就开始准备美国博士的申请材料了。

我和同事们快速通过 SWOT 模型分析了 Tina 的背景条件，剑桥大学教授的推荐信无疑是强有力的优势，本硕名校的优势，美高学习经历的语言优势，337 分接近完美的 GRE 成绩，这些都为她博士申请提供了直接的支持。但是英国紧凑的学习节奏，让 Tina 对自己的研究方向缺乏落地的实践经历支撑，在刚开始套磁的时候，她对于应用数学的认知和兴趣支撑点都来自课堂上的理论概念，并没有明确博士期间进一步细化的研究方向。

经过几次头脑风暴和规划分析，我们帮助 Tina 锁定了一段清华大学的科研项目，她在项目组中参与了开发自然语言处理模型的任务。在项目中她惊喜地发现自己对于研究应用数学下动力系统的浓厚兴趣。

就这样，我们确定了套磁的方向，并着手帮 Tina 查阅、筛选心仪的教授列表。Tina 通过邮件明确表达了自己的科研背景以及对教授研究的兴趣。虽然大多数学校目前仍然由录取委员会审核申请材料，教授对于录取结果没有绝对话语权，但是套磁这个过程也并非毫无意义。除了深入了解心仪教授的研究方向之外，我们也再次挖掘了她在清华和 Google、京东的实习中所获得的专业技能，进一步明确了她在每段经历中积累的丰富经验。在文书中我们建议她着重讨论自己如何逐步培养出对动力系统方向的兴趣，以及未来在这个领域持续研究的强烈意愿。

Tina 在套磁阶段的努力也在文书写作部分发挥了作用，每个学校的文书都经过了针对性调整。在多样化背景文书方面，Tina 提供了她独有的经历，包括在校期间观察到本校一等学位中极低的女性比例，以及作为未来的一位女性数学研究者将面临的学术成果被低估、种族歧视等问题。所有这些内容都通过个性化的文书得以体现。

圆梦芝加哥大学全奖

功夫不负有心人，卓越的实力、坚定的信念、积极的准备和对素材的充分挖掘，共同助力 Tina 成功获得了芝加哥大学商学院博士项目的全额奖学金录取。这个项目录取难度大，给予的奖学金资助多，一年的奖学金金额高达 12 万 7 千美元。祝福 Tina 在科研的道路上继续远航！

案例 10 视障学子成功留美：眼睛只有一点光感，前途不只一点光明

每年夏天，我们新东方都会组织很多优秀学子的分享会。2023 年 7 月的这场分享会，小张的分享赢得了家长和同学们最长久的掌声。在得知小张整个暑假都在筹措学费，我代表新东方前途出国赠送给小张往返美国的全程机票。在和小张接触的这一年中，我深深地被他打动，特别想把他的故事分享给大家。

有位盲人作家说过："残障是一种限制，是一种困厄。因为限制，我们要挣脱，因为困厄，我们要突围。这个挣脱与突围的过程就是生命彰显其意义和风采的过程。"小张同学，就是那个不被残障限制、不被厄运裹胁的励志青年。

小张是一位视障人士，两岁时确诊患有青光眼，虽然做过两次手术，但均告失败。童年时，小张的眼睛只有一点光感。即便如此，厄运依然没有松开它的枷锁，在他 18 岁时，一次发高烧让他彻底失去了仅存的一点光感。多年以来，他始终不屈服于命运的羁绊，顽强地追寻着自己的梦想，不管前方的道路如何艰险，始终脚踏实地，一步一步地朝着梦想迈进。

因为热爱，所以坚持

小张 2018 年毕业于长春大学针灸推拿专业，本科毕业后有过一段短暂的工作经历，从事盲人按摩。他心中始终有一个梦想：用自己的力量帮助更多的残障人士，帮助更多与自己同样命运和经历的人。于是在 2019 年的夏天，他决定报考北京第二外国语学院的英语笔译专业研究生。为了争取研究生考试机会，他付出了常人难以想象的艰辛。经过不懈的努力和争取，小张于 2020 年成功考入北京第二外国语学院笔译专业。在北二外读研期间，凭着对翻译专业的热爱和坚持，他通过了全国翻译专业资格考试（CATTI），是国内首位参加该项考试的盲人考生。2022 年研究生毕业后，他一直从事公益基金会工作。

面对困境，志存高远

2021 年的秋天，小张找到我们咨询美国留学。他的申请意向非常明确：想去美国读特殊教育专业，毕业后致力于改善中国残疾人的教育状况，让更多的残疾人有更多的出路，而不是简单地将按摩作为唯一的工作选择。同时，因为小张来自某省的农村家庭，父母均已下岗，只有微薄的收入维持家庭，为了给他治病上学，已经竭尽全力了，无法为他提供足够的留学资金支持。他的留学申请，不仅仅要得到一个录取，更要拿到奖学金，才能实现他的留学梦想。在了解了他的背景和求学志向后，我深深地被他打动。和领导请示后，我们决定免费帮助小张做留学申请，并组建团队全力以赴为他的求学保驾护航。

小张希望通过赴美留学，研修中美残疾人的不同教育理念和方式，为改善中国残疾人教育状况提供解决方案，并探索出一条针对中国残障人士，尤其是视障者的教育路径。求学目标明确，选校、选专业的工作难度却远远大于常人。小张要去学的特殊教育，不仅是我们广义理解的智力等方面的教育，而是通过特殊教育这个专业来帮助更多在身心方面有一定缺陷的人。最终，我们找到了位于纽约的雪城大学的特殊教育专业——Cultural Foundations of Education。这个项目和小张的求学目标是一致的，于是我们就把雪城大学作为申请的目标。

虽然是特殊项目，但录取要求却一点也不低，语言方面的要求是雅思 7 分并在有效期内。小张在北二外学的是英语专业，英语能力很强，但在 2022 年的下半年，要去线下考雅思，尤其是作为特殊考生要和雅思考试机构申请特殊考试渠道，这在当时是很难的。在申请准备期间，我们多次联系考试机构询问考试安排，希望能够尽早安排考试，确保材料及时提交，但因为疫情原因，迟迟不能安排。

最后在截止日期前，我们决定先提交过期分数，随后再跟学校录取委员会解释情况，同时等待机构尽快安排考试后补送分数。在申请材料提交后的两个月中，我们多次与考试机构联系，但时间一直没能最终确定。因为担心雅思分数过期被学校拒掉，我们一直与学校保持着联系，补充了英语翻译证书来强调学生的英语水平，还申请希望能增加一个线上面试来展示英语水平。总之，我们的策略就是全力以赴展现小张的优势，争取得到学校的认可。

峰回路转，梦想开花

2023 年 3 月底，我们选定的雪城大学发来了一份 50% 的奖学金减免 offer——M.S. Cultural Foundations of Education Program。兴奋之余，考虑到剩下的学费对于小张的经济情况仍有很大压力，于是我们又与学校沟通，表达了小张对于项目研读的热情以及目前的经济困难，希望能够考虑给予更多的资金减免。最初学校并未给予太积极的回复，于是我们继续与学校联系，并找到了系主任沟通，希望能用学生的经历打动对方。终于在 5 月份，收到了学院 Director 发来的邮件：除了 50% 的资金减免，项目额外再给予学生每学期 3000 美金的资助。

目前，小张已经就读于雪城大学的硕士项目，学习和生活也非常顺利。这一路走来，我们每个人都为自己的坚持而感动，同时更加感动于小张自强不息的坚定信念。就像俞敏洪老师所说的：在绝望中寻找希望，人生终将辉煌！我们相信这个追梦男孩儿的故事会有更多的精彩续集，只要心中有光，脚下有路，梦想终将绽放！

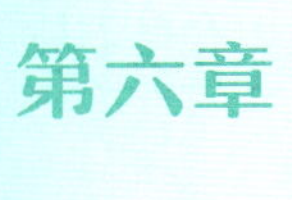

第六章

英国研究生

学制短，申请灵活

一 英国研究生留学优势解读

优质的教育资源是英国的一大吸引力，在2024QS世界大学排名中，有17所英国院校跻身世界前100，其中牛津大学、剑桥大学、帝国理工学院和伦敦大学学院更是长期稳居世界前10位。英国教育以公共教育系统的完备性、留学生的倾向性与学校教育的成熟性在世界名列前茅。英国的教育体系完善而灵活，学生可以根据自己的兴趣、特长选择适合自己的课程。

去英国读研的优势可以总结为如下几点。

第一，学制短，总费用低。英国授课型硕士1年，研究型硕士2年，所需总费用远远低于很多的其他主流留学国家。

第二，纯正的英语国家，深厚的文化底蕴。英国是现代工业文明的发祥地，拥有令人钦佩的灿烂文化，全国有数不清的博物馆、美术馆、歌剧院以及其他文化设施供来自世界各地的人们参观体验。此外，英国经济发达，作为世界三大金融中心之一，拥有世界领先的金融投资行业。

第三，优质的教育，世界公认的文凭。英国的教育历史悠久，以卓越的教学质量、严谨的学风、完备的体系闻名世界。英国大学皆为公立院校，受英国教育部直接管辖，学历受到全世界的高度认可。

第四，校内提供职业规划服务，就业政策利好。英国高校已成为英国创新创业生态系统的核心所在，英国高校各院系设立就业指导办公室，为学生在就读以及毕业阶段提供工作和招聘信息。留学生完成硕士和博士课程可分别获得2年和3年的毕业生签证（The Graduate Route），用于在英工作。

第五，灵活多样的招生制度。英国大学重视招收国际学生，大部分院校的研究生项目无硬性入学考试，而是综合评估申请者大学期间的平时成绩和表现。英国院校有丰富的专业选择，如果学生本科学习的专业不是自己很感兴趣的专业，或者与自己未来求职就业方向不符，可以跨专业申请其他专业的研究生项目。例如，一位学生本科学习的是英语专业，到英国留学也可以转专业申请管理专业、传媒专业等。英国的博士课程同样也是申请制，但是需要提前找到合适方向的导师进行邮件沟通，并提交研究计划，由导师来进行评估。另外，英国大学也提供硕士预科课程，到英国读研是现有成绩不理想的本科生或大专生的绝佳选择。

二 英国研究生申请趋势分析

近年来，英国留学一直处于快速增长态势，越来越多的学生把英国作为留学首选目的国。伴随着不断上升的考研压力，高质量的英国研究生课程，尤其是学制较短的 1 年制授课型硕士研究生课程，越来越受到中国学生的青睐。此外，英国已经正式恢复国际毕业生的工作签证，此举能够帮助和鼓励更多有能力的国际人才毕业后在英国积累短期或长期的工作经验，让自己在未来的职业发展中更具竞争力。

英国研究生的申请趋势可以总结为以下几点。

第一，申请竞争或将更为激烈。根据新东方前途英国申请服务的数据统计，世界排名前 50 的英国大学申请量在持续增加，越来越多的同学把申请目标定位在世界前 50 或者前 100 的院校，名校申请竞争将会更为激烈。这就需要同学们无论是从硬性条件还是软性实力方面都要提前做好规划和提升。

第二，申请专业选择趋于理性化，商科仍是主流。根据 2023 年前途出国英国研究生申请的统计数据，商科大类（含商业管理分支及会计金融分支）专业申请占比最高，已连续 4 年排在首位。商科仍旧是英国的王牌专业，其认可度在国际教育领域首屈一指。其他方向中，法律和教育类专业的申请也占比较高，其次是文化传媒类专业方向。工程大类（含机械工程、电子电气工程、土木工程等），计算机类，艺术设计类（含影音分支及美术设计分支），理科专业方向（含化学、生物、医学等）等专业方向的申请均有不同程度的提高。相较前几年，现在的学生更多地意识到职业规划的重要性，盲目跟风申请热门专业的学生越来越少。更多的学生愿意结合自己的职业兴趣和所学专业，理性选择适合自己的研究生项目，规划未来的职业方向。

第三，语言成绩可以有更充足的准备时间。从前途出国英国研究生的录取数据来看，录取中有雅思等语言成绩的学生占比达到16%，暂时没有雅思等语言成绩，或者是有海外本科背景无需提供语言成绩的学生占比为84%。目前大部分的英国院校和专业在研究生申请时可以后补交语言成绩。相比于一些申请时硬性要求提供合格雅思成绩的国家和地区，英国大学给学生语言方面的准备时间相对更多，且后续在一定分数差距之内，还可以提供学前语言课程帮助学生过渡。

需要注意的是，部分对语言要求较高的专业（如翻译学、G5院校的人文社科专业）和部分热门院校的商科（如爱丁堡大学、曼彻斯特大学等）需要在递交申请时就提供合格的雅思成绩。

当然，我们还是建议同学们尽早开始雅思或托福的学习，尽早考取合格的语言成绩，提升申请成功的概率，做到有备无患。

第四，热门专业分轮次申请。英国绝大部分的院校和专业一直都秉承着先到先得、择优录取的原则，所以热门院校和热门的专业方向在往年都有提前录满并提前截止申请的情况。2023年申请季，也有越来越多的学校的热门专业采取了分轮次申请，这样能够确保优秀学生不会因为时间因素而错失申请资格，其中包括牛津大学、帝国理工学院、爱丁堡大学、格拉斯哥大学、曼彻斯特大学等众多院校的热门方向。但需要注意的是，尽管有不同的申请轮次，但根据我们的数据统计，英国部分院校的录取率还是会随着申请批次而逐渐降低的。

第五，英国院校将更多维度地进行录取考核。除了学术背景（包括所在院校及大学平均成绩）之外，英国大学越来越重视学生在课外的相关专业实践经历，其中最为看重的是科研及实习经历。特别是世界排名TOP50的英国大学，招生时将申请者的课外实践经历作为重要的评价指标。以帝国理工学院为例，学校明确指出，实习经历不是强制要求提交的，但有实习经历会增加申请人的竞争力。

第六，申请文书的重要性更为突出。随着申请人数的大幅增加，英国院校对于申请者的文书（包含个人陈述、推荐信和简历）提出了更严格的要求，甚至会因为文书内容而给出拒信。部分学校对申请文书的字数限制、专业理解、未来的置业计划等方面都提出了个性化的要求，个别专业甚至会要求学生额外提交相关的论文（Writing Sample）。

第七，申请博士的学生越来越多。随着国内外名企对学历要求的逐渐提高，越来越多的同学计划在完成硕士课程之后继续攻读博士课程。英国的博士课程具有时间短、课程灵活、与导师联系紧密、专业度高、水平先进、含金量高等众多优势，受到众多申请者的青睐。

博士申请过程中对于学生申请材料的专业性要求比较高，例如申请材料中的研究计划要预留出大量时间构思和写作，并且需要提前与院校的导师进行初步沟通，最终确定了研究方向与项目后才可提交申请，并且后续会安排面试。所以建议申请博士的同学提前做好调研和规划，做到有的放矢。

三 英国研究生申请时间规划

英国硕士申请时间规划

学段	时间阶段	准备内容
大一学年	9 月至次年 6 月	了解留学资讯，明确留学意愿和方向，参加留学展会、留学活动，进行个性化咨询等，全方位了解自身留学需求； 重视在校成绩，为各类考试做好心理准备，同步增进英语能力。
	7 月—8 月	根据个人背景与需求，制定初步留学方案； 利用暑假进行雅思基础学习； 参加短期科研、实习等项目，培养专业兴趣，了解未来适合自身就读的专业。
大二学年	9 月至次年 1 月	明确留学目标，了解申请条件，通过精准调研申请院校和专业以及个人背景分析，制定个性化规划方案；提升在校成绩，有意识地参与和专业相关的研究或实验项目，同时提升英语水平。
	1 月—3 月	明确申请方向，了解意向院校的录取要求；备考雅思；参加实习或科研等项目，填补软实力空白，增加申请素材亮点。
	3 月—7 月	提升在校成绩，尤其是与申请专业相关的专业课和选修课成绩； 进行雅思备考学习； 确定申请专业方向及备选院校。
	7 月—9 月	参加暑期实习、科研等项目，增进专业实力，丰富个人履历； 进行雅思备考学习。
大三学年	9 月至次年 1 月	提升在校成绩； 准备雅思考试（或其他英国院校认可的语言考试）。
	1 月—3 月	参加专业相关的活动，雅思强化学习与备考。
	3 月—8 月	初步确定申请院校及专业； 根据专业要求，有针对性地准备 GRE、GMAT； 准备文书申请材料。

续表

学段	时间阶段	准备内容
大四学年	9月—11月	确定最终申请院校和专业； 申请材料准备齐全后，递交申请。
	12月至次年2月	准备入学面试（如有需要）； 跟踪院校录取进度，获得院校录取结果。
	3月—5月	选择入读院校并确认、交纳押金（如有需要）； 如雅思成绩未达到学校的直接入学要求，可考虑申请学校的语言课程（Pre-sessional）或重考雅思； 准备签证保证金。
	6月—8月	申请学校住宿； 准备签证材料（体检等），办理签证； 进行行前准备，预订机票。
毕业后	9月	顺利飞往英国，入读理想院校。

英国博士申请时间规划

学段	时间阶段	准备内容
研一学年	9月至次年6月	了解留学资讯，明确留学意愿和方向，进行针对性留学规划； 参加留学展会、留学活动，进行个性化咨询等，全方位了解自身留学需求及确定留学国家； 提升在校成绩； 读英文著作或者期刊，积累词汇，提升自己的英语整体水平。
	7月—8月	进行雅思备考学习（或其他英国院校认可的语言考试）。
研二学年	9月至次年1月	提升在校成绩； 雅思强化学习与备考； 参加与专业相关的科研，争取在核心期刊发表论文。
	1月—6月	参加雅思考试； 初步确定申请院校及专业方向； 准备研究计划。
	7月—9月	准备与导师初步沟通的材料，选择目标导师并进行邮件沟通； 筛选匹配教授，与意向教授保持联系； 确定申请学校和专业； 准备申请材料。

续表

学段	时间阶段	准备内容
研三学年	10 月至次年 1 月	递交网申，等待学校审核； 准备入学面试； 获得录取。
	1 月—3 月	申请国家留学基金管理委员会（CSC）奖学金（如满足要求）。
	4 月—6 月	确定最终入读院校； 申请 ATAS 证书（如有需要）。
	7 月—8 月	申请住宿； 准备签证材料（体检等），办理签证； 进行行前准备，预订机票。
毕业后	9 月	顺利飞往英国，入读理想院校。

四 英国研究生录取标准解析

下图是不同学科、不同水平的院校的录取标准，由于不同院校和专业分数要求会有所差异，分数仅作为参考。此外，博士申请需要额外提交相关方向的研究计划，并建议提前联系意向教授，确认导师。

学科	院校水平	211/985	二本院校	三本院校	雅思要求	特殊要求
商科	G5	85%~90%	90% 以上	/	7.0~7.5（6.5）	建议提供 GRE/GMAT
	世界排名前 50	80%~85%	85%~90%	90% 以上	7.0（6.5）	大部分院校有限定招生院校名单
	世界排名 51—100	75%~85%	85% 以上	88% 以上	6.5（6.0）	大部分院校有限定招生院校名单
	世界排名 101—300	70%~75%	80% 以上	80%~85% 以上	6.5（6.0）	个别院校有限定招生院校名单
理工科	G5	85%~90%	90% 以上	/	7.0（6.5）	建议提供 GRE
	世界排名前 50	80%~85%	85%~90%	90% 以上	6.5（6.0）	部分院校有限定招生院校名单
	世界排名 51—100	75%~85%	80%~85%	85%~90%	6.5（6.0）	部分院校有限定招生院校名单
	世界排名 101—300	70%~75%	80% 以上	85% 以上	6.5（6.0）	/
社会科学	G5	85%~90%	90% 以上	/	7.5（7.0）	/
	世界排名前 50	80%~85%	85% 以上	88% 以上	7.0（6.5）	部分院校有限定招生院校名单
	世界排名 51—100	80% 以上	85%~90%	88% 以上	6.5（6.0）	部分院校有限定招生院校名单
	世界排名 101—300	75%~80%	80%~85%	85% 以上	6.5（6.0）	/

五 00后英国研究生申请经典案例

案例1 申请研究型硕士，着力准备套磁获剑桥青睐

记得2022年下半年，小章加我微信咨询英国留学。小章就读于国内TOP5高校，学习的是历史专业，85分的平均成绩，多项科研与学术活动，还没有考雅思。他最关心两个问题：一是现在准备还来得及申请英国顶尖学校吗？二是他想申请研究型硕士，在世界历史方向上做更深度的研究，是否能申请成功？

对于这两个问题，我们与小章做了SWOT分析：小章学校好、GPA够、有研究经历，但是时间非常紧张，小章本人在学校学业繁重，而研究型硕士需要提供的材料，以及与教授互动的频繁性、紧密性都比较特殊，申请难度明显大很多。

在研究型硕士的申请过程中，和相关研究领域的教授通过邮件沟通，也就是我们常说的套磁，是非常关键的一个环节。一般情况下，需要先确认教授愿意接收申请者后，才正式开始申请。考虑到小章申请任务的紧迫性，我们尽可能地帮助小章多分担，快马加鞭完成了繁重的调研工作，与小章敲定了预备申请的专业和倾向的细分领域，并进行了目标教授的筛选。

小章经常会来找我聊天，在看到可以尝试套磁的教授名单后，他感到十分振奋。他说自己平时埋头于文献阅读和史料分析，能够接触到的资源十分有限，对有招收国际学生习惯、在相关领域有所产出的外国教授有哪些，他真的没有多少头绪。我能明显感受到小章在受到激励之后，申请的积极性显著增强了。

我们趁热打铁，立即着手套磁信的指导。在套磁信的准备过程中，我们建议小章仔细阅读国外教授官网页面中的信息，认真思考与叙述自己对该教授研究领域的兴趣点和独特看法，并搜寻自己过往研究经历中与之匹配的点，以双方的共性为发力点。经过几轮讨论，我们和小章一起罗列了他和教授在相关领域的共通研究经历，并以此为结合点来突出小章的独特性。小章在这个过程中进行了大量的文献和资料查阅，积极准备自己的申请材料，提升自己和不同导师的匹配性。

很快，我们和小章一起完成了给一位剑桥大学教授的套磁信，并得到了教授的积极回复。教授对小章的研究计划书表现出兴趣，对他过往的研究成果给予承认与肯定的同时，还对他后续的科研实践提出了建议，并鼓励他可以提交申请。教授的这些话让小章非常兴奋，也让我们瞥见了成功的希望。

在申请材料的准备阶段，我们就文书策略与小章进行了多次头脑风暴，全力推进文书写作进度。当时学校很快要进入寒假了，为了确保他在寒假前将材料一次性办理完成，在收集小章申请资料时，我们也及时提供了专业指导。

小章平时上课任务紧，我们的老师们也额外付出了很多精力，见缝插针地在晚上、周末，主动催进度，督促他完成每一项具体的任务，为他提供指导、解答疑问。在这样的极限配合下，我们成功在 2023 年元旦假期期间帮小章递交了牛津大学的申请，并在春节假期前两天（2023 年 1 月 18 日）递交了剑桥大学的申请。

很快，我们收到了剑桥大学教授的回复，努力终于有了回报。2023 年 2 月 9 日，小章收到剑桥大学的面试邀请，我们和小章都非常惊喜。我们团队迅速组织了两次面试辅导课，我们和小章一起周密地精心准备面试中各个环节的回答。小章参加完面试后不久，2023 年 3 月 16 日，就收到了剑桥大学的录取通知书。

尽管时间紧迫，任务困难而繁重，但高标准、高效率不变，利用碎片时间密集交流、不断敦促和不断鼓舞，我们的专业能力加上小章的配合，最终成功帮助他达成了申请目标：到剑桥大学这个有深厚人文底蕴的学府，潜心研究世界历史。

案例 2 二本考研失利，转轨英国，拿下世界 TOP10 名校 offer

萧萧同学在考研失败后，经他的同学推荐找到了我。在我们第一次沟通的过程中，他有一句话让我印象深刻：“司老师，我还能有学上吗？”言语间充满了失落与无助。作为一名双非二本院校、国际法专业的本科毕业生，萧萧在考研失利后，对自己的未来感到非常焦虑。

为了帮助萧萧尽快拿到 offer 摆脱焦虑，我们英国团队的同事紧锣密鼓地开始帮他做申请规划。因为萧萧是考研出成绩后才开始做留学规划，为了尽可能让孩子接下来有学上，我们团队的老师加班加点为他做背景调研和院校匹配。当我们做院校背景调研的时候，发现萧萧的本科院校虽然在国内大学排名中非常靠后，但在政法类大学中的排名还是有一定竞争力的。更令人欣喜的是，萧萧的成绩也很突出。因此，我们的规划团队为萧萧确定了保底院校和冲刺 G5 院校——伦敦大学学院的申请方案。

确定了申请方案后，老师开始对萧萧进行申请材料的指导和文书头脑风暴。考虑到英国学校希望通过学生的文书，看到学生的相关经历和能力，我们对萧萧的过往学习经历和实践经历进行了深度挖掘。但很遗憾，虽然萧萧的专业是国际法，但他从未参与过法律相关的实习，这对于文书写作来说是一个不小的挑战。此外，由于很多学校临近申请截止日期，时间上也不允许萧萧再去找一份实习。萧萧刚刚平复的心情又一次掀起波澜："司老师，我没有法律相关的实习，学校会不会直接把我拒掉呀？"。

我第一时间给萧萧吃了定心丸，然后和团队的老师，凭借我们以往的申请经验针对萧萧的申请难点逐一击破。经过几轮高效的头脑风暴后，我们终于在萧萧本科期间参与过的政法大赛中，挖掘出了有价值的素材。有了这些素材后，我们资深的申请老师，很快指导萧萧撰写出了一篇独一无二的、能够充分展示他的申请优势的文书。

文书完成后，连萧萧自己都不敢相信："哇，原来我这么优秀！我都不知道我有这么优秀！感谢各位老师帮我挖掘闪光点，也帮我重拾自信。"紧接着，我们立马帮萧萧提交了申请。等待是漫长的，在这个过程中，我们也经常在微信沟通群中鼓励、安慰萧萧。好在一切都是值得的。6 月底，当我们打开伦敦大学学院录取邮件的那一刻，所有人都为萧萧欢呼。后来，萧萧也收获了格拉斯哥大学、利兹大学、伯明翰大学、谢菲尔德大学的录取。至此，我们不仅帮助萧萧实现了"有书读"的目标，还超预期地帮助萧萧实现了新突破——拿到了 G5 大学的 offer！

回想当初定校时，萧萧看着列在选校表里的伦敦大学学院，忧心忡忡地说："司老师，我觉得这所学校定得太高了，我觉得我不行。"到最后，经过我们团队老师的共同努力和萧萧积极的配合，拿到了这么多的好结果，这也让萧萧对自己的实力有了全新的认识和定位。考研失利的打击曾经让他沮丧，世界 TOP10 名校的录取让他恢复了自信。一条赛道走不通，就换一条赛道，每个孩子终会找到属于自己的赛道，并由此闪闪发光。

案例 3 高考失利进双非，大一开始备战 4 年，硕士逆袭爱丁堡

留学申请是一项复杂的工作，申请者自身背景优势、定位选校、匹配专业、文书写作、申请材料准备，每一个环节都要做到尽善尽美。知己，是充分了解自己的申请优势和劣势，并通过努力强化优势，弱化劣势；知彼，是充分了解目标院校和专业，包括录取标准、招生偏好等。唯有做到知己知彼，方能在众多申请者中脱颖而出。本案例中的主角 Andy 在申请中就做到了知己知彼，最终成功被梦校爱丁堡大学录取。

在我的印象中，Andy 是一个有理想有目标的孩子。由于高考失利，只能进入一所双非院校，但他并没有就此消沉，而是寄希望于申请名校硕士。因此，Andy 经学长推荐，一上大学就找到我来做规划。我当时就和 Andy 说："我们四年努力做好规划，定好目标，研究生一定让你跑赢你 90% 的高中同学，尤其是那些高考成绩比你好的同学。"

根据 Andy 的院校背景和英国各大名校的招生标准，我们帮助他量身定制了一套大学四年背景提升计划，包括均分、实践项目、实习、竞赛、语言等。在 Andy 大学期间，我也会定期与他联络，询问他的计划执行情况和遇到的困难。让我很欣慰的是，在我们规划老师的帮助下，Andy 能够按部就班地完成每项计划，甚至超预期完成，考试成绩也在全年级名列前茅。

当我们认为 Andy 超预期的 GPA 和前期所做的努力，能帮助他拿到梦校爱丁堡大学金融硕士录取的时候，英国的很多大学更新了优先录取院校名单。例

如，2022年，伦敦大学学院、爱丁堡大学相继公布了优先录取院校名单。这一政策上的变化确实给双非院校的申请者致命一击。

面对爱丁堡大学公布的优先名单中的985/211大学，我带领规划老师仔细研读并分析了爱丁堡大学各个专业的要求。经过调研，我们发现爱丁堡大学的专业分为ABCD四类。A类和B类专业要求申请人必须毕业于优先名单里的院校，而C类和D类专业是可以考虑来自其他认可院校的申请者。Andy的目标专业"金融学"，属于B类专业。得知这个消息后，Andy非常沮丧，难道自己一路以来的艰辛与努力都要付之东流了吗？难道就这样与梦校失之交臂了吗？

作为学生申请路上的引路人，我们没有放弃。通过仔细研究爱丁堡大学所有C类和D类专业，我们终于找到了经济学院的金融经济专业。该专业开设的课程模块结合了经济学和金融学，这也恰好是Andy最感兴趣的方向。经过我们的反复调研，调取分析往年的申请成功案例，最终与Andy达成一致：申请爱丁堡大学的金融经济硕士。在申请文书和申请材料中，我们特别强调Andy的经济学和数学成绩、相关竞赛成绩，以及量化科研项目的收获。

递交申请后，煎熬地等待了4个月，Andy收到了来自爱丁堡大学的录取信！他激动地给我打电话说："司老师，这4年的付出值得了。真的感谢所有老师在我申请过程中做出的努力，帮我拿到了梦校的offer！"学生每一次的感谢，都让我备感欣慰，同时也更让我意识到这份工作的意义和责任。

工作中遇到过太多的高考失利、考研失利、专业被调剂等各种各样的学生，但只要做好规划，出国留学可以给孩子们更多的选择和更大的平台。

案例4 实习、活动、项目统统缺失，仅用半年从美本圆梦剑桥硕士

如果用一句话来描述Herman的申请经历，那就是：好风凭借力，扶摇上青云。

与Herman的相识可以追溯到2021年的暑期，在很平凡的一天迎来了不平凡的他。Herman目标明确、实力强劲，是典型的"怀揣英国留学梦"的学霸。

他曾就读于北京一所公立高中的国际部，大学一心想去英国读书，但由于各种外界因素的影响，最终选择去美国读本科；但心中的英国留学梦，激励着他一路前行，为冲刺英国的最高学府不懈努力。

努力就会有收获，Herman 的成绩单证明了这一点。接近满分的 GPA，多次入选 Dean's List（优秀学生名单），这一切都让我坚信他就是能上剑桥的好苗子。然而，现实却打了我个措手不及。根据我们历届的录取案例分析，作为英国的最高学府，牛剑这类名校对申请者的要求不仅仅局限于优异的成绩，同时也十分重视学生的综合能力、课外活动和实践经历。当我与 Herman 聊到课外活动、实习、学术项目等经历时，一系列“没参加过”的回复让我惊讶不已。

Herman 一直认为高 GPA 就是成功上岸牛剑的法宝。当我给他解释了牛剑还要考查申请者的多方面能力时，他懊悔地对我说：“哎，我感觉我这个本科白读了，浪费了 3 年时间。”我安慰他说：“GPA 的确非常重要，目前我们呈现给录取委员会的简历可能只有教育背景这一部分，那么，接下来我们要做的就是在申请提交之前，丰富我们的简历和文书内容。”当天，我们就和 Herman 敲定了目标院校和申请专业——剑桥大学经济学硕士。当时，距离剑桥经济学硕士申请截止时间只有半年。时间紧、任务重，我召集了我们资深的规划老师一起帮助 Herman 做出最适合他的背景提升方案和申请规划。

在做方案的过程中，我们首先整合了 Herman 自己本校的学术项目资源。由于他在校成绩优异，一位教授曾邀请他作为助手参与到自己的学术项目中，这是一段非常有价值的经历。于是，我们带着 Herman 一起对这位教授的项目进行研究分析。遗憾的是，经过研究我们发现，这些项目与 Herman 想要申请的经济学专业相关度不大，无法有效助力 Herman 的申请。

经过进一步的深度资源挖掘，我们了解到 Herman 确实没有更好的经济学相关项目资源了。好在我们有很多优质的海外名校导师的科研项目，根据 Herman 的背景和剑桥经济学的课程设置，我们给他推荐了一些与之匹配的项目，Herman 很兴奋地选择了他感兴趣的两个项目。在他加入项目后，我也时常与他保持联系，他的每次反馈都可以用“收获满满”来形容。项目正式结束后，Herman 拿着他发表的两篇科研论文找到我，眼神中充满了自信和成就感。暑期结束后，Herman 回到了美国校园。但暑期的科研实践经历，也启发他积极参与到更多课外实践中。当我再次联系他时，他骄傲地说自己最近正在做助教实习。

就这样，时间转眼来到了 10 月底，距离申请截止时间仅剩两个月。彼时，Herman 的简历已经从一份仅有教育背景的简历升级成一份包含研究经历、论文、实习经历的简历。同时，也有了丰富的文书素材去撰写申请文书。在我们资深的规划老师、申请老师的助力下，11 月底，Herman 提交了剑桥大学的申请。

等待结果的过程紧张而漫长。记得那一天是除夕，Herman 和我们团队的老师终于盼来了剑桥大学的 PAO（Postgraduate Admission Office），这也意味着 Herman 的一只脚已经迈进了剑桥的大门。虽然北京的除夕夜禁止燃放烟花，但那天晚上，我们的微信群里却烟花绽放。立春当天，我们等来了 Herman 的剑桥录取，终于帮他实现了英国留学梦。

通过分享 Herman 的经历，希望能给想要申请英国硕士的同学一些参考。提早做规划，丰富自身各方面的经历，在申请时给学校呈现一份丰富的简历，是获得名校录取的核心。有的时候，一个人的力量是单薄的。如果在前进的道路上茫然不知所措，我们不妨去寻求他人的帮助和建议，或许会更快速地抵达目的地。

案例 5 学霸也“怕”牛剑，给信心、助规划，剑桥双专业录取顺利拿下

Wade 同学 2022 年 8 月向我咨询留学事宜时，优秀背景给我们留下了深刻的印象。Wade 就读于“双一流”高校，主修生物医学工程专业（平均成绩 91+），辅修数学专业（平均成绩 89+），课业成绩十分优秀。除了专业成绩过硬，Wade 的英语水平也很强，雅思考到了 7.5 分。在繁重的学业之外，他还见缝插针地参与了 3 个科研项目、发表了 3 篇论文。此外，他还获得过国家奖学金等各种级别的奖学金，各种奖项不胜枚举。

尽管是学霸，但 Wade 对自己的信心却没有那么足。从互联网上纷繁复杂的信息中，他了解到国内大学的学生申请到牛津、剑桥的概率要比海外本科低一些。因此，他想冲刺牛剑却迟迟不能下定决心，对被拒绝的可能性感到排斥。

为了增强他的信心，也为了帮助他制定出专业的规划方案，我和规划老师将以往多个年份的大量牛津、剑桥的申请案例进行了汇总与分类，并整理成一份可视化报告提供给他。通过与这些过往案例、数据的比照之后，Wade 终于吃下了定心丸。最终在我们的耐心鼓励和肯定下，他确立了冲刺牛剑的目标，并充分地听取了我们的建议，做出了初步的专业规划与方向选择。

为了发挥 Wade 主修生物医学工程、辅修数学专业，且课业学习都相当扎实的优势，我们决定分别申请剑桥的生物技术专业硕士和应用数学专业硕士。当然，同时申请剑桥这两个专业，肯定是有难度的，还好 Wade 有自己的独特优势。首先，他不仅有优异的课业成绩，科研经验与成果也非常聚焦，几段科研相互关联，且研究的方向相对深入；其次，Wade 还极具悟性，能够自发使用数学模型解释和解决主修学科生物医学工程方面的问题；最后，Wade 的软实力也非常突出，他有很强的多线工作时间管理能力，自我驱动力非常强，能够不断突破与进步，追求卓越。

在与 Wade 头脑风暴的过程中，我们逐字逐句地讨论了目标项目的描述文字与要求，针对其侧重点对他的过往经历进行了精细挖掘，并计划将这些亮点有机地嵌入到文书的不同部分中。由于申请剑桥硕士的文书是以回答一个一个小问题的形式呈现的，且对这些问题的回答都有字符数的限制，选取哪些信息、侧重哪些经历来回答问题，变成了一个需要花时间与 Wade 协商的任务。

例如，我们就 Statement of Interest（兴趣陈述）这个问题的回答侧重点进行了探讨。Wade 对这一问题的解读是要向学校说明，剑桥的这个项目如何与自己的研究兴趣相匹配，于是把重点放在了 Why Programme（为何选择该项目）上面，计划删去自己的科研经历；我们认为他的科研经历是其申请的亮点所在，极具重要性，不能删除。最后，Wade 听取了我们的专业意见，保留了对科研经历的描述。又比如，在回答 Reasons for Applying（申请原因）时，比起针对单一方面的优势进行详尽阐述，我们建议 Wade 在有限的字数中尽量多维度地展示自己的优势，于是在他对自己过往经历进一步详述后，结合老师们的建议，Wade 对他的文书再次进行了丰富与调整。

经过精心打磨的文书顺利地为 Wade 赢得了剑桥面试的机会。为了进一步助力他的申请，我们及时为他安排了面试辅导与模拟面试。最终，Wade 凭借优秀的面试表现，申请的两个专业均进入 PAO 状态，这意味着 Wade 的申请已通过学院认可，等待剑桥招生办发放正式 offer 即可。

最终，Wade 选择了剑桥大学生物技术专业，剑桥的教授还建议他进一步读博士，期待 Wade 在学术上继续精彩绽放。

第七章

加拿大研究生

重科研，利就业

一 加拿大研究生留学优势解读

大学毕业后，我们在人生的岔路口面前，会有所犹豫和徘徊。对于想继续深造的同学来说，面对国内考研竞争越来越激烈的态势，去加拿大留学不失为一个不错的选择。加拿大以其宜居的自然环境、优质的教育资源、独特的工签政策和高性价比，赢得很多学生的青睐。

国家安全，适宜居住

加拿大是国际上最安全、最适合居住的国家之一。人民安居乐业，城市、乡村生活安全有保障，政府对枪支严加管制。加拿大空气质量极好，几乎所有城市的 PM2.5 都低于 15。主要城市气候宜人，尤其是温哥华和多伦多地区，夏季凉爽，气温只有 20 多度。交通系统完善便利，各地都通有公交车，主要城市设有地铁。在加拿大工作、生活的人来自世界各地，其文化多姿多彩，社会包容度极强。

加拿大在 2023 年全球和平指数（Global Peace Index）排名中位居第 11 位，与 2022 年相比，上升了两名。近 10 年来，加拿大多个城市多次被评为全球宜居城市。在 2023 年全球宜居指数（Global Livability Index）评选结果中，温哥华位居第 5 名，卡尔加里位居第 7 名，多伦多位居第 9 名。

教育质量高，师资力量强

加拿大是世界上公认的教育体系完备、教育水准高的国家。加拿大在 2023 年 U.S. News 全球教育水准最高的国家（Best Countries for Education）评选中排名第 4 位。在 2024QS 世界大学排名中，加拿大多所大学排名靠前。其中多伦多大学排名第 21 位，麦吉尔大学排名第 30 位，英属哥伦比亚大学排名第

34 位。

加拿大在人工智能、虚拟现实、电子芯片、生物技术、纳米科学和机械航天技术方面的研发成果尤为突出，高校的师资力量也非常雄厚。加拿大的生物技术企业数目和从业人数仅次于美国，位居世界第二。著名的人工智能三大奠基人雅恩·乐昆（Yann LeCun）、杰弗里·辛顿（Geoffrey Hinton）、约书亚·本吉奥（Yoshua Bengio）目前都在加拿大，后两位分别在多伦多大学和蒙特利尔大学任教，三人共同获得了计算机领域的国际最高奖——ACM 图灵奖。

截至 2023 年，一共有 22 位加拿大学者获得诺贝尔奖，另有 3 位在加拿大高校工作的非加拿大籍学者也获得了诺贝尔奖。

就业机会多，工签政策好

加拿大本身属于一个劳动力短缺的国家，对硕士、博士等高等学历的学生非常欢迎。值得一提的是，加拿大研究生类的项目有很多带有实习，从而大大保证了学生的就业率。根据加拿大统计局的数据，本科毕业生所有专业的年薪中位数为 57,000 加币左右，其中工程专业的本科毕业生年薪普遍高于其他专业，达到 77,500 加币，紧随其后的是医疗专业（73,000 加币）、数学及计算机科学专业（71,000 加币）以及商科（62,000 加币）。硕士毕业生相比本科毕业生年薪明显提高，所有专业的年薪中位数为 71,000 加币左右。商科的硕士毕业生年薪最高，中位数达到 87,000 加币。数学、计算机和信息技术相关专业紧随其后，年薪中位数达到 81,000 加币。工程专业的硕士毕业生也有不错的薪酬待遇，年薪中位数为 79,000 加币。

加拿大留学生在读期间可以合法打工。此外，一些学校提供丰富的带薪实习机会，旨在锻炼学生的实践能力，例如滑铁卢大学的工程专业就设有 Co-op（带薪实习）项目。此外，留学生毕业后无需找到工作即可获得开放式工作签证，两年以上全日制学生可获得三年毕业工签，这大大方便了留学生毕业后在当地就职。回国就业的本科及硕士留学生也会受到众多名企青睐。

留学性价比高

加拿大以公立教育体系为主，学费较其他以英语为母语的国家相对适中，甚至偏低，生活成本即使与国内一线城市相比也处于低位。大多数大学文理等基础专业的学费为 20,000~40,000 加币 / 年，工商类专业的学费为 25,000~45,000 加币 / 年。生活成本约为 12,000~25,000 加币 / 年。

二 加拿大研究生录取趋势解析

总的来说，加拿大的研究生课程性价比极高。高含金量的学位文凭、较低的留学成本、多元的奖学金政策等优势，吸引着众多优秀的学生前往加拿大留学。从近年来的申请及录取数据来看，加拿大的研究生申请要求逐年提高，且评估标准更为全面，建议学生一定要提早进行规划准备。

申请截止时间逐渐提前

一般来说，加拿大的研究生申请截止时间是在入学当年的 1 月或 2 月。但近年来，一些热门的专业方向会增加多轮审核周期。从每年的录取数据来看，在第一轮及第二轮的申请中，学生的录取机会更大，因此越早申请越好。强烈建议同学们提前进行材料准备，以免错过最佳申请时间。

成绩并不是唯一标准

加拿大的研究生申请，成绩是非常重要的基础，但并非唯一决定因素，本科期间的课外活动、科研及实习经历是同样重要的。很多学校都要求申请者填写过往经历，一些学校会要求学生撰写个人陈述或意向声明，并提交体现自己经历和特长的个人简历。教授的推荐信也是申请很重要的一部分，一般学校会要求两到三封。因此学生在申请加拿大研究生时，一定要提前做好针对性的准备，不能只关注学术成绩，也要做好其他方面的准备，以免影响到最终的录取结果。

热门专业竞争激烈

比起本科而言，加拿大开设研究生课程的学校及专业相对较少，因此一些热门的专业方向，每年申请竞争非常激烈。例如，多伦多大学职业管理会计硕士（MMPA）专业，2021 年收到了 400 多份申请，但实际仅录取学生 95 人。如果学生考虑申请热门专业，一定要做好充足的准备。

语言要求较高

申请加拿大的硕士或博士需要提供语言成绩，如雅思或托福。与本科申请相比，研究生申请对语言的要求会更高，雅思平均成绩需要达到 7.0 分，托福平均成绩有的学科需要达到 100 分。学生若想申请名校，一定要提前准备好雅思或托福考试。

录取平均成绩情况

下面是 2024 年《麦考林杂志》排名前 5 位的加拿大大学——麦吉尔大学、多伦多大学、英属哥伦比亚大学、麦克马斯特大学及渥太华大学，不同专业类别对 GPA、雅思、托福和 GRE/GMAT 的最低要求的平均值。

专业类别	GPA	雅思	托福	GRE/GMAT
工程	3.1	7.0	100	不强求
商科	3.1	7.0	100	310/550
理科	3.3	6.5	91	不强求
教育	3.1	7.0	100	不强求

三 加拿大研究生热门专业解析

计算机科学（Computer Science）

加拿大大学的计算机科学专业研究生课程包括研究型和授课型两大类。相比这下，研究型课程涉及的领域更广泛，包括理论（如算法、组合优化、计算几何、密码学、图论、逻辑和计算、编程语言、量子计算、计算理论和科学计算等）、系统（如编译器、计算机游戏、分布式系统、嵌入式和实时系统、建模和仿真、网络和软件工程等）和应用（如生物信息学、机器学习、机器人学、计算机动画、图形和视觉等）三个方向。授课型研究生课程面向就业，也是大部分国际学生申请的硕士课程类型。

① 录取要求

下表是几所加拿大大学对于计算机科学专业研究生的录取要求。这些大学都要求申请人获得计算机科学专业或相关专业的本科学士学位。

学校	成绩要求	雅思要求	托福要求	是否建议准备 GRE/GMAT
多伦多大学 University of Toronto	最后一年 GPA 达到 B+（77%~79%, 3.3/4.0）	7.0（单科不低于 6.5）	93（写作口语不低于 22）	否
英属哥伦比亚大学 University of British Columbia	不低于 B+（76%）	7.0（单科不低于 6.5）	100（阅读听力不低于 22，写作口语不低于 21）	否
麦吉尔大学 McGill University	总 GPA 不低于 3.2	6.5	100（单科不低于 22）	是

续表

学校	成绩要求	雅思要求	托福要求	是否建议准备 GRE/GMAT
麦克马斯特大学 McMaster University	不低于 B+	6.5（单科不低于 5.5）	88	否
阿尔伯塔大学 University of Alberta	最后两年 GPA 不低于 3.0	7.0（单科不低于 6.0）	100（单科不低于 21）	是
滑铁卢大学 University of Waterloo	平均分不低于 78	6.5（写作不低于 6.0，口语不低于 6.5）	93（写作口语不低于 22）	是
约克大学 York University	不低于 B+	7.0	90	是
女王大学 Queen's University	最后两年成绩不低于 B+	7.0	88（写作不低于 24，口语不低于 22，阅读不低于 22，听力不低于 20）	否

② 未来就业方向

计算机科学专业在加拿大当地的就业前景十分广阔，可从事的岗位主要包括：计算机程序设计员和交互媒体开发员（35.36%）、信息系统分析师和顾问（17.1%）、软件工程师和软件设计师（16.52%）、信息系统管理专员（5.51%）等。就业率高达 88%。该专业毕业生年薪为 73,011~113,285 加币，约合 35~55 万人民币。中等薪资为 92,521 加币，高出其他领域同等学历毕业生的中等薪资（81,899 加币）11.48%。

统计学（Statistics）

统计学是对数据的随机性和可变性的数学和计算机学的研究。统计学可以应用在任何需要数据采集的领域。统计学研究生课程涵盖了数学、应用数学、数学金融、数学物理、统计学、生物统计学、数据科学、统计机器学习、建模、数据和预测等领域。加拿大各院校设有统计的理学硕士学位（MSc）和文学硕士学位（MA），主要分为论文型（包含课程和一篇论文）和非论文型（包含课程和一个项目）两类。

① 录取要求

下表是几所加拿大大学对于统计学专业研究生的录取要求。这些大学都要求申请人获得统计专业或相关专业的本科学士学位。相关专业包括精算、数学、经济学、工程学等。

学校	成绩要求	雅思要求	托福要求	是否建议准备 GRE/GMAT
多伦多大学 University of Toronto	最后一年 GPA 在 Mid-B（73%~76%）	7.0（单科不低于 6.5）	93（写作口语不低于 22）	否
英属哥伦比亚大学 University of British Columbia	不低于 B+	7.0（单科不低于 6.5）	100（阅读听力不低于 22，写作口语不低于 21）	否
麦吉尔大学 McGill University	高分（with high standing）	6.5	86（单科不低于 20）	是
麦克马斯特大学 McMaster University	不低于 B+	6.5（单科不低于 5.5）	92	否
阿尔伯塔大学 University of Alberta	最后两年 GPA 不低于 3.3	7.0（单科不低于 6.0）	100（单科不低于 22）	是
滑铁卢大学 University of Waterloo	最低 78%	7.0（口语写作不低于 6.5）	90（口语写作不低于 25）	否
约克大学 York University	不低于 B	6.5	79	否
女王大学 Queen's University	不低于 B+	7.0	88（写作不低于 24，口语不低于 22，阅读不低于 22，听力不低于 20）	否

② 未来就业方向

统计学专业在加拿大当地可从事的岗位十分广泛，最受欢迎的岗位是数学家、统计学家和精算师，占比高达 14.29%；其次是学院导师和其他职业导师（7.41%）、金融和投资分析师（6.88%）、中学教师（6.35%）、经济学家和经济政策研究分析员（5.82%）等。由此可见，统计学专业就业面广且从事各行业占比分布比较均匀。该专业就业率高达 87%。统计学专业毕业生年薪为

60,701~109,386加币，约为30~55万人民币。中等薪资为83,473加币，稍高于其他领域同等学历毕业生的中等薪资（81,899加币）。

电子与计算机工程（Electrical and Computer Engineering）

电子与计算机工程硕士学位课程涵盖计算机工程、电气工程和软件工程等领域。该专业的专业课程包括：人工智能、大数据、生物医学工程、计算机图形学、计算机安全、计算机视觉、数据科学、信息系统、集成电路、微电子纳米电子学、网络、电力和可再生能源系统、机器人学、软件工程、计算理论与虚拟现实等。部分院校提供实习计划，为学生提供实践和学术结合的机会。

① 录取要求

下表是几所加拿大大学对于电子与计算机工程专业研究生的录取要求。这些大学都要求申请人获得电子与计算机工程相关的学士学位。学校也可以接受有电气、计算机、软件工程等相关背景的学生。

学校	成绩要求	雅思要求	托福要求	是否建议准备GRE/GMAT
多伦多大学 University of Toronto	最后一年 mid-B	7.0（单科不低于6.5）	93（写作口语不低于22）	否
英属哥伦比亚大学 University of British Columbia	不低于B+	7.0（单科不低于6.0）	100（阅读听力不低于22，写作口语不低于21）	是
麦吉尔大学 McGill University	总GPA不低于3.0，最后两年GPA不低于3.2	7.0（单科不低于6.0）	100（单科不低于20）	是
麦克马斯特大学 McMaster University	不低于B+（77%~79%）	6.5（单科不低于5.5）	92（单科不低于20）	否
阿尔伯塔大学 University of Alberta	总GPA不低于3.0	7.0（单科不低于6.0）	92（单科不低于21）	是
滑铁卢大学 University of Waterloo	最后两年不低于75%或总分不低于75%	6.5（写作不低于6.0，口语不低于6.0）	80（写作不低于22，口语不低于20，阅读不低于20，听力不低于18）	否

续表

学校	成绩要求	雅思要求	托福要求	是否建议准备 GRE/GMAT
约克大学 York University	总 GPA 不低于 B+	7.0	90	是
女王大学 Queen's University	不低于 75% 或 B+	7.0	88（写作不低于 24，口语不低于 22，阅读不低于 22，听力不低于 20）	否

② 未来就业方向

电子与计算机工程专业的硕士毕业生在加拿大当地的主流岗位是软件工程师和设计师，占比高达 26.38%；其次是计算机程序设计员和交互媒体开发员（21.47%）；从事计算机工程师约占软件工程师的一半（13.5%）；信息系统分析员和顾问则占软件工程师的 1/4（7.98%）；其他与专业相关性不高的职位和信息系统测试员占比均比较低（2% 左右）。该专业就业率高达 92%。由此可见，该专业市场需求还是比较高的。该专业毕业生年薪为 74,562~118,788 加币，约合 38~61 万人民币。中等薪资为 92,503 加币，高出其他领域同等学历毕业生的中等薪资（81,899 加币）约 1/5。

教育学（Education）

教育学属于社会科学的范畴，其硕士通常可分为两大类。一是教育学文学硕士（Master of Art in Education, MA），更注重学生未来作为老师本身的教育能力，着重培养他们的教学方式方法及教学风格。MA 通常为研究型的学位课程，需要学生写毕业论文。学校通常会按学科再细致划分项目方向，如艺术、健康、早教、特殊教育等。

另一大类是教育学硕士（Master of Education, MEd）。相比于 MA，MEd 更注重教育系统中教室外的其他方面，如学校的行政管理、教研等。MEd 通常为授课型的学位课程，学生不需要写论文即可毕业。该课程通常不以学科划分具体方向，而是注重教育系统内的职责划分，如教育政策、课程研究等，对培养学生的领导能力、行政能力等更为重视。

教育学与心理学联系密切，尤其是和发展心理学、辅导心理学、临床心理学等分支息息相关，因此在该学位课程里也会加入心理学的内容，甚至将临床及辅导心理学作为教育学硕士的一个细化方向。

① 录取要求

下表是几所加拿大大学对于教育专业研究生的平均录取要求。这些大学都要求申请人获得教育学相关的学士学位，部分还要求有相应的工作经验。

学校	成绩要求	雅思要求	托福要求	是否建议准备 GRE/GMAT
多伦多大学 University of Toronto	最后一年成绩至少 mid–B	7.0（单科不低于 6.5）	93（写作口语不低于 22）	否
英属哥伦比亚大学 University of British Columbia	总 GPA 至少 B+（76%）	6.5（单科不低于 6.0）	92（单科不低于 22）	否
麦吉尔大学 McGill University	总 GPA 不低于 3.0 或最后两年不低于 3.2	7.0（写作不低于 7.0）	92（写作口语不低于 22，阅读听力不低于 20）	是
阿尔伯塔大学 University of Alberta	最后两年 GPA 不低于 3.0	6.5（单科不低于 6.5）	93（口语写作不低于 24，阅读听力不低于 21）	否
渥太华大学 University of Ottawa	不低于 B	7.0（单科不低于 6.0）	100（写作不低于 25）	否
约克大学 York University	不低于 B+	7.5	100	否
女王大学 Queen's University	不低于 B–（70%~72.9%）	7.0	92	否

② 未来就业方向

教育学文学硕士（MA）：尽管在学历上，在加拿大做中小学教师只需要本科学士学位，但不同的省份会要求相应的教师资格证，如安大略省的教师资格证 Ontario Teacher's Certificate of Qualification 等。在加拿大硕士毕业的教师，年薪中位数在 80,000 加币以上，相比本科毕业的 55,000 加币年薪来说，薪资水平有很大的提升。不过，因教师岗位流动性不大，岗位空缺不多，竞争激烈，尤其是在安大略省、英属哥伦比亚省等人口集中、制度完备的地区。这使得很多教育专业的毕业生，尤其对英语不是第一语言的留学生来说，在普通教师岗位上就职比较困难。近年来，另一个与教育学对口的热门职业是幼儿教育（Early Childhood Education），多所大学的教育学硕士包括幼儿教育的分支。其市场空缺相对大一些，对语言要求较低，就业机会多，因此成为留学生的一大热门选择。

教育学硕士（MEd）：除教学岗位外，教育学硕士毕业生也适合就职于学校行政、文职、教研一类与教育行业相关的岗位。具体职位包括校方代表、生活老师、学校顾问等。这些岗位不仅工作内容相对轻松，薪资也相当可观。

金融学（Finance）

金融学是一门着重于分析和研究金融市场的应用经济科学，国内常把金融学划分进文科范畴，但因其研究过程中需要应用到大量的数学知识，加拿大多数院校将其划分到商学院。学生可选择金融硕士学位或者管理学硕士学位下的金融专业方向就读，也有个别院校理学硕士学位项目下设金融专业方向，此类金融专业多为研究型项目，完成学位课程的过程中，会有项目以及论文的要求。

① 录取要求

下表是几所加拿大大学对于金融学硕士项目的录取要求。这些大学都要求申请人获得与金融学相关的学士学位。一些学校可能会优先录取有金融方面工作经验的学生，如多伦多大学。一些学校可能要求面试，如约克大学。

学校	成绩要求	雅思要求	托福要求	是否建议准备 GRE/GMAT
多伦多大学 University of Toronto	不低于 B	7.0（单科不低于 6.5）	93（写作口语不低于 22）	是，建议 GMAT 660+
麦吉尔大学 McGill University	总 GPA 不低于 3.0 或最后两年 GPA 不低于 3.2	6.5	86（单科不低于 20）	是，建议 GMAT 715+

续表

学校	成绩要求	雅思要求	托福要求	是否建议准备 GRE/GMAT
阿尔伯塔大学 University of Alberta	总 GPA 不低于 3.0	7.0	100（单科不低于 21）	否
约克大学 York University	不低于 B+	7.0（单科不低于 6.5）	100（单科不低于 23）	是，建议 GMAT 700+
滑铁卢大学 University of Waterloo	不低于 80%	7.5	100（口语写作 26）	否

② 未来就业方向

金融专业的就业方向广泛，包括金融分析师、股票经纪人、理财顾问、信贷经理等，可在银行、保险公司及各种金融机构中任职。不仅如此，金融学硕士所具有的风险管理技能也十分适合应用于其他行业中，这使得金融专业的毕业生深受各大企业青睐。金融专业的毕业生工资受诸多因素影响，如工作所在地、雇主公司的规模、自己的工作经验等。年薪从 8～14 万加币不等，这也侧面证明了该行业有很大的发展空间。

工商管理（Business Administration）

工商管理硕士（MBA）常年作为商科留学的首选，是商业界公认的晋升管理层的重要背景之一。其核心课程包括会计、企业管理、金融、商业法等多种企业管理所需的技能。其中最重要的课程是管理学部分的培训，这部分课程会着重培养学生的领导能力，同时讲授商业策略、组织行为学等内容。

随着新行业和 MBA 本身的发展，许多院校更是开设了针对不同领域的专项 MBA，比如创业、体育、娱乐业、医疗保健业管理等。近年来大火的 T 型管理也属于工商管理的一个专项分支。

① 录取要求

下表是几所加拿大大学对于 MBA 的录取要求。所有学校不限专业背景，只需要申请者获得本科学士学位。一些学校需要面试，如多伦多大学和女王大学。表中所列的学校大部分还要求学生至少在本科毕业后有两年的全职工作经历，渥太华大学则要求三年。

学校	成绩要求	雅思要求	托福要求	是否建议准备 GRE/GMAT
多伦多大学 University of Toronto	最后一年 GPA 不低于 3.0	7.0	100（口语写作不低于 22）	是，建议 GMAT 660+
英属哥伦比亚大学 University of British Columbia	不低于 B+	7.0	100	是，建议 GRE 320+，GMAT 650+
麦吉尔大学 McGill University	不低于 B	7.0（单科不低于 7.0）	100（单科不低于 20）	是，建议 GMAT 700+
阿尔伯塔大学 University of Alberta	总 GPA 不低于 3.0	6.5	100	是，建议 GMAT 630+
渥太华大学 University of Ottawa	不低于 B	7.0（三科 7，一科 6）	100	是，建议 GMAT 不低于 550，GRE 不低于 310
约克大学 York University	不低于 B	7.0（单科不低于 6.5）	100（单科不低于 23）	是，建议 GMAT 660+
女王大学 Queen's University	不低于 B+（75%）	7.0	100（口语写作 24）	是，建议 GMAT 不低于 600，GRE 不低于 315

② 未来就业方向

在加拿大，MBA 毕业生的就职率高达 91%，平均薪资更是达到了每年 10 万加币，相比本科毕业生的 6 万年薪有很大的提升，是含金量最高的硕士学位之一。未来的就业方向包括市场研究及顾问、商业顾问、银行或其他商业公司的管理职位等。

会计（Accounting）

会计是实用性最强的商科专业之一，具有较强的就业针对性。加拿大开设会计研究生的学校较少，一些学校如多伦多大学，还开设了和管理学或金融学一起修的管理和会计硕士或会计和金融硕士。

① 录取要求

下表中是几所加拿大大学对于会计专业的平均录取要求。所有学校需要申请者获得会计专业或与会计相关专业的本科学士学位。其中，约克大学的会计学硕士要求非加拿大本科学位或本科非商科的学生，先拿到中级会计文凭（Diploma in Intermediate Accounting）；阿尔伯塔大学则会有面试环节。

学校	成绩要求	雅思要求	托福要求	是否建议准备 GRE/GMAT
多伦多大学 University of Toronto	不低于 mid-B（73%/3.0）	7.0	100（写作口语不低于 22）	是，建议 GMAT 660+
阿尔伯塔大学 University of Alberta	GPA 不低于 3.0	7.0	100（单科不低于 21）	否
约克大学 York University	不低于 B	7.0（单科不低于 6.5）	100（单科不低于 23）	是，建议 GMAT 660+
滑铁卢大学 University of Waterloo	最后两年不低于 75%	7.0（写作口语 6.5）	90（写作口语不低于 25）	是，建议 GMAT 660+

② 未来就业方向

在加拿大想做财务审计人员或会计，需要获得加拿大特许专业会计师协会（Chartered Professional Accountants，CPA）的专业会计头衔。成为 CPA 需要完成基础教育课程（PREP）和专业教育课程（PEP）两个项目，满足 30 个月的工作经验并通过最后的统一考试后，才可以获得 CPA 的认证资质。大部分加拿大本科会计专业包括了基础教育课程（PREP），且报名专业教育课程（PEP）的前提条件就是要完成四年的本科学位或是硕士学位。相比其他专业，会计专业毕业后从事本专业相关工作的概率比较高，且硕士毕业生的就业率和薪资都比本科毕业生高很多。硕士毕业生年薪中位数可以达到 10 万加币，远高于加拿大平均中位薪资。

四 加拿大研究生申请时间线与费用

申请时间线

对于想申请加拿大研究生的同学来说，一定要对加拿大研究生的整体申请流程有一定的了解，下面我为大家梳理一下大致的申请步骤，每个时间段都需要实施什么行动，以及所需要的材料。整体的时间规划可参见下表。

时间规划	行动及材料
9 月至次年 1 月	整理材料，准备文书 递交网申，提交推荐信 文书 & 面试（如有）
12 月至次年 2 月	补充第 7 学期成绩单（大四上学期）
3 月—5 月	学校反馈申请结果
4 月—6 月	确认入读院校 缴纳学费押金 清楚录取条件
5 月—6 月	准备签证材料 清除录取条件
6 月—7 月	申请签证
7 月—8 月	获取签证结果 选课 & 宿舍 / 租房 准备离境

加拿大的研究生申请不同于其他国家，加拿大的大学少而精，所以为了更顺利地申请到自己理想的学校和专业，申请研究生项目的学生一定要提前做好充分的准备。为此，我也针对不同年级的同学，为大家整理了申请时间线的规划。

对于大一就确认了想要出国读硕士的同学，大学开学的 9 月到次年 1 月，你可以在适应大学生活的同时了解各国的留学信息，确认好想要留学的国家。大一下学期的 2 月到 6 月期间，可以在选好的国家中筛选你的目标院校，明确目标方向，同时打好 GPA 和英语基础。7 月到 8 月的暑假就可以开启英语考试学习的准备了。

进入大二后，你可以在 9 月到次年 1 月这个阶段来明确选课方向，提高整体 GPA，积极备考英语标化考试。大二下学期的 2 月到 6 月可以参加一些与专业相关的科研或实习，提升你的专业背景。7 月到 8 月可以参加英语标化考试，尽量取得目标院校要求的成绩。如果这个时候语言成绩不够理想，还有时间去提升。在这里大家需要注意的是，每个学校、每个专业对于标化成绩的要求是不一样的，所以大家一定要确认好目标专业对于留学生的成绩要求。

到了大三，你就可以专注于专业课的学习了。加拿大大学比较看重的就是学生大三的成绩，所以在这个阶段一定要努力提高 GPA。如果大一大二时的成绩就比较好的话，这时一定要继续保持。在大三第一个学期，大家也可以开始准备 GRE 或者 GMAT 等专业课的考试或证书类的考试，从而提升自己的申请竞争力。在大三第二学期的时候可以报名参加一些与专业课相关的考试，并争取获得优异的成绩。这个时候，要着手根据申请学校的要求来准备文书素材。在大三暑假的时候可以多参加一些科研项目，同时准备好文书。与专业相关的经历越多，文书的素材准备就会越充分。此外，在各方面曾经有过的突出表现也可以在文书中体现，通过展现出自己独特的一面来获得招生官的青睐。

接下来就到了大四申请季的阶段。在大四第一个学期，你就需要递交学校的申请，并根据不同学校的要求来补充一些材料。有些学校和专业会有面试的要求。收到面试通知的同学，一定不要紧张，在面试前做好充分的准备后，拿出自己最好的状态呈现给学校，这会大大提高录取率。等所有的申请以及补充材料完成提交后，在大四的第二个学期大家就只需要耐心地等待学校的通知了。

最后，拿到了录取通知书的同学们一定要注意了，“打怪”之路还没有结束，这个还不是最终的 offer，正式的 offer 需要清除录取通知书上的条件之后才会收到。所以大家收到录取通知书后，一定要确保在规定的时间内清除条件，换取正式的录取通知书。

需要特别强调的是，大家一定要确认好申请的具体时间和所需材料，这些都是因学校和专业而异的。越早准备，越早申请，拿到 offer 的概率相对来说也越大。收到 offer 后，大家就可以准备签证材料递交申请了。获得加拿大签证后，出国留学旅程也就正式开始。

留学相关费用

由于加拿大是公立教育体系，留学生的花费比较适中。大多数大学研究生阶段文理科学费为 15,000~30,000 加币 / 年，工商科学费为 25,000~60,000 加币 / 年。生活费成本一年是 12,000~25,000 加币。目前加币的汇率是 1∶5.4 左右，也就意味着，如果在加拿大读书，一年的花销在人民币 14 ~ 45 万元左右。

因为每个学校每个专业的学费都是不同的，我为大家整合了一些比较热门的学校和专业的学费供大家参考。

专业	院校	学制	总学费（加币）
计算机科学 Computer Science	多伦多大学 University of Toronto	1.5 年，4 个学期 F/W/S/F	85,810.00
	英属哥伦比亚大学 The University of British Columbia	1 年，3 个学期	9,500.19
	麦吉尔大学 McGill University	Thesis Non-Thesis	22,568.00 31,202.00
	滑铁卢大学 University of Waterloo	2 年，3 个学期	51,074.00
	约克大学 York University	1 年，3 个学期	22,585.05
	女王大学 Queen's University	1 年，3 个学期	22,705.58

续表

专业	院校	学制	总学费（加币）
统计学 Statistics	多伦多大学 University of Toronto	1 年，3 个学期 F/W/S	59,250.00
	英属哥伦比亚大学 The University of British Columbia	8 个月	9,500.19
	麦吉尔大学 McGill University	Thesis Non–Thesis	22,568.00 31,202.00
	滑铁卢大学 University of Waterloo	24 个月	124,900.00
	约克大学 York University	1 年，3 个学期	22,585.05
	女王大学 Queen's University	1 年，3 个学期	22,705.58
电子与计算机工程 Electrical and Computer Engineering	多伦多大学 University of Toronto	1 年，3 个学期 F/W/S	68,670.00
	英属哥伦比亚大学 The University of British Columbia	12~16 个月	23,913.63
	麦吉尔大学 McGill University	Thesis Non–Thesis	22,568.00 31,202.00
	滑铁卢大学 University of Waterloo	16 个月	61,288.00
	约克大学 York University	1 年，3 个学期	22,585.05
	女王大学 Queen's University	1 年，2~3 个学期	22,705.58
环境工程 Environmental Engineering	多伦多大学 University of Toronto	1 年，3 个学期 F/W/S	57,450.00
	英属哥伦比亚大学 The University of British Columbia	9 个月	40,486.38
	麦吉尔大学 McGill University	Thesis Non–Thesis	22,568.00 31,202.00
	约克大学 York University	2 年，6 个学期	39,402.18

续表

专业	院校	学制	总学费（加币）
教育学 Education	多伦多大学 University of Toronto	1.5 年，4 个学期 F/W/S/F	89,540.00
	英属哥伦比亚大学 The University of British Columbia	2 年	51,502.30
	麦吉尔大学 McGill University	Thesis Non–Thesis	22,568.00 31,202.00
	渥太华大学 University of Ottawa	1 年	34,259.04
	约克大学 York University	1 年，3 个学期	19,701.09
	女王大学 Queen's University	按课收费	4151.39/course
金融 Finance	多伦多大学 University of Toronto	2 年，5 个学期 F/W/S/F/W	92,630.00
	约克大学 York University	1 年，3 个学期	88,350.00
	麦吉尔大学 McGill University	12~16 个月	63,750.54
	滑铁卢大学 University of Waterloo	16 个月	34,050.00
工商管理 Business Administration	多伦多大学 University of Toronto	2 年	136,410.00
	英属哥伦比亚大学 The University of British Columbia	1.5 年，4 个学期	94,558.52
	麦吉尔大学 McGill University	12~20 个月	99,500.00
	渥太华大学 University of Ottawa	12~24 个月	70,733.70
	约克大学 York University	16~20 个月	117,850.00
会计 Accounting	多伦多大学 University of Toronto	1.5 年，4 个学期 F/W/S/F	62,325.00
	滑铁卢大学 University of Waterloo	48 个月（博士）	284,028.00
	约克大学 York University	16 个月	62,450.00

五 00 后加拿大研究生申请经典案例

案例 1 高考失利，4 年努力终逆袭，研究生获多所加拿大名校录取

高考失利是否意味着从此再无进入名校的机会呢？思宇同学用他的经历告诉大家：只要有名校梦，终有一日将得以实现。在名校云集的北京，思宇同学所在的大学并不突出，他觉得与其庸庸碌碌完成本科学习，然后找个工作躺平，不如抓住机会，为自己争取进入世界名校的机会，探寻更多未来的可能性。

思宇同学大三时找到了我，在咨询过程中我了解到，他的留学想法从大一就有了。整个大学阶段，他努力学习，保持着很好的学术成绩。临近申请，他希望通过我和团队的帮助，冲击排名靠前的加拿大大学。但那时他的托福才 90+，还没有考过 GRE，没有高质量的实习和项目经历。目前这样的背景仅仅能达到最基本的申请门槛，尤其是综合背景方面，还有所欠缺。

我给他的建议是，在保持学术水平的同时，争取高的标化成绩，目标定为托福 110+、GRE320+。思宇同学对整个规划和申请特别配合，也积极反馈自己在准备托福、GRE 和实习中遇到的问题。我们积极沟通，亦师亦友。最终，他的托福成绩冲到了 108 分。起初规划时，我发现思宇同学的项目经历多为在校课程或校级的项目，这是远远不够的。我建议他丰富一下自己的软实力背景，寻找相关的实习机会。于是，他利用课余时间，开始在一个跨国技术公司实习，这个实习项目也增加了思宇同学的综合软实力。

规划开始时，思宇对于研究型硕士特别感兴趣。我们商量好后，确定学校和导师的方向，开始联系导师套磁。但套磁的过程并没有想象的那么简单，我们发出的数十封套磁信都没有得到回复。我们不断转变方向和思路，数次修改套磁

信。最终，康考迪亚大学的导师给了思宇面试的机会。

在长达半年多的套磁过程中，思宇不断地参与到实习和各种项目中。通过学校的项目和企业实习，思宇对自己以后的学习和职业规划也更加明确了：学到的知识要应用于实践才是学习的真正目的，特别是在日新月异的互联网行业。于是，我们申请的重心从研究型硕士转为实践性较强的授课型硕士。

除了不断提升的综合实力，思宇优异的申请成果还得益于文书的写作与之后的数次修改润色。我们指导思宇仔细梳理并筛选自己的经历，结合他感兴趣的每个目标大学的不同专业，规划写作思路，整合写作逻辑。在多次沟通挖掘后，思宇终于为不同学校的不同专业量身定制了不同的文书。例如，在英属哥伦比亚大学的电子计算机工程专业的申请中，思宇结合他之前软件开发设计的项目经历，展现了自己对于软件工程的兴趣以及未来进一步的学习目标，这与所申请专业的要求是十分贴合的。

最终，思宇同学收到了英属哥伦比亚大学、滑铁卢大学、西蒙菲莎大学和渥太华大学等多所名校抛来的橄榄枝。给自己设立目标只是开始，付诸努力，明确每一步的规划，才是实现目标的关键。

案例 2 看重导师和方向，美本、美研学霸申加，获多伦多博士全奖

Jackie 同学找到我时，刚从美国顶尖大学硕士毕业，透过他厚厚的简历，不难看出他的优秀和自律。本硕期间，他的专业一直与数学、统计相关，对国外的教学模式也非常了解。在保持高 GPA、获得学校高额奖学金的同时，Jackie 本科期间还考了多门精算相关证书，也有着丰富的课外生活。通过和 Jackie 的沟通，我发现他对深度学习、机器学习、数据分析、金融数学都有着极强的兴趣，而他的理想很宏大、也很简单：想在博士阶段做更加深入的研究，未来为人类社会的进步做出贡献。这个理想和目标乍一听好像很“虚”，但在和 Jackie 沟通的过程中，我能感受到他的真诚和热情，以及他满怀的信心。

由于 Jackie 本科、硕士期间院校背景及 GPA 都很优秀，他对博士申请学校的期待也很高，开始时目标只集中在多伦多大学、英属哥伦比亚大学、麦吉尔大

学这3所加拿大医博类排名前3的学校。鉴于他自己本身的背景，Jackie的高期待是无可厚非的。但在我跟他一起深入分析了他的优劣势后，他也意识到了自己在科研背景方面的不足——成绩仅仅停留在大学的课程作业上，但缺乏跟随导师做研究的经历。这样的背景，在申请博士时显然不占优势。因此，我建议他在申请前进一步提高自己的软实力。

暑假期间，我们指导Jackie进行简历的整理，并开始联系教授。每次与教授沟通前，Jackie都会认真阅读教授近期发表的相关论文，对沟通内容做针对性的修改和调整。就这样，Jackie积极准备，我们全力协助，根据进度反馈调整选校。在第二轮邮件沟通时，麦克马斯特大学的教授积极回复，表示想与学生约个时间面试。在收到回复后，我们同事第一时间为Jackie进行了中外教的面试辅导，并建议Jackie在面试前，进一步了解教授的论文和研究方向。由于准备充分，教授反馈非常好，甚至承诺可以保证录取，建议Jackie马上申请。

10月，我们最后敲定了目标申请院校：多伦多大学、英属哥伦比亚大学、麦克马斯特大学和西蒙菲莎大学。在11月至12月，我们指导Jackie提前完成了全部申请的递交，并且在次年1月初收到了麦克马斯特大学的好消息。

时间很快进入2月，伴随着国内喜气洋洋的春节气氛，Jackie收到了一位之前从未联系过的来自多伦多大学教授的邮件。教授主动介绍了自己目前的研究情况，并表示自己对Jackie的申请比较感兴趣。我们与Jackie共同了解了教授的基本情况后发现，教授的研究方向也和Jackie很契合，于是我们建议Jackie积极回复教授，并鼓励他主动邀请教授，通过视频面试的形式进行更深入的沟通。教授很快接受了Jackie的邀请，并给他布置了一周高强度的“科研作业”，完成后才进行了正式面试。闯过重重关卡，Jackie得到了教授的高度认可，不久后收到了多伦多大学的正式博士录取通知书，并在9月顺利开始了自己的博士之路。

总的来说，博士申请对于学生自身的条件要求是非常高的，除了与合适的导师进行充分沟通，最重要的还是学生的硬实力。因此，有意向攻读博士的同学，一定要尽早开始准备，在保证高GPA的同时，主动积极地充实科研实习经历，提升自己的整体竞争力。

案例3 合作办学背景优势明显，申加研究生事半功倍

加拿大的研究型硕士要什么样的条件才能拿到录取呢？很多学生都会被研究型硕士的申请难度劝退。不同于授课型的硕士，研究型硕士更适合想在学术科研领域深耕的学生，致力于培养未来的研究员和科学家。浩宇同学用自己的经历告诉我们，机会总是留给有准备的人。只要充分准备，研究型硕士并非遥不可及。

浩宇同学本科所学专业为纳米材料与科学，他有意向申请化学方向的研究型硕士。他本科就读的项目为北京交通大学与滑铁卢大学的“2+2”项目。在申请的前期准备阶段，他一直忙于行前准备、学校报到以及实验室等工作，精力比较分散。同时根据自己身边的朋友、学长学姐的经验，浩宇同学认为申请工作不着急，而且只打算申请研究型硕士，不接受用授课型硕士保底。

他最理想的院校是自己的母校滑铁卢大学。考虑到大四自己与滑铁卢大学实验室导师的研究方向，他希望从材料化学方向转为偏向生物化学方向。但是由于浩宇的第一志愿导师为大四的老师，他希望能在实验室的成绩有阶段性突破的情况下，再与导师沟通研究生申请事宜。在这种情况下，我先建议浩宇与导师保持密切沟通，选择合适的时机与导师沟通自己申请研究生的想法。同时，我综合分析了浩宇同学的专业背景，推荐他参与了一个纳米技术与纳米材料研究的科研项目。浩宇同学在项目中成绩突出，最终还产出了一篇材料方向的论文。

有了学术上的准备，接下来就是联系导师了，这也是整个申请过程中最重要的一个环节。我与浩宇同学一起在各个大学的海量导师中，寻找研究方向最适合他的导师。由于浩宇同学对于选择导师和方向非常谨慎，一直犹豫不定，我们的套磁进度并没有按照预期的计划顺利进行。多年帮助学生规划申请的我，对于时间节点高度敏感，考虑到递交申请时需要填写意向导师，截止日期又即将到来，我多次建议浩宇同学与导师沟通，并推进他与其他意向院校的套磁工作。

终于，浩宇找到机会，与毕设导师沟通申请事宜，并且收到了教授的肯定回复。于是我和团队把他的导师作为第一意向导师，在截止前完成了申请递交和材料补充工作，并同步建议浩宇继续与其他学校进行套磁。

3月初，浩宇收到了麦吉尔大学化学学院的通知，得知已经通过了院系的审

核，需要在5月中旬前成功联系导师，拿到最终的录取。在收到这个好消息后，我们继续推动浩宇的套磁工作，并建议他做两手准备。由于他的第一选择还是滑铁卢大学，在3月中下旬，浩宇找到机会与滑铁卢的导师沟通申请进度和录取事宜，并得到了导师的最终接收确认，研究生院也很快发来了预录取。浩宇当天就回复接受预录取，并于一周之后拿到了滑铁卢大学的正式录取，还带有每年24,922加币的奖学金（共两年）。同时，他决定放弃麦吉尔大学的机会，继续在母校跟随毕设导师的步伐，继续自己的研究之路。

GPA、标化是申请硬实力，但是掌握时间节点，保持申请节奏，也是申请和录取非常重要的一步。预祝浩宇同学未来的研究之路顺顺利利！

案例4 从绝望中寻找希望，GPA 2.5+ 逆袭多伦多大学硕士

小刘同学本科去加拿大读书就是我帮着规划的，因此小刘同学和家长对我们团队的专业度非常信赖，4年后又找到我进行硕士阶段的申请。最开始，小刘和家长都有比较严重的“选择困难症”，再加上本科期间成绩的不理想，小刘同学想一边刷绩点一边挑选专业，因此一直拖到了农历年前夕才开始选校。好在在大四上学期期末考试中，他的成绩也终于有了很大的提升，达到了2.59/4.0。

小刘同学一开始就了解自己的GPA劣势，因此整个申请过程都十分焦虑，担心无学可上。在几番犹豫下，抱着试一试的心态，我们最终确定下来要申请的10所学校，申请的专业方向多达7个。由于学校最终定下来的时间较晚，且临近加拿大大部分硕士院校的申请截止时间，小刘同学一边在紧急寻找推荐人的同时，一边进行大量文书的准备。

好在小刘和家长都比较细致，申请界面的所有信息，从大小写到标点符号都和我们逐一核对。1月末确定学校后，我和团队迅速整理出10所目标院校的申请截止日期，之后根据截止日期先后，指导小刘进行文书的编辑修改，针对性地提升竞争力。为了更高效地和小刘进行文书修改意见的交流，团队老师几乎是同步小刘的加拿大作息时间——北京时间晚上和上午与学生进行微信语音沟通、指导修改文书，下午更正申请信息进行提交。在2月初到3月末近两个月的时间

里，从初稿到定稿，涉及的文书修改共90余稿。

申请递交后，首先收到的是4个学校的拒录通知，原因十分明确：小刘同学的成绩不具备竞争力，百般争取也毫无效果。在反复与申请学校沟通的过程中，有几所学校还具体说明，小刘同学一科专业课的成绩为零，并且有一学期未注册课程。焦虑之中，我安慰小刘同学，并与团队一起讨论，指导小刘同学进一步解释说明成绩单上的问题。虽然还没有收到学校的录取，但是家长并没有气馁，而是一直在对我和团队认真负责的工作态度表示肯定，即便是在一次次收到拒录信后，我们也在相互鼓劲儿。

连遭几次拒录后，终于在多伦多大学信息学申请材料提交后的不到20天，小刘同学收获了第一封来之不易的录取！他的诚意打动了招生官！迎来了GPA 2.5+，录取多大硕士的华丽逆袭！

回顾整个申请到拿到录取的过程，其实“拼人品”只是谦辞，更多的是日夜兼程不服输的坚持和字斟句酌90余篇文书修改稿的底气。

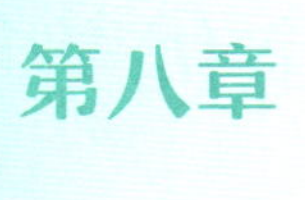

第八章

澳大利亚研究生

名校名企，双重优势

一 澳大利亚研究生留学优势解读

在澳大利亚的各大留学项目中，研究生项目一直是申请占比最高的热门项目，每年都有众多中国优秀学子赴澳读研，国内的本科毕业生可以直接申请澳大利亚所有大学的硕士课程。无论是入学、环境还是就业，赴澳读研都有很多独特的优势。

课程类型丰富，选择范围广

澳大利亚研究生项目专业选择范围广，部分专业还可以接受跨专业申请，且申请材料和大学受理周期相对宽松，能较快获得 offer。其硕士课程主要分为两类：授课型硕士（Master by Coursework）和研究型硕士（Master by Research）。

授课型硕士课程时长为 12~24 个月，以上课为主，不太涉及研究方面的内容。研究型硕士课程时长为 2 年到 3 年，课程内容以研究和论文为主。两种课程的对比可见下表。

类别	授课型硕士	研究型硕士
主要特点	以就业为导向，以授课为主要学习方式，课程设置紧贴澳大利亚就业市场需要，可以转专业	以科研为导向，学生在导师带领下独立完成课题研究，毕业后可升读博士
适合人群	以就业为主要目的，或者希望转换本科专业的学生	立志于在某一方面进行深入的学习和研究，并在将来继续攻读博士的学生
时间长度	1 年到 2 年	2 年到 3 年（发表论文为止）
入学要求	本科毕业，成绩达到学校入学要求	本科毕业，有一定研究背景（最好有相关论文发表）
申请程序	向大学国际办提交入学申请	先联系导师，再递交入学申请

奖学金种类丰富

澳大利亚的大学奖学金种类丰富，就硕士课程而言，如果申请者符合奖学金条件，大部分学校会自动随 offer 发放奖学金。除此之外，各个学院也会设置不同的奖学金机制，学生可以根据自身条件进行申请。以西澳大学和阿德莱德大学为例，西澳大学根据学生的条件与背景，择优发放每年 6,000~10,000 澳币不等的奖学金；阿德莱德大学根据学生的学术成绩，提供 15%~30% 学费减免的世界公民奖学金，该奖学金无需单独申请，符合条件的学生，学校会在录取通知书中写明奖学金信息。博士课程提供奖学金的概率会更大，通常由导师来决定发放奖学金的比例，具体可以在跟导师邮件沟通阶段来确定奖学金发放事宜。

平均薪资十分可观

由于澳大利亚拥有丰富的能源和资源，毕业生选择从事能源产业可获得较高薪酬。中国学生更喜欢的商科、工程和 IT 专业的毕业生薪酬也有亮眼的表现。整体上，澳大利亚应届生的平均薪资十分可观。薪酬待遇的提高，会成为家长和学生选择澳大利亚留学的重要驱动力。此外，澳大利亚大多数专业可获得职业认证，2 年以上的学位课程毕业后可自动获得工作签证。

下表为澳大利亚热门留学专业平均薪资概览。

热门专业	平均薪资（澳元）/年	热门专业	平均薪资（澳元）/年
计算机科学（MCS）	99,000	生物药学（MS）	73,000
电器工程（MS，EE）	97,000	心理学（MS）	83,000
金融学（MBA）	83,000	传媒学（MA）	75,000
统计学（MS）	81,000	管理（MBA）	99,000
数学（MS）	84,000	市场（MBA）	100,000
法学（MA）	85,000	教育（MED）	73,000
材料工程（MS）	100,000	能源（MEng）	105,000

数据来源：PayScale

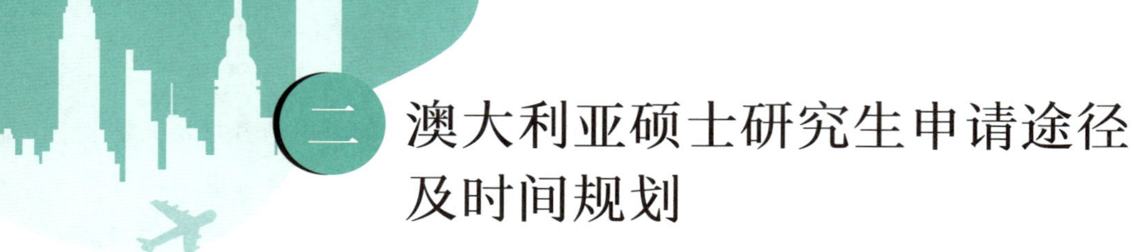

二 澳大利亚硕士研究生申请途径及时间规划

澳大利亚硕士申请的三种途径

澳大利亚大学每年的学费为3~5万澳币不等，通常商学、理工科学费较高。结合国内学生的申请特点，从申请类型来看，赴澳读研主要分为三种途径：本科毕业直申硕士、专升硕、预备课程+硕士（授课型）。

澳大利亚大学每个专业都有较为明确的录取分数要求，专业申请主要分为六大方向：商科、工程、计算机、理学、人文社科和设计类。例如，某所大学的录取标准如下表所示：

专业	学校及成绩	雅思成绩	托福成绩
商科类	985/211 院校：70~85	6.5~7.0（单项不低于 6.0）	85~96（单项以专业或院校的要求为准）
工程类	985/211 院校：70~85		
计算机类	985/211 院校：70~85		
理学类	985/211 院校：70~85		
人文社科类	985/211 院校：70~80		
设计类	一般需要参考作品集		

① 本科毕业直申硕士

本科学生申请继续修读本专业或者申请跨专业硕士直读，学制时长通常为1.5~2年，部分专业针对有相关学术及实习背景的学生，提供1年学制的课程。学校通常1年有2次开学时间，分别为2月与7月，有部分专业每年只设置1次开学时间，一般在2月。其中新南威尔士大学1年有3次开学，开学时间分别为2月、6月和9月。提供本科阶段符合录取要求的相关学术材料及语言成绩进行申请，即有机会获得硕士录取。

② 预备课程 + 硕士课程（授课型）

如果学生在本科阶段的成绩没有达到院校要求，不符合直读硕士课程的要求，部分学校如悉尼大学、新南威尔士大学、昆士兰大学等，可向学生提供硕士文凭课程，即预备课程。学生有机会收到打包录取（Package Offer），即预备课程 + 硕士课程两段课程的录取。学生需要在第一学期或第一学年完成预备课程，并取得符合继续入读正式硕士课程的成绩，以此来换取无条件的硕士录取。完成全段课程后，学历与直读硕士学历一样受到认可。

③ 专科毕业申请硕士课程

部分大学接受国内大专毕业生通过研究生桥梁课程入读硕士课程，一般仅限于商科、IT等专业，部分专业需要工作经验。这种申请路径适合具有大专院校毕业证、本科毕业无学位证、成人教育或自考等背景的申请者。开学时间通常一年有3次，分别为2月、7月和10月。

澳大利亚硕士申请时间线

在明确了去澳大利亚读研后，大学四年应该如何规划呢？下表是一份大学四年规划路线图和申请时间线。

学段	时间阶段	准备内容
大一学年	9月至次年6月	保持较高的在校成绩； 了解留学资讯，明确留学意愿和方向； 参加留学展会、留学活动，进行个性化的咨询等，全方位了解自身留学需求及心仪的留学目的国。
	7月—8月	通过语言测试，提前了解自身语言能力。

续表

学段	时间阶段	准备内容
大二学年	9 月至次年 1 月	提升在校成绩； 进行针对性的留学规划； 读英文著作或者期刊，积累词汇，提升自己的英语整体水平； 进行初步的学术阅读，对未来专业方向进行了解。
	1 月—2 月	寒假参加第一段相关实习。
	3 月—6 月	提升在校成绩； 接触雅思 / 托福 / 培生英文考试学习； 获得留学方案规划，确定申请方向及备选院校。
	7 月—8 月	参加第二段暑期相关实习，或者一段科研项目； 进行雅思 / 托福 / 培生英文考试备考。
大三学年	9 月至次年 1 月	提升在校成绩； 准备雅思 / 托福 / 培生英文考试。
	1 月—2 月	参加雅思 / 托福 / 培生英文考试。
	3 月	提升在校成绩； 初步确定申请院校及专业； 准备申请材料； 上学期结束即可递交申请。
	4 月—8 月	获得院校有条件录取； 英文考试二战（如需要）； 参加第二段科研项目。
大四学年	9 月至次年 3 月	提升在校成绩； 英文考试三战（如需要），如语言成绩始终未达到学校的直接入学要求，可考虑申请学校的语言课； 针对境外课程的内容提前预修。
	4 月—5 月	准备毕业设计 / 毕业论文； 准备签证材料； 接受录取并缴费确认入学； Con-COE 流程。
	6 月	签证体检，递交签证申请； 参加离境会。
毕业后	7 月—8 月	补交完整成绩单、毕业证、学位证； 签证获批，前往澳大利亚； 适应海外学术生活。

三 澳大利亚硕士研究生录取趋势分析

澳大利亚的大学有60多年招收海外学生的录取经验，基于对中国教育体制及大学录取的研究，它们有一套完整的录取标准。澳大利亚大学对国内大学及专业的评估很具体。例如，新南威尔士大学的商科对国内985和211大学的申请者要求是75分，非211/985大学的申请者录取标准是88分。

因录取通知书是先到先得的缘故，很多澳大利亚大学可接受国内本科生用最少5个学期的成绩申请有条件录取通知书。

目前各大学发放录取结果的周期在2~3个月左右，个别大学或专业要4个月甚至更长的时间才会给出最终结果，受理周期有延长的趋势。

此外，对申请材料的审核也趋于严格。例如，对大学在校成绩、雅思等语言成绩、推荐信的真实性进行较为细致的审查。

近几年由于申请量激增，很多大学都不断提高录取标准。例如，墨尔本大学的硕士项目更青睐国内C9大学的学生；澳大利亚国立大学的硕士项目录取采用分轮和择优录取方式来进行；申请悉尼大学和新南威尔士大学商科硕士项目的学生要有雅思7分以上的成绩方可达到语言录取要求等。

四 澳大利亚博士研究生申请解读

澳大利亚博士申请概况

澳大利亚的博士课程有着众多优势，大部分学校和专业不强制要求提供GRE或者GMAT成绩，学费性价比高，奖学金体系丰富，录取和毕业相对容易，且福利和支持政策很多。澳大利亚博士毕业不强制要求发表论文，学生按照学校要求完成论文并且通过答辩即可。此外，澳大利亚政府为了吸引更多高层次人才前来就读，为博士生提供了多种福利，使得越来越多的中国学生愿意选择去澳大利亚攻读博士学位。

博士学位的学制时长多为3~4年，是澳大利亚大学所授予的最高学历。博士学位课程是一种研究性的学位课程，但其中一部分课程也以授课方式教授。博士学位课程由三个部分组成：对文献、实验或者通过其他系统方法对本专业知识体系所做的研究进行的探索和分析；在某一专业或者研究领域内，对该学科理论及知识的应用做出重大贡献的研究项目；论述该研究与本学科主要框架关系的内容翔实、条理清晰的论文。博士项目开学时间灵活，全年都可开学。

荣誉学士、授课类硕士、研究型硕士背景的申请人均可申请博士项目，少数院校接受本科直读博士（主要为理工科背景）。入学要求基本等同于澳大利亚学历75分以上，工程和商科是最为热门的申请领域。有着良好院校背景，如国内985/211院校或海外名校毕业，且有优异的学术成绩，雅思考到直录分数并拥有丰富科研经历的申请者，通常获得奖学金的概率更高。

博士项目的奖学金相对好申请，有20所大学跟中国留学基金管理委员会（China Scholarship Council，简称CSC）有合作协议。博士就读期间，允许配偶和子女陪同，可以不限时打工，毕业后还可以获得6年的工作签证。博士毕业生在澳大利亚当地工作，基本薪资约为10.2万澳币/年（约为人民币47.5万/年）；回国就业进入中国企业的博士毕业生，在国内的就业待遇和落户都有明显的优势，起薪高于本硕学生。

博士申请录取标准

博士申请的录取标准与普通硕士不同，GPA对于申请成功与否的影响并没有那么大，核心竞争力考核的是申请者的科研能力和未来的发展潜力。

学历背景方面，申请博士需要获得全日制大学本科学历或硕士学历，GPA虽然不是决定因素，但是也不宜过低，一般来说本科院校是985/211院校的学生GPA平均分需达到80/100，而本科为非211院校的学生则建议GPA平均分至少达到85/100。

英语成绩方面，对于非英语国家的学生来说，在澳大利亚读博士对于雅思的分数要求一般为6.5~7.0分，个别专业如医学会要求7.0分的成绩。递交学术材料申请时，如果已经有符合直入条件的语言成绩，对申请会有一定的帮助；如果当时还没有符合直入条件的语言成绩也不用过于担心，大学会先发放有条件录取，后期补交语言成绩即可。

事实上，科研能力、项目实践背景、核心期刊文章的发表，这些才是博士申请中的制胜因素。没有良好的科研背景，在邮件沟通过程中就很容易被导师忽视，因此建议在和导师沟通前要尽可能做全面的准备，同时提供详细的个人简历，展示出申请者在以往学习和工作中表现出来的科研能力，这样才更能获得导师的青睐，最终获取邀请信。

申请澳大利亚博士的核心要素

申请澳大利亚博士主要有三大核心要素。

一是确定申请方向和选择导师。可以根据自己的基本技能、专业素养和个人经历，选择自己感兴趣并且有一定知识储备的领域，再结合目标导师的研究方向来考虑匹配。需要注意的是，申请人必须要获得读博专业的导师同意，才能进行博士项目的申请。

二是科研背景提升。院校背景、GPA 和科研经历这三方面是比较重要的，特别是科研经历，一定要尽量多参加项目或发表论文。

三是文书。文书是体现学生自身特点、个人经历、兴趣爱好、专业意向的重要载体，学校招生官可以通过你的文书，深入了解到学生的个人情况是否与项目匹配，从而决定是否录取。

其中，研究计划书（Research Proposal，简称 RP）是申请澳大利亚博士最重要的一份材料，它直接决定了你的研究项目是否能受到导师的青睐从而成功被录取。RP 除了表述自己的研究目的和意义，还需要突出研究的核心价值，以及如何结合导师本身的研究领域将学术成果最大化。

澳大利亚读博常见的 3 类奖学金

① 国家留学基金委奖学金（CSC）

国家留学基金委与澳大利亚大学签署了合作谅解备忘录，双方联合资助中国具有较大发展潜力的优秀人才赴澳攻读博士学位。澳大利亚目前共有 21 所大学与 CSC 开展了合作奖学金项目，CSC 会为奖学金获得者提供一次性往返国际旅费和资助期限内的国家公派留学人员奖学金。CSC 所有项目都只涵盖生活费（每月发放约为 1900 澳元的补贴），学费由澳大利亚合作的大学提供。在 CSC 与澳大利亚大学的合作协议中，每所大学都会有名额的限定。

② 澳大利亚政府奖学金（RTP）

RTP 奖学金的全称为 Research Training Program，即研究培训计划，旨在吸引高素质的国际学生进入澳大利亚大学学习，帮助其获得高质量的研究成果，从而为大学的研究和教育做出贡献。此项奖学金是澳大利亚政府直接分给澳大利亚各个大学的，包括学费（约 4 万澳元 / 年）、生活费（约 3.5 万澳元 / 年）和每年各种福利（如海外医疗保险、签证费用报销、打印论文报销等），以及最长 12 个月的海外研究的费用等。

RTP 奖学金非常丰厚且有逐年上涨的趋势。该奖学金由澳大利亚政府统一评选，每年的名额只有 300 个左右，竞争相当激烈，对申请人的学术水平和背景要求较高。

③ 大学 / 院校奖学金

澳大利亚各高校为了提高自己的国际知名度，吸引全球优秀学生，纷纷设立了多种奖学金。这些奖学金分为大学级别、学院级别、专项奖学金等类别，奖学金金额不等。国际学生可以通过学术成绩、过往的科研经历、面试等资质和背景来申请奖学金。相对于国家级别的奖学金来说，校际或学院的奖学金更容易申请一些，但这类奖学金与导师和项目有非常大的关系，基本在申请前期就能知晓是否会有奖学金提供。

总体来看，澳大利亚各大高校对申请博士的留学生，最看重的不是你的“出身”，而是求学至今的科研经历。因此，日后有意申请澳大利亚的博士项目的同学，请一定关注自身科研方面的背景提升，充分做好各项申请准备工作。特别是申请全奖出国读博是一个全方位的竞争过程，需要申请者的个人背景、学术实力、科研项目、申请文书、签证申请等各方面的充分准备。

五 00 后澳大利亚研究生申请经典案例

案例 1 考研失利后，拿下墨尔本大学生物信息硕士 offer

小桦同学是中国农业大学的学生，最初来到新东方咨询留学申请的时候，意向申请的专业是生物医学方向，当时雅思成绩也尚未准备好。在和小桦进行初步的沟通之后，我们了解了他渴望的求学方向，但由于生物医学专业对本科背景有要求，所以当时我们建议他更换申请方向。小桦在详细了解对比之后，决定先放弃出国，转战国内考研，但国内考研结果却并不理想。

考研成绩出来后，小桦很受打击，对未来感到很迷茫。此时小桦想起之前的咨询经历，再次来到了新东方了解出国留学。通过我们专业、耐心和细致的讲解和分析后，小桦十分认可我们为其规划的留学方案。

为了最大限度弥补小桦考研这一年多的时间的损失，我们迅速针对小桦的情况，为其定制了关于个人综合实力的提升计划和富有针对性的规划策略以及院校匹配。我们详细地指导了小桦如何提升雅思成绩，规划听说读写四项课程，将一对一课程与大课相结合。同时，我们也陪同小桦一起每天在留学服务群中坚持背单词打卡，还告诉他如何选择适合自己的课外活动及科研实习项目等，力争把所有的步骤都提前规划。

在我们的细心指导以及小桦的积极配合下，他顺利将雅思成绩提升至院校要求的标准线，考到了雅思 7 分的好成绩，并最终拿到了墨尔本大学生物信息硕士的 offer。

综合来看，在考研失利后及时调整方向，明确新的目标并进行合理的规划，是小桦同学此次成功申请的关键所在。

案例 2 雅思关难过？PTE 73 分拿下昆士兰大学 offer

晓楠同学因为父母工作的关系，从小经常出国旅游和短居，所以很早就在规划出国留学读硕士的事情。大三的时候，她找到我们做申请，当时做的是英国和澳大利亚联申。在申请的过程中，晓楠觉得澳大利亚的出国路径更适合自己，并且澳大利亚可以申请到的院校排名也更高，更有利于未来回国就业，因此最终选择了澳大利亚。

在我们的共同努力下，晓楠最终获得了澳大利亚“八大”之一、2024QS 世界排名第 43 位的昆士兰大学应用金融硕士专业的录取。澳大利亚的院校审核比较灵活，没有语言成绩也可以申请，符合学校录取标准的申请人会被发放有条件 offer。晓楠收到昆士兰大学的有条件录取之后，学习英语的动力和信心也增强了，但是她在语言考试方面并不是特别顺利。因为选择了英联邦国家，所以晓楠一开始就备战雅思，不过因为紧张等综合因素的影响，雅思分数始终徘徊在 5.5 分左右，而且分数越难提高越影响下一次的发挥。

在这种情况下，我们提出让晓楠改变思路，由于澳大利亚院校认可多种语言考试成绩，因此我们建议她换方向去考培生英语学术考试（PTE）。第一次盲考，晓楠试了一下感觉还可以，分数相当于雅思 6.0 左右。最后通过我们的详细指导，晓楠针对单项去学习专属课程，对自己的薄弱项进行了提升，第三次 PTE 直接考出了 73 分的好成绩。同时，她也利用自己空余的时间参与国内的科研项目，充实背景，最终顺利获得昆士兰大学的无条件硕士录取。从晓楠同学的申请经验来看，早规划和早准备是成功获取名校录取的重要因素，而做多手准备更能助力自己快速抵达目标终点。

案例 3 非法本、无工作经历，突破难点，圆梦墨大法律专业

志伟同学来自国内一所政法类院校，因为父母从事法律相关工作，所以他从小耳濡目染，对法律也非常热爱。但是由于高考发挥并不理想，他虽然考进了政法类院校，但是未能进入理想的法学专业，而是读了国际经济与贸易专业。

志伟没有就此放弃，他在主修国际经济与贸易专业的同时，辅修了法学专业，最终也拿到了一个法学学士学位，但以此来申请澳大利亚法学专业硕士项目仍有很大难度。因为澳大利亚的法律硕士在澳大利亚是一个很特别的存在，时长只有 1 年，因此要求学生必须是本专业背景才可以申请。从严格意义上来说，志伟的法学专业背景不算完整。首先，因为他辅修的法学专业只有 18 门课，主修专业里有 2 门法学相关的课，满打满算只有 20 门法律相关的课程；其次，由于志伟对法律的热爱和对名校的向往，他的目标一直锁定在墨尔本大学和悉尼大学这两所名校上，尤其向往墨尔本大学。然而，墨尔本大学虽然取消了 LSAT 考试（Law School Admission Test，法学院入学考试）要求，但需要 2 年工作经验，而志伟刚毕业一年，工作经验是达不到学校要求的，所以申请难度较大。但是既然学生很信任地选择了我们，即使只有一线希望，我们也愿意帮学生去争取。

在对志伟的情况进行分析之后，我们开始积极寻找突破口。首先，经过深入沟通，我们对学生进行了亮点挖掘，虽然他没有 2 年工作经验，但在毕业前后，分别做了 3 段法律实习，长度都大于 3 个月。我们从这个点入手，帮志伟梳理实习中获得的经验，重点突出与申请专业的关联性，且突出其本科院校是墨尔本大学认可的中国 6 所政法类院校之一，以此增强说服力来打动招生部审理老师。同时，我们为学生搭配了法律方向的实习与科研项目，以此来增加学生的法律背景。最终，经过漫长的等待期，志伟终于斩获了墨尔本大学的录取。

总的来说，志伟同学能顺利获得墨尔本大学的录取，除了自身的学术能力及积极配合的态度外，也离不开精细的分析和规划，以及有针对性的背景和能力的外化及提升。

案例 4 “学习困难户”完美逆袭，从高考失利到全球前 20 硕士

初见 Willson 时，他还是个处于迷茫期的高三小男孩，成绩中等偏下，对待高考及未来的升学之路并未做过多打算。

经过深入的沟通，我们了解到，以 Willson 的成绩如果参加国内高考，可能连三本线都无法达到。他的英语水平也不太理想，平时考试处于刚刚能及格的分

数段。于是我们给他提出了“国外预科＋国内高考”双保险的方案，在备战高考的同时，开启雅思的学习，同时用国内高中的成绩帮他申请澳大利亚的皇家墨尔本理工大学、悉尼科技大学等学校的预科。申请递出后没多久，Willson 就收获了几所学校的预科和本科预录取。

紧张的高考季随之而来，Willson 的高考分数最后也不是很理想，还好经过一番努力考出了满足基本要求的雅思分数，再搭配语言班，就这样，Willson 前往悉尼科技大学开启了他的留学之旅。

起初，Willson 在澳大利亚的学习并不顺利，由于语言能力差、学习基础薄弱，在异国他乡的 Willson 学习十分吃力。了解到他的情况后，我们尽快帮他安排了海外同步辅导老师，课后帮他查漏补缺，考前整理重点，总算在期末考试时成绩小有起色，并通过了语言和预科的学习。

疫情防控期间，Willson 也没有停止学习的脚步。回到国内后他继续通过网课的形式学习，并逐渐走上正轨。大学快毕业时他又联系到我，欣喜地告诉我，当年的“学习困难户”即将毕业了！而且他还拿到了均分 70 以上的好成绩。当然，这个成绩对于学霸来说可能不算什么，但对于 Willson 来说，已经是质的飞跃。

Willson 表达了想要继续留在澳大利亚攻读研究生的想法，他的毕业成绩足以成为澳大利亚“八大”的敲门砖。很快，Willson 的研究生选校方案我们就确定好了。有了好的成绩，也就意味着有了更多选择。我们帮 Willson 申请了悉尼大学、墨尔本大学和澳大利亚国立大学的研究生，3 所学校的录取接踵而至。在综合考虑了学校影响力、专业排名、地理位置等因素后，Willson 最终选择继续留在悉尼，入读悉尼大学。

经过 4 年时间，从高考失利的“学习困难户”逆袭进入 2024QS 世界排名第 19 位的悉尼大学攻读市场营销学硕士，回忆起来，初次碰面时的留学规划及澳大利亚留学的选择，仿佛拨动了命运转动的齿轮，对 Willson 未来的人生轨迹做出了巨大的改变。相信两年后，我们还能收到更多关于他的喜讯，让我们拭目以待。

案例5 国内三年大专生，成功入读高性价比QS前200双硕士

Chad最初是通过网络咨询的方式与我们沟通的，经过一段时间的线上沟通后，他从江苏来到北京与我们面对面咨询。

Chad目前大三，就读于江苏某职业技术学院的无人机应用技术专业。虽然即将毕业，但他对未来的出路很不清晰，只是想着要升学提升自己的学历。

在经过对国内升学体系的研究后，他进行了反复思考和斟酌，最后决定出国留学。Chad是一个很务实的人，很清楚自己的优劣势，目标是寻求一所性价比较高的大学：一来不想因出国留学给父母增加太多经济上的负担；二来也希望大学的综合实力强一些，为日后在当地就业或回国就业提供助益。

结合Chad的背景情况，我们为其量身定制了留学规划方案。我们向他推荐了“硕士预科+硕士”的方案，同时建议他开始准备雅思考试。申请递交后，Chad很快就收获了offer，是他心仪的纽卡斯尔大学（Newcastle University，2024QS排名162）和伍伦贡大学（University of Wollongong，2024QS排名173）。经过努力，Chad的雅思最后考到了5.5分（听力6，其他5.5），他最后选择了伍伦贡大学的硕士预科（商科）和双硕士的录取（国际商务和创新管理）。

该项目的学习计划为：10周英语+8个月的硕士预科+1.5年的双硕士课程，近2.5年。由于Chad的英语成绩不够，因此搭配本校10周的语言班。硕士预科阶段的学制为8个月。双硕士学位第一阶段硕士学制为1年，第二阶段是半年，这样硕士整体一年半就完成了学业。双硕士可以获得后续工作及移民的更多可能性。

通过Chad的这个案例，我们也可以看到澳大利亚大学录取的多样性和包容性。澳大利亚的大学更在乎的是给学生一个相对平等的教育机会，让学生通过自身努力来创造未来的无限可能。

案例 6 160 万奖学金，新南威尔士大学工程全奖博士录取记

记得那是一个三月的下午，我们接到了 Herman 的咨询电话，电话中的他语气中充满了无奈和不知所措。

原来，Herman 在硕士就读期间，非常有意向申请澳大利亚博士，并先后给澳大利亚多所大学的多名相关专业的导师发了邮件去套磁，结果却石沉大海、杳无音讯。

于是，他想到了寻求专业人士的帮助，拨通了我们的咨询电话。在了解了他的真实情况，分析了他的前期材料后，我们从专业角度为 Herman 提出了接下来需要调整和完善的内容。在这个过程中，Herman 被我们的专业态度打动，决定委托我们为其申请博士深造事宜，他的目标非常明确，只申请新南威尔士大学化学工程方向的博士。

众所周知，在澳大利亚的大学中，新南威尔士大学的工程专业一直位居首位，不但学科设置广泛，覆盖工程类大部分领域，而且不论是教学、研究还是行业合作都遥遥领先，因此申请难度非常大。但是基于我们对 Herman 情况的分析，以及我们多年成功案例的经验积累，我们有信心能够帮助他实现留澳的博士梦。

作为学术研究的天花板，博士是最高等级，也拥有着最高难度。有别于学士和硕士研究生，学术背景、科研实践只是敲开博士大门的第一块砖，而获得导师支持才是踏上申请之路的重要一步。Herman 结合我们之前给予的修改和完善建议，梳理完申请材料后，再次将更新的材料通过邮件发给了之前联系的相关导师（之前导师一直无回复）。经过 3 周的耐心等待，他心仪的导师终于回复了他的邮件。有了导师回复就有了录取的希望！

接下来，我们为 Herman 正式提交了博士申请。最终，在经历了长达 6 个月与学校的反复沟通之后，他如愿获得了新南威尔士大学博士项目的通知书。

正常来讲，拿到 offer，录取故事也就圆满结束了，接下来 Herman 只要等着入读博士就好了。但我们在深入挖掘了 Herman 更多的科研及实验类支持文件

后，建议他放手搏一搏新一轮的奖学金申请。

听到这个建议，Herman 是有些意外的：一是他对自身的学术条件不太自信，觉得自己还不足以获得奖学金；二是一开始学校没有提供有奖学金的 offer，他自己的家庭条件也可以支付这部分费用，因此没有寄希望能够申请奖学金。但从我们的专业角度和经验来看，Herman 能够拿到奖学金的概率非常大，所以强烈建议他试一试。

我们联系到大学国际办的老师，了解了新一轮奖学金的申请和发放时间，然后将一套完整的材料再次提交给奖学金评审部门。在这轮的奖学金的申请过程中，我们同样也在不断地和学院及学生本人沟通，积极为 Herman 全力争取。经过 5 个月的努力，终于迎来了全额奖学金的通知书！

当收到奖学金通知的邮件时，我们的办公室瞬间沸腾了，大家都为 Herman 感到高兴，Herman 和家人也为这个意外感到惊喜。这份“沉甸甸”的奖学金，除了豁免了 4 年的博士学费约为 100 万人民币（206,270 澳元）外，学校还会额外给 Herman 一笔津贴补助（相当于生活费）约为 60 万人民币（每年 35,000 澳元，时长 3.5 年，总补助费用为 122,500 澳元，且到期后还可去申请）。这样算下来 4 年博士学费和生活费共计 160 万元人民币，真是大大的惊喜！

历经 300 天的耐心等待，Herman 获得了博士类学生签证，且使馆无电话调查（如收到调查申请周期会更长）。在他顺利获签后，我们又为其配偶提交了配偶陪读签证，两周后 Herman 的妻子也获得了签证。现在，夫妻两人已经顺利赴澳开启了新的学习和生活。祝福他们！

案例 7 百折不挠，迎难而上，终获澳大利亚名校艺术类博士录取

我们常说博士申请难，艺术方向的博士申请更是难上加难。Gloria 作为艺术方向博士申请的成功案例，她的故事非常有借鉴性，我们一起来看看。

Gloria 本科就读于四川美术学院艺术设计学专业，研究生在西南大学攻读设计学，在研究生期间发表过 3 篇论文，其中 1 篇发表在北大中文核心期刊。本科

期间，她还参与过酒店策划推广等活动，拥有几段实习经历。

我们认识 Gloria 的时候，她还在读研究生，了解过她的背景和需求后，我们快速从澳大利亚“八大”中选择了几所学校，帮她筛选出相关的导师，并开始了第一轮套磁。然而，由于 Gloria 的 Research Proposal 方向比较冷门，且有地域局限性，内容为《中国古代的“服妖”现象》，因此在套磁过程中，很多导师表示科研方向不符，很遗憾不能接收她。

经过这一轮的打击，Gloria 对澳大利亚“八大”的申请渐渐失去了信心。我们非常理解学生的心情，因此建议她考虑把皇家墨尔本理工大学这所以艺术闻名的学校作为保底，同时继续向“八大”的导师发出套磁信。几番沟通下来，悉尼大学艺术学院的一位教授对 Gloria 的研究方向产生了兴趣，经过反复交流和研究方向确认，该教授表示愿意让 Gloria 加入他的团队，带领她学习深造。

长达大半年的套磁终于成功了，正所谓套磁成功了，博士申请就成功了一大半。这时 Gloria 也顺利拿到了她国内的研究生毕业证书，我们整合了全部申请资料，在当年 9 月正式向悉尼大学递交申请，并在 3 个月后迎来了好消息。最后，Gloria 成功拿到悉尼大学艺术设计博士的 offer。

艺术类的博士申请难度非常大，海外导师会考虑个性化、研究的持续性等多项因素。Gloria 的博士申请过程十分曲折，堪称“历经九九八十一难才取得真经”。还好，她最终拿到了好结果。

澳大利亚“八大”的博士含金量毋庸置疑，仅这八所院校，就占据了澳大利亚政府将近 7 成的研究预算及教育投入。当然，在澳大利亚的其他院校中，也不乏优秀的导师及科研项目。其实，博士申请并非一定要认准某所院校，找对合适的导师才是最重要的。

总结 Gloria 的申请故事，不难发现，博士申请中，科研成果及论文发表是大于本科及硕士的硬性 GPA 的。有了科研成果及论文发表，就有了套磁中的基本谈资。祝福 Gloria 未来一切顺利！

第九章

美国中学

藤校申请的加速器

一 美国中学留学优势解读

说到去美国上中学，大多数家庭最终的目标还是为了孩子未来能上一个更好的大学。“哈耶普斯麻”，还有八大藤校，这些都是留学美国家庭的梦校。但是不管你是在国内常规的公立中学、国际学校，还是公立学校国际部读的高中，申请到美国 TOP30 大学的概率都是很低的。

尤其是随着最近几年国内申请美国本科的学生越来越多，这条赛道的竞争愈加激烈，从每年各个大学公布的录取生源地就能看出来，很多大学在中国大陆的录取比例在逐年下降。其原因除了申请人数增多，而录取人数变化不大之外，最主要的就是美高的学生抢占了一部分国际学生的录取席位。在美本申请的过程中，需要我们提供中学阶段的成绩单、推荐信以及毕业证书，这些申请材料如果是从美国中学提供，那含金量无疑是更高的，究其原因，还是因为美国大学对本国的教育体系更熟悉、更认可。同时，美国中学更为丰富的活动、竞赛资源也为学生在申请大学时奠定了基础。这就是为什么在同等背景条件下，在美国上高中的学生，其大学录取结果往往会比国内高中生更好。

当然，升学优势只是很多家庭考虑美高的重要因素之一，也有很多家长关注的是美国中学本身所提供的教育资源。国内的中产阶级家庭，父母忙忙碌碌其实都是在为孩子创造更好的条件，让孩子有机会接受更为优质的教育。为什么国内的教育越来越卷，主要还是因为人多，而好的教育资源太少。最近几年在国内如雨后春笋般崛起的国际学校，其实就是大家角逐优质国际教育的产物。美国中学注重全人培养，所有的课程设置都是围绕此教育理念展开，大多不以分数或升学为导向，因此更有利于孩子的个性化成长。从 9 年级开始，美国中学就实行选课制，不同程度的孩子可以选择不同级别的课程难度，也可以根据自己的擅长来选择自己喜欢的课程。比如，同样是 9 年级的学生，数学一般的孩子可以选择代数 2，数学好的学生可以选择几何、预备微积分，甚至是荣誉代数，可以说是真正做到了因材施教。

再看看美国中学的各项硬件设施。专业的运动场地、各种艺术类社团的资源提供，让学生在学校就能完成各种特长的学习，而且配套的师资力量和设施都非常专业。美国教育的主要目标是塑造学生的性格品质、批判性思维，培养学生的创新能力、团队协作能力、领导能力和沟通交流能力。课堂氛围充满了讨论、自由辩论，老师鼓励每个学生积极发表自己的观点，允许有不同的意见和想法。因此，无论是对于今后升学，还是对于个人发展，美国中学都为学生提供了一个更为广阔的发展空间和平台。

除了以上优势之外，提前打好语言基础也是很多家庭选择美高不容忽视的一个原因。在申请大学时，在美高就读的中国学生其标化成绩可能未必会超过国内高中生，但是其英文实际应用能力通常会更好。英文阅读习惯的养成、对美国文化的了解，以及独自面对问题和解决问题的能力，这些都是在大学申请结果之外的无形收获。在美国中学 3~4 年的学习和生活，学生不仅可以完全适应美式教学模式，还可以在后续的大学本科阶段更快地适应并顺利毕业。要知道，美国本科按时毕业的比例不到 50%，很多学生需要更长的时间才能完成本科学业。

二 美国中学的录取要求和申请时间规划

美国中学学制

美国中学从 6 年级开始，其中 6 年级到 8 年级是初中，9 年级到 12 年级是高中，中国的初三对应的是美国的高一（9 年级）。如果计划赴美读一个完整的高中，最佳时机是在初二结束后直接申请美国的 9 年级，简称“8 申 9”；如果准备时间比较晚，也可以选择初三结束后到美国重读一年 9 年级，即“9 申 9”。从对美国高中课程的适应度和大学升学准备的角度看，年级越高申请越难，招生名额也越少，因此并不推荐“9 申 10”“10 申 11”或 11 年级以后再去美国读高中，除非学生的英文水平、适应能力和抗压能力都很强。

当然，也有部分家庭会选择让孩子在美国读初中，比如“5 申 6”“6 申 7”“7 申 7”或“7 申 8”，这样学生不仅可以用相对较低的语言成绩申请到不错的学校，同时还可将美国初中作为申请美国顶尖高中的跳板。从近几年中国学生的升学情况看，美国初中毕业的学生在美高升学走向上更为出色。当然，值得注意的是，初中阶段赴美留学的孩子年龄较小，需要家长对孩子的自理能力、学习习惯、自控能力等进行全面的评估和考量，并不是所有的学生都适合初中阶段赴美留学。

美国中学分类

我们常说的去美国读中学，一般是指去读美国的私立中学。由于公立中学是不收取学费的，正常情况下只接受有美国绿卡或护照的学生免费入读，或者是通过参加学生交换项目去公立学校体验一年，绝大多数的公立学校是不接受国际学生的。私立中学按照住宿方式分为寄宿中学（住校内宿舍）和走读中学（住美国寄宿家庭）两大类。在申请方面，寄宿中学由于数量有限（全美仅300余所）、宿舍床位有限、强调精英教育等因素，每年招收的学生人数较少，申请难度大，竞争较为激烈。走读中学因为没有宿舍，所以需要住在当地的美国人家里，或者是父母陪读。由于不受床位的限制，所以招生相对比较灵活，申请难度也比寄宿学校要低。

在很多留学家庭非常关注的国际生比例方面，美国私立寄宿中学由于招收国际生历史较为悠久，而且学校数量较少，所以学校的国际生比例要高于走读中学，一般在25%~35%之间。美国私立走读中学由于学校数量较多，申请者较为分散，而且更加本土化，所以国际生占比较小，一般在10%~15%之间。相对来说，走读中学的英文语言环境更好，也更有利于学生交流能力的提升。但是走读学校对于孩子来说挑战会更大一些，因为学生除了应对学校的学习压力外，还会有和寄宿家庭沟通相处的社交压力。

按照宗教背景来划分，美国中学又分为教会学校和非教会学校。80%的走读学校都有宗教背景，即创建初期由教会出资建立。在美国最为常见的是天主教和基督教中学。教会背景的学校会要求学生修一定学分的宗教课，比如圣经、神学、教堂历史等，但都不会强制学生信教。了解一些美国的宗教文化对于学生在美求学、社交其实是很有帮助的，更容易融入当地的社会。

按照招收学生的性别来划分，美国中学又可以分为男女混合学校和单一性别学校（男校、女校）。单一性别学校会针对男生、女生各自的特点，设置更有针对性的课程和授课方式，申请时的竞争压力略小于男女混合学校。

美国中学申请分数要求

① 私立寄宿中学

大多数私立寄宿中学要求申请者提供托福和SSAT成绩，不同的分数对应不同层级的学校。一般TOP30寄宿中学的申请要求在托福105分、SSAT 2300分左右。疫情防控期间，由于托福考试屡次被取消线下考试，很多学校为了方便学生申请，接受的考试类型也有所增加，多邻国（Duolingo）就是其中一项。部分学生因准备时间较短，标化考试成绩并不太理想，但仍希望申请排名较为靠前的学校。对于这一类申请者，我们建议将申请更多聚焦在走读中学，或先入读一个与自己水平相当的学校，等适应后再办理转学申请。

② 私立走读中学

在同等分数条件下，相较于私立寄宿中学，学生能够选择的私立走读中学，无论从申请范围还是从申请层级来看都会更好。主要原因也是因为走读中学数量多、不受床位限制，一般托福 80 分以上就可以申请到一类走读中学。当然，顶尖走读学校也需要提交托福和 SSAT 两大考试成绩。

下表是不同层级的寄宿中学和走读中学对各项考试成绩的要求。

标化类型	TOP30 寄宿	TOP50 寄宿	二类寄宿	TOP30 走读	一类走读	二类走读
TOEFL	105+	100+	80+	100+	80+	/
SSAT	2300	2200	2100	2200	/	/
TOEFL Junior	/	/	850+	/	850+	750+

除标化考试成绩外，几乎所有的美国中学都有面试环节。学生和家长通过视频、校园走访和学校老师深入交流，因此申请者需要具备较好的英文交流能力。部分学校在面试前，还会要求申请者参加维立克面试（第三方机构面试），通过之后才有资格进入申请环节。另外，学生的国内在校成绩也要保持优秀，否则会直接影响录取结果。有部分学生为了快速出分，把所有的精力都放在了语言备考上，直接脱产或者放弃校内学业，这是比较危险的做法，不建议大家效仿。

如何选择适合自己的学校

在选校过程中，首先不能一味追求排名，要根据学生自身实际情况出发，选择适合自己的学校。我们每一年都有美国普通中学背景的学生被美国顶尖大学录取的案例，因此并不能一概而论，认为非顶尖的中学就没有机会入读常青藤大学。

美国大学招收的是每个群体中最有特点的学生。如果一个学生在普通学校里成绩非常突出，往往被知名大学录取的概率会更高。如果学生一开始进入了超出自己能力水平的中学入读，那么学生将面临的挑战和压力也是巨大的。试想一下，要在一群智商、情商、考试能力、家庭背景都超强的学生中出类拔萃，难度可想而知。所以选学校没有最好，只有最适合。

选校过程通常会持续两个月左右，要根据学生的语言考试分数变化来适当调整选校方案。由于近几年国内美国高中申请的竞争日趋激烈，建议选校时不但要选定冲刺校，还要选定难度适中的学校作为保底，避免最后因为申请人数过多、竞争过于激烈而导致申请失败。失败的结果对于已经为留学进行两三年长线准备的学生和家长来说，都是很难接受的，学生的自信心在一定程度上也会受挫，应尽可能在前期选校时避免后续此类情况的发生。

美国中学申请时间规划

和美国大学一样，美高申请是从每年的 9 月份开始。每年的 9 月 1 日，很多学校会更新自己的网申系统，包括最新的文书题目要求，以及最新的一些申请要求、申请材料要求等。对于准备时间比较早、标化出分也早的学生，可以在 9 月份就选定计划申请的目标学校，利用国庆假期到美国访校参加面试。如果标化备考较晚，或者出分不太理想，那 9—12 月份需要学生参加多次托福和 SSAT 考试，直到考出理想成绩。在冲刺标化分数的同时，我们还要积极准备面试、文书，以及学校要求的其他申请环节。科学的时间规划和专业的指导可以让我们少走弯路。

大多数学校的申请截止日期是次年的 2 月 1 日，少量学校是在 1 月 15 日。在这个约定的时间之前，申请者需要提交完所有的材料，包括申请表格、文书，以及面试预约。对于标化考试出分较晚的学生，最晚还可以参加 2 月初的考试，补交成绩给学校。招生官们往往在 2 月 1 日到 3 月 10 日之间需要审核完来自世界各地的成百上千份申请，最终结合各个方面的打分情况，发出为数不多的几十份 offer。

很多人认为考上顶尖大学是我们追求优质教育的最终目的，其实倒不如说名校教育是给孩子、家长以及教育者的一份礼物、一份肯定。在那些成功考取名校的孩子身上，我们看到的不仅仅是他们优异的成绩，更能看到他们阳光、积极、拼搏等美好的品格和特质。在孩子成长的过程中，家长无须太过心急，给孩子自然成长的空间，给他们犯错的机会，让他们去体会更多来自生活的反馈，最终他们会逐渐成长为优秀且耀眼的那个人，而美国中学恰好给孩子们创造了这样的土壤，让孩子们的人生有了另外一种可能性。

三 影响美国中学录取的几大要素

由于美国中学申请过程中有很多的不确定性因素，有时候发放的录取通知也会让我们这些业内人士匪夷所思。仔细想想也能理解，发 offer 的过程本身就是一个掺杂了主观因素，且带有一定运气成分的过程。主要原因在于，和很多大学的申请过程相比，美高加入了面试环节，申请者和面试官的沟通是否顺畅、话题是否投其所好，以及美国中学除了 TOP30 以外并没有明确的官方排名，到底什么档位的学校需要达到什么要求并不十分明晰，甚至很多学校在官网上列明的申请要求里没有明确的标化分数最低线，这些都让很多计划申请美高的家庭有点迷茫。当然，这也再次印证了美国中学录取的灵活性。那么，除了学校要求的标化分数之外，我们到底要满足哪些条件才能拿到心仪的学校录取？我们可以从以下四个维度来分析。

申请年级

美国高中是 9—12 年级，对应国内的初三至高三，因此国内初二至高二在读学生均可申请美国高中。其中最为常见、名额最多的是 9 年级，所以我们大多数中国家庭选择“8 申 9”或者“9 申 9”。9 年级入读美高，可以读一个完整的美高四年，而且美本申请时要求的成绩单也是从 9 年级开始提供，所以无论从哪个维度来看，申请 9 年级入学对于申请者来说都是最合适的，所以国内 8 年级和 9 年级是申请的最佳时机。

也有一些学生已经到了初三，或者是已经上了高中才有留学美高的想法，实际上这也是可行的，但是每上升一个年级，学校的录取标准就越高，申请难度就越大。如果已经上到了高二，就不太建议再考虑美高了，因为 10 年级和 11 年级开设招生的美高学校数量很少，尤其是 11 年级，基本上寄宿学校都没有名额。

如果在这个阶段选择出去读美高，那学生面临的学业压力和升学压力都会大很多，还不如在国内踏实读完高中以后直接申请美国大学。

每年我们也会遇到少量申请美国初中的家庭，她们主要是选择“6 申 7”或者“7 申 8”，目的是为了利用美初的课程提前适应美式教育，后续可以申请到更好的美国高中。美国寄宿初中学校数量有限，集中在东北部的康涅狄格州和马萨诸塞州，竞争也是异常激烈的，但是这些寄宿美初的 TOP30 美高录取率很高，如果能顺利进入这一类寄宿美初，那可以说孩子一只脚已经踏入了 TOP30 的美高学校。

学术水平

在申请美国中学时，学校非常关注申请者的学习能力和学术表现。申请中，学校会要求申请者提交过去三年的在校成绩单和现任老师的推荐信。在成绩单方面，在校平均成绩需要在 85 分以上，很多顶尖学校要求的 GPA 是年级前 5%。目前有越来越多的国际学校的学生转轨美国中学，这些学校的成绩单和国外中学的成绩单比较类似，除了有分数之外，还有学生的出勤情况，以及老师对于学生学习情况的简短评价，如果成绩不理想会直接影响录取结果。

申请美高的材料清单里还要求提供三份老师的推荐信。分别来自现任数学老师、英语老师和班主任老师。老师们可以按照要求填写学校的推荐信表格，也可以给招生办公室直接发送推荐信邮件。GPA 和推荐信，在整个申请过程中尤为重要，任何一项出现问题对我们的申请都是不利的。

面试表现

几乎所有美国中学的申请都有面试环节。面试时间通常在 15~30 分钟，学生需全英文与招生官进行一对一交流。面试内容多是围绕个人介绍、兴趣爱好、家庭情况、赴美原因等方面。在分数既定的情况下，学生的面试表现将直接决定学生的录取结果。因此申请者不仅需要增加面试的锻炼机会，提高听力和口语的表达能力，也要进行针对性的面试培训，在提升面试技巧的同时加深个人的思想深度。

面试与其说是考试，不如说是交流。招生官希望申请者足够放松，尽量详尽地讲述自己的故事或者想法，以此来了解申请者的语言水平、性格特点、思想深度、知识面等。如果说语言成绩限定了你选校的范围，那么面试绝对是助你成功拿下冲刺学校的利剑。因此，申请者在面试之前一定要从内容和技巧上进行充分的准备。此外，如果是申请寄宿学校，还需要准备第三方面试，比如维立克或Initial View。第三方面试的作用是帮助招生官快速淘汰不适合的申请者，提升申请季的工作效率。

竞争能力

从美国中学的教育理念来看，他们都非常渴望学生可以成为某个领域的优秀人才，回馈社会。所以在招生过程中，他们总是想通过多方面去了解申请者，探索他们的潜能，也就是竞争能力。它可以分为学术能力、特长能力、社交能力。

学术能力，主要是指除在校常规课堂学习外，学生展现的某一方面的学术热情和探索成就，如参与学术竞赛、学术科研或营地等。

特长能力，尤指学科外的擅长领域，如艺术、体育、公益、演讲、辩论、科技等。美高的课程和活动是非常丰富的，申请者如果兴趣爱好广泛或者专注于某方面，并一直在持续参与，那么到了美高也会如鱼得水，非常顺利。这对招生官来讲是非常有吸引力的。

社交能力，是指沟通交流中展示的个人性格魅力。通常来讲，健谈且成熟的学生，活泼且想法独特的学生，都会令人印象深刻。申请者要有自己的交流风格，让招生官过目不忘。

语言成绩、学术水平是最基础的申请条件，面试表现和竞争能力是决定学生能否被录取的关键。面面俱到的申请者才能在美高申请中拔得头筹。

四 00后美国中学申请经典案例

案例1 抓住申请稀缺性，圆号少年筑梦美高小常青藤

温暖的冬日中，Luke同学的妈妈走进了我们的办公室。对于美高，她可是一位“过来人”。Luke的哥哥就是美高毕业后进入了顶尖文理学院，所以Luke妈妈对于美高优势的了解不亚于我们。但正如她所描述的那样，专业的人做专业的事，而且时间紧迫，为老二争取一个优秀的学校，还得靠优秀的团队运筹帷幄。

Luke从小学习圆号，初中就成为国内最高等级青少年交响乐团圆号首席，音乐造诣高，也曾多次随团参加大型的公演和义演。同时他还精通钢琴，涉足过马术和篮球，是一位才华横溢的少年。此外，Luke就读于国内重点中学，学习成绩优异。得益于父母从小营造的英语学习环境，他的英语表达能力也是同龄人中的佼佼者。如此优秀的学生，让我们整个团队在接触之初，就颇为欣喜和期待，希望能够助力他完成美高梦。

圆号特长在美高申请者中还较为稀缺。经我们与美国顶尖优质寄宿学校沟通后，也印证了这一点，很多学校的反馈都非常积极。Luke和家长综合考虑后，决定以圆号为突破口，先用“8申9”尝试一次，如果得到美高顶尖学校乐团的青睐，进而斩获录取，就既减轻了标化准备方面的压力，也节约了一年时间，可以提前赴美。

短短两个月，我们团队沿着这个思路持续推进院校调研、面试培训、考试规划和后续跟进，终于在3月10日收获了The Pennington School的录取。这让Luke和家长兴奋不已，但同时也让我们有了更大胆的想法，就是再战“9申9”，寻求更好的录取结果。Luke一家对于孩子的规划是非常清晰的，这次意外收获

让他们更加坚信通过专业团队的规划一定可以更上一层楼。

我们一方面告知 The Pennington School 延期入学一年，保留位置；一方面开始为 Luke 提供活动建议，提升竞争力。暑期 Luke 配合乐团再次完成了公益演出，同时与美国顶尖大学教授一起完成了线上科研并发表了文章，托福也冲到了 110+。不过，Luke 也遇到了一个瓶颈——SSAT 一直没有考出理想的分数。标化不够，面试来凑，Luke 不负众望，经过专业指导和反复演练后，在每一次面试中都能主动出击，时而展现他自信的笑容，时而展示他极其喜爱的乐高，一个阳光大男孩的形象让面试官印象深刻。

一年的时间过去了，再次来到 3 月 10 日的晚上，我们每个人的心情都是平静又忐忑。平静是因为我们有很好的保全方案，也相信 Luke 的实力，忐忑的是能否一脚踏入顶尖学校。最终，美高小常青藤名校 The Loomis Chaffee School 发来了录取，用 Luke 爸爸的话来讲就是"做梦才敢想的学校"抛来了橄榄枝，我和家长孩子一样激动地彻夜难眠。

如果用一个词来总结 Luke 的成功，那就是"值得"。Luke 日复一日地练习曲目，积极备战标化，紧密配合老师的指导，积极反馈并和老师一起复盘；家长们更是不懈怠，在我们的指导下，从个性化展示素材的准备到家长面试的大方参与，都让招生官对这个家庭充满了热情和信任。他们值得这样一个有分量的录取。

案例 2 "六小强"转轨美高，跟孙中山先生做校友

多数考虑申请美高的家庭都计划得比较早，目的就是为了到美国上一个完整的高中 4 年。但是我们也会遇到一些特殊情况，比如有些学生可能临时改变计划，中途决定到美国读中学。

接下来分享的案例，是来自北京第一梯队公立国际部的 Dean 同学。最开始，Dean 一家的计划是让他在国内的公立高中国际部就读，然后从国内直接申请美国本科，这也是大多数北京家庭的首选方案。对于高中阶段出国留学，很多家长的第一反应是：孩子太小了，怕出去不安全，也不放心。Dean 爸妈也有这

些顾虑，所以并没有一开始就考虑让他出去读高中。

Dean 本身是非常优秀的，经过初中三年的不懈努力，从朝阳的公立初中顺利考入海淀第一梯队公立高中的国际部。众所周知，海淀区的头部公立学校国际部入学门槛是非常高的，需要学生提供较高的英文语言成绩、拔尖的校内成绩、整个区排名前列的中考成绩，才有可能成功入读。Dean 能够考入该校，其实一定程度上已经证明他是世界名校的预备选手了。

然而，真正进入高一的学习后，Dean 的学习过程并不快乐。他按照学校的要求选了很多理工类的 AP 课程，但他真正感兴趣的是经济学和政治相关的文科类科目，他所就读的国际部在这方面能给予的支持非常有限。

考虑到孩子未来的发展，Dean 一家人商量后决定转轨申请美高。由于 Dean 爸爸常年在国外，妈妈一个人在家既要照顾孩子的生活，还要规划孩子的学习，有点力不从心。既然 Dean 有了这个想法，做家长的就要全力以赴支持，在这种情况下，Dean 和妈妈一起来新东方找到了我。经过专业评估，孩子各方面发展都很均衡，有潜力申请非常不错的美国中学，但是因为已经上了高一了，能够选择的寄宿美高数量比较少。我能做的，就是尽可能帮助 Dean 在有限的范围内找到最适合他的学校。

因为 Dean 很早就在准备申请大学了，所以在申请美国中学时比较顺利，并且 Dean 现有的活动经历很丰富，托福在初三时就考出了 100 多分，运动也是他的强项，同时还是学校一个社团的创始人。因此，从 3 月中旬开启申请服务，到 4 月中旬我们已经收到了好几个学校的录取信。

Dean 最终选择的是孙中山先生的母校伊奥拉尼学校（Iolani School）。之所以选择伊奥拉尼入读，一方面是因为学校超强的学术水平吸引着 Dean，另一方面是因为学校开设了很多他特别感兴趣的文科课程。伊奥拉尼学校成立于 1863 年，距今有 160 多年的历史，被认为是美国顶尖大学的预备学校之一。该校学术水平卓越，文理兼备，曾获得无数的荣誉和奖项。硕士以上背景的教师占 80%，学校提供 200 多门课程供学生选择，校内社团组织有 90 多个，运动团体有 100 多个，涵盖初、中、高各个级别的团体，让不同程度的孩子都能找到适合的运动团队。

虽然转学到美国继续上 10 年级，课程难度更大，面临的学业压力和升学压力都比 9 年级新生要大很多，Dean 需要用三年的时间修完美高四年的课程，但是在申请大学时，从美国中学出具的成绩单、推荐信、毕业证一定会更有优势，整体上还是非常值得的。

案例 3 海归父母给孩子的选择，从国际学校到知名寄宿美高

酷爱读书的 Jason 同学自小就读于国际学校，他是个非常开朗活泼的小伙子，从小除了学习英语外，还学习了西班牙语和法语，在艺术和体育上 Jason 的投入也很多。他喜欢打篮球，从小就练钢琴，学习过声乐，还跟着爸爸学摄影。Jason 有着丰富的生活经验和多元的兴趣爱好，同时他的父母也是海归，对国内外中学教育体系非常了解。

第一次和 Jason 家长见面时，我就问了 Jason 爸爸一个问题：你这个能力完全可以自己给孩子做规划和申请，为什么还找我们呢？ Jason 爸爸很干脆地给了我答案：找专业的人，做专业的事。

其实 Jason 一家来面谈的时间是 12 月初，距离美国寄宿中学 1 月 15 日的申请截止日期，已经很近了，所以留给申请准备的时间非常有限。所有的工作都需要快马加鞭、保质保量地完成，时间紧任务重，这个加急的申请对大部分同学来说其实是很难完成的。但对 Jason 来说，主要是收集、整理、采纳的过程，因为他以往的履历很丰富，客观上为留学申请做了最好的准备。

选校是我们团队工作的第一步，我们要根据孩子的特点来匹配学校。首先，是从孩子酷爱阅读和写作这一点出发，着重推荐一些重视文科并且有写作项目的学校。我们重点推荐了著名的 Cate School，还有几所美国前 30、性价比也非常高的学校，包括 Cranbrook School 等。家长非常理智地接受了我们的选校建议，孩子妈妈说的那句“我们相信老师”让我非常动容，暗下决心一定要帮助孩子申请到理想的学校，才能对得起家长的这份信任。选校环节我们定了 6 所学校，其中两所冲刺、两所目标、两所保底。

定下申请学校后，我们就紧锣密鼓地开始了申请工作。一周之内我们完成了学校的面试预约，其中有两所学校因为申请太晚，申请人数过多，在学校本身不

愿意再给安排面试的情况下，经过我们的努力，成功争取到这两所顶尖院校的额外面试机会。

尽管Jason同学的英语实力突出，但思维却比较发散，面试回答问题时难以紧扣主题。我们的中外教师一起帮助他整理面试素材，规划面试思路，提高面试表现力。在体现Jason特点的文书上，我们引导他强调广泛阅读的影响和跨文化背景下的特殊经历，最终成功突出了他的独特性。

同时，我们指导Jason精心准备了补充材料。因为他精通中文、英语、法语、西班牙语，所以我们指导他用这4种语言声情并茂地朗读了这4个国家非常著名的诗歌，并录制成视频资料，非常直观地展示给招生官。这一建议得到了家长和Jason的全力配合。事实也证明了我们的建议十分明智，针对这一补充材料，招生官给予了非常积极的反馈。尤其是3月10日第一所录取学校Cranbrook School的法国籍招生官，还用法语回复了邮件。除此之外，我们也分享了大量Jason写的文章给申请学校，充分展示了他的多语言能力和写作能力，这些都得到了学校的积极反馈。

其实，在3月10日收到Cranbrook School的录取，其他5所顶尖美国寄宿中学还在等待结果时，Jason和家长都有些失落和沮丧，也更深刻地了解了美国寄宿中学竞争的激烈程度，以及我们当时选校建议的正确性。

在出结果到转正阶段，我们与Jason及家长齐心协力商讨对策。经过我们的精准评估和判断，确定将Cate School作为主要争取的对象，并为此制定了针对该校的高质量争取信。最终，在4月份，Jason同学成功获得了Cate School的转正录取。

回想起这短短半年和Jason一家的合作，我感受到了Jason父母对他全方位培养的用心和尽可能发挥孩子优势的开明，也感谢他们对我们的信任，同时也为小Jason的学习能力、表达能力，还有配合能力点赞。这次成功的申请，是我们大家一起努力的结果。

感谢Jason爸爸在孩子拿到offer后和我说的这句话：“因为相信，所以选择，做了选择，更加相信。”不辜负每一位家长的期待，是我们一直践行的专业理念，也是我们前行的动力！

案例 4 美国初中做跳板，成功踏入顶级美高女校

Cindy 同学就读于海淀某国际学校的 7 年级，成绩很不错，而且她身材修长，喜欢跳舞，网球打得也很好，但就是不太爱说话，性格内敛，惜字如金。Cindy 妈妈是美国留学归来的博士，出国前还曾在新东方学过托福，特别和善，说话条理清晰，办事高效。说到孩子的性格，Cindy 妈妈说平时对她要求不是很严格，爷爷奶奶也特别疼她，孩子的性格可能是天生的吧。

经过几次面试培训后，我们能感觉出来，Cindy 确实话比较少，但是很有想法。因为准备时间仓促，她的小托福只有 800 分的成绩。这个成绩申请比较优质的寄宿学校有一定困难，而且短时间考到托福八九十分也有难度。于是我们建议她从秋季申请改为春季申请，因为申请 7 年级的学生很少，可以避开激烈的竞争，而且 7 年级课程难度不是很大，Cindy 当前的小托福水平也可以跟得上课。

Cindy 的申请出奇的顺利，申请了 5 所学校，拿到了 4 所的录取。最后她选择了位于耶鲁附近的知名走读学校 Hamden Hall Country Day School，就读 7 年级。考虑到 Cindy 年龄还小，没怎么离开过妈妈，Cindy 妈妈决定先去美国陪她几个月，帮孩子尽快适应美国的生活。

万万没想到的是，母女俩刚到美国一个月就赶上了疫情，尤其是三四月份，当时很多华人学生都在考虑回国，一票难求。Cindy 妈妈想，反正回去也是上网课，还有时差，那还不如就在美国上。于是母女两人留在美国上网课。事实上，上网课对 Cindy 来说是好事，本来上课的内容她听起来有点吃力，但是网课时老师会把 PPT 的内容发给她，她可以反复听，这样就能很好地消化上课的内容。很多历史课、文学课的问题，Cindy 妈妈也会跟她一起讨论。日常学习中，妈妈给了 Cindy 很高的自由度和支持力度。Cindy 对自己要求很高，做作业总是希望能尽善尽美，所以速度没有那么快，但是妈妈从来不催她，哪怕做到半夜也不催她。直到有一次因为作业晚交，影响到了 GPA，妈妈才正式跟她谈了这个事情，帮助她一起改善。

虽然一直在上网课，但是 Cindy 的衍纸、舞蹈、画画、运动等爱好，一样都没有停下。很难想象，一对华人母女在美国居住了一年，不仅生活井井有条，

孩子的成绩也进步很快。第一个学期结束，Cindy 拿到了全 A 的成绩。

妈妈很开心，但是考虑到她的旅游签证身份不能长期陪读，孩子又不想住寄宿家庭，于是萌生了转学的想法。我建议 Cindy 暑期上几个寄宿美高的夏校，提前感受一下学校的上课氛围，也为下一步申请做好铺垫。根据 Cindy 的时间安排，我为她见缝插针地安排了 3 所寄宿夏校，2 所康涅狄格州顶尖的寄宿中学和新泽西 Lawrenceville 的夏校。因为 Cindy 已经适应了美高的上课节奏，这几段夏校经历也很有收获。在此期间，她也一直没有间断托福的学习。

整体上，Cindy 的转学申请非常顺利。在她的申请中，面试是重中之重，但因为 Cindy 在美国，不用参加维立克面试，这无疑是一个好消息，但也不能掉以轻心。我们经验丰富的申请老师对 Cindy 进行了多次针对性的面试培训，力求每个问题都有基本的思路。在正式面试过程中，因为面试的学校足够多，Cindy 的状态越来越好，她的聊天内容不局限于面试本身，很多时候更像是她在美高课堂上的课堂讨论。对于面试过程中临时要求写作的情况，Cindy 也得心应手。

文书方面，我们建议侧重于疫情这一年 Cindy 的心路历程。毕竟从一入境美国就赶上疫情，到在美国境内上了一年网课，生活、学习还都能安排得井井有条，这个经历本身就很特别、很励志。因为 Cindy 妈妈英文水平不错，初稿是她指导孩子来写的，中间我们的申请老师，结合过往申请经验和 Cindy 的情况，给了非常多实用的建议。妈妈说，虽然材料都是我们自己提供、Cindy 自己撰写，但是没有老师指导，还真写不出这么生动、完整的内容，也很难找到关键切入点和侧重点。

最后，3 月 10 日放榜，17 所学校中，有 8 所学校给 Cindy 发来了 offer。考虑到自己对康涅狄格州比较熟悉，Westover School 离现在的学校只有半个小时车程，该校又是学术好、艺术好、关怀度很高的女校，Cindy 果断放弃了其他学校，选择了 Westover School。

我们都对这个结果感到很欣慰，其中最应该感谢的是 Cindy 妈妈。我特别欣赏她的乐观豁达，对孩子的耐心和赏识，对我们团队的无条件信任和配合。希望 Cindy 同学的美高生活更加精彩！

第十章

英国中学

现代教育起源地

一 英国中学留学优势解读

英国的教育系统具备极高的完备性，教学人员的教学水平、学校教育的成熟性在全世界范围内拥有极高的认可度。英国的低龄教育旨在让学生适应英国的学习环境、熟悉当地文化，在具备全球化视野的基础上尽可能地挖掘自己的兴趣方向，并为未来的大学教育打牢基础。英国非常强调低龄基础教育，顶尖的英国大学在进行人才选拔时，会追溯申请者早期阶段的综合成绩表现来进行评估。我们国内的学生在考虑去到英国低龄留学时，需要充分了解英国的教育制度，并根据自己的实际情况选择适合自己的入读年段和就读体系，从而更好地进行后续的修读和升学。

英国的低龄教育涉及面很广，旨在帮助学生全方位建立扎实的基础教育根基。从小学阶段（1 年级至 6 年级）开始，学生学习的课程非常丰富，涵盖数学、英语、文学、体育、艺术、设计等学科。到了中学阶段以后，学校提供的学科数量会随着学生年级的升高而逐步减少，从而帮助学生更好地提高专注度和挖掘自己的深度学术兴趣。

这一递进式的变化是按照英国中学阶段 3 个不同的年龄层来进行的，分别为 Key Stage 3（7 年级至 9 年级）、Key Stage 4（10 年级至 11 年级）、Sixth Form（12 年级至 13 年级）。

在 Key Stage 3 阶段，由于学生尚处在 11~13 年龄段，主要学习的内容以综合类课程体系为主，涵盖自然科学、社会科学、人文学科、艺术素养、体育素质等领域。进阶到 Key Stage 4 阶段之后，也就是 14~15 年龄段，学生开始入读 GCSE 或同等课程体系，科目的种类也相应减少，学生一般只需要在上述 Key Stage 3 的领域中，选择 7~9 门课程即可。

在即将入读大学前的 Sixth Form 阶段，学生需要按照所就读的体系（一般为 A-Level 或 IB 体系）进行课程选择。在这个阶段，学生的学科就读范围将进一步缩小。以 A-Level 体系为例，学生在 Sixth Form 阶段，一般可以自由选择 3~5 门课程。当然，数量的减少意味着课程的深度和难度也随之加大，以更好地帮助适龄学生衔接大学本科的专业课程。可以看出，在英国的低龄体系中，课程数量是呈金字塔分布的，使得学生从小就有很广的知识面和扎实的基础。在对不同学科都具备一定的认知概念基础上，学生可以在未来更好地根据自己的个人兴趣和情况，进行更专项的深入探究。

下表为中国学制与英国学制的对照情况，供大家参考。

	中国		英国		
学生年龄	学制设置	入读年级	学制设置	入读年级	课程阶段
3	幼儿园	小班	幼儿园	Nursery	/
4		中班	学前班	Pre-School	
5		大班	小学	Y1	Key Stage 1
6	小学	一年级		Y2	
7		二年级		Y3	Key Stage 2
8		三年级		Y4	
9		四年级		Y5	
10		五年级		Y6	
11		六年级	中学	Y7	Key Stage 3
12	初中	初一		Y8	
13		初二		Y9	
14		初三		Y10	Key Stage 4 GCSE 课程
15	高中	高一		Y11	
16		高二		Y12	Sixth Form A-Level/IB 课程
17		高三		Y13	

英国在 Sixth Form 阶段的课程，相较于同年龄段的其他欧美国家难度是更高的。因此，英国的大部分低龄学校，采用了更加贴合学生深度挖掘知识需求的

小班教学模式。英国的私立中小学，基本都会采用讲座课程配合辅导课程的模式，低年龄段平均每班 15~20 人，高年龄段平均每班 8~15 人。小班教学体系让老师可以充分关注到每个学生的情况，及时发现学生在学习及生活上的问题，同时以更加具备人文关怀的方式进行沟通和解决问题。

二 英国中学的分类和申请

英国的中学根据赞助形式不同，可分为公立和私立两种。公立学校（State Schools）是面向英国纳税人开放的学校，提供免费教育，申请者需要通过当地政府网站进行申请，通常可以申请4~6所学校（不同地区要求不同）。当然，也有少量公立学校面向国际学生招生，相对于私立学校，费用更低；但这类公立学校只接受16岁以上的学生就读，同时由于一般不提供住宿和监护服务，需要国际学生的家庭提供当地工作或居留签证以保证顺利成签。

私立院校包含私立中学和私立国际学院。根据英国私立寄宿学校委员会（Independent School Council，以下简称为ISC）2023年的年度报告显示，目前在英就读的中国学生（包含大陆及港澳台地区）共计约有11,470名，其中近80%是独自在英就读。这意味着，绝大多数中国学生选择的是私立寄宿学校。这些学校提供较为完善的住宿设施，配以餐饮、户外及多样化培养类活动等，让学生能够在享受顶尖教育资源的同时，还能感受到全方位的关怀，从而有利于学生自身的全面发展。

英国私立中学的另外一个特色是不同学校会按照允许入读的学生性别进行划分。英国私立中学分为混校、男校、女校。单性别学校在英国是较为普遍的，不过，随着近年来顶尖文法学校逐步在高年级阶段放开性别限制，改为混校，男校和女校的相对总数占比正逐步减少。英国教育认为，在低年龄段进行单一性别的综合培养，有利于学生培养其特性，让学科外的教学更具备针对性。还有一种学校，我们一般称为“钻石型学校”，即在低年龄阶段按照单一性别进行划分和教学，升入高年级阶段改为混合性别的学校。这一类学校兼具了单性别学校和混校的优势，让成熟年龄段的学生能够更好地找寻自己适合的轨迹，也让低年龄段的学生可以不受无关环境的影响。

在平日里和学生及家长的沟通中，我们发现经常会有针对收录性别划分和院校选择的相关疑问，针对这一点我从3个角度来说，分别为院校排名、特长培养和院校专业划分。

从院校排名上看，根据近3年的星期日泰晤士报（The Sunday Times）统计，前100名的院校当中，单一性别学校的数量是高于混校的，结合其占总数比例相对混校更低的整体数据，可以看出单一性别学校的学术成绩普遍优于混校。

从特长培养上来说，单一性别学校会根据男生和女生的不同特点因材施教，对于发挥学生的特长更有帮助。举个例子，英国的私立女校一般不会为学生提供比较需要力量的体育类课程，而男校则会根据学生情况开设对力量要求更高的项目。

从院校专业的划分来讲，当前的大多数英国私立中学都已经建立了完备的课程体系，因此同学们应更多地按照自己的目标大学就读专业，参考相应的排名数据和细分课程开设情况来进行中学的选择，而不应该通过收录性别的划分来进行选校。

根据ISC的2023年度报告，由于来自海外的国际学生赴英就读的低龄化趋势愈发明显，英国的私立国际学院就读学生数量自千禧年以来已经翻了近三番，达到了约25,079人，这一数量占英国总适龄人数的近5%。私立国际学院较少招收本土学生，根据ISC的最新统计，本土学生占国际学院总体人数的比例不超过12%。私立国际学院大多建校时间较晚，通常坐落在大城市的市中心，因此校园建筑更加现代化，也会更多通过与不同行业关联的产业资源辅助学生进行后续路线的探索。一般来说，我们建议15~16岁，但未曾接触过国际体系学习的同学升读国际学院，因为这类学校会为学生提供更多语言基础上的支持，帮助学生们更好地衔接后续Sixth Form阶段的修读。

三 英国中学留学的课程选择

根据ISC的报告，在赴英国低龄留学的国内孩子中，在2020/23学年，14~16岁年龄段申请入读的学生比例为最高，占总数的近75%。这一年龄段入读的学生需要根据年龄和期望的GCSE（General Certificate of Secondary Education）入读年限进行课程的选择。在英国中等教育体系中，GCSE和Pre A-Level是学生在迈向深入学术领域之前的关键课程阶段，不同的课程安排旨在满足不同学生的需求和背景。

两年制的GCSE是最常见的学习路径，适合14~16岁（Year 10至Year 11）的学生。在这个阶段，学生除了学习必修课程，如英语、数学和科学外，还可以根据个人兴趣选择4~9门额外课程。这种灵活的选课机制有助于学生发掘自身擅长和感兴趣的领域，这对之后的A-Level选课和大学专业选择十分有益。

与此相对的是一年制GCSE课程，其设计更为紧凑，通常包含6门课程，内容为数学、英语、3学分的科学以及另外一门学科。这种课程缩短了学习时间，适合那些英语水平较高、希望尽快完成GCSE并迅速进入A-Level学习或其他教育阶段的国际学生。一年制GCSE尤其吸引那些希望节省时间和教育成本的学生。

Pre A-Level课程则截然不同，它主要是面向那些即将开始A-Level学习的国际学生，通过集中提供英语强化训练和部分GCSE内容的融合教学，旨在一年之内提高学生的英语水平以满足A-Level课程的入学要求。这个课程能帮助国际学生为英国的高中学习做好准备，弥补他们在语言和文化上的差距。

总体而言，两年制GCSE为学生提供了更为全面和深入的学习体验；而一年制GCSE是一条快速通道，适用于时间紧迫或对英国教育系统已经有所了解的学生；Pre A-Level则是一个专门的跳板，帮助国际学生顺利过渡到有挑战性的A-Level课程中去。学生可根据自己的英语水平、学习能力以及未来的教育规划，选择最合适的课程来达成个人的学术目标。

四 00后英国中学申请经典案例

案例1 生物之外，热爱音乐，立体形象帮她收获达尔文母校青睐

春风习习的一个下午，Purple同学坐在她家书房的钢琴前，指尖轻抚着曾陪伴她多年的黑白琴键。虽然学业的重负使她已经很久没有真正沉浸在音乐的世界了，但这次，她要为即将到来的面试准备一个特别的表演。

Purple出生在一个注重教育的家庭，自小就展现出了对学科知识的渴望与热爱。她的父母始终在力所能及的范围内为她提供最优质的学习资源，这使她有幸进入了国内顶尖的国际学校牛剑班，并在那里展现出了自己在理科领域的才华。因为IGCSE成绩的优异和在各项理科竞赛中崭露头角，她赢得了同学和老师的称赞，同时，Purple也早早确立了未来申请牛津大学生物化学专业的长远目标。

尽管国际学校所提供的国际化教育为她打开了视野，但Purple还是决定走得更远，她渴望进入更加纯正的英式教育体系，这不仅能够让她在学术上更为专注，而且有机会在竞争激烈的环境中脱颖而出。出于对生物这一基础学科的热爱，Purple早早就希望能够把达尔文的母校——Shrewsbury School作为自己的未来冲刺目标。Purple和她的家长深知，要想冲刺这所历史悠久、声名显赫的学府，任务非常艰巨，也因此希望能够得到更加深入且定制化的升学规划辅导。

当Purple及其家长来到新东方前途时，经过基本的沟通，我们就帮助她识别了当时面临的困难——年龄稍长于其他申请者。如果申请包括Shrewsbury School在内的顶尖院校，可能会存在一定的劣势，因为传统私校更加在乎学生的入读年龄是否超过了对应学龄段的限制。而且由于Purple所在的国际学校并不重视在阅读和写作上的培养，她的英语输出能力并不算突出。

不过，我们坚信，每个学生都有其独特的亮点。因此，我们与Purple密切配合，以她在理科上的强劲表现为核心制定方案。我们的规划路径围绕着Purple的生化大类兴趣进行，为她组织、安排了EPQ（Extended Project Qualification）研究项目的报名，并选定了生化类的研究课题。Purple非常认真，积极配合她的导师进行研究项目推进，在3个月的时间之内就完成了EPQ项目。通过该项目，Purple积累了非常扎实的细分领域理论基础。除去以项目作为标志性节点的学术规划以外，我们也聚焦于培养Purple的输出表达能力。

通过日常的深入沟通，让我们对Purple在生物和化学理论的深刻见解以及EPQ科研过程中展现出的独到思辨有了更加具体的了解。我们的老师们通过教研，针对生化大类中Purple所感兴趣的细分方向学术术语，进行了体系化梳理，并搭建了定制化的辅导计划以帮助她增强学术英语表达能力。在这个过程中，Purple阅读了大量相关的文献，积累了很强的基础学术表达技巧。这些努力让她获得了更强的英文输出能力，特别是在写作方面，Purple的整体水平明显得到了提升。面对面试的挑战，我们为Purple量身定制了一系列的训练计划，从模拟行为问题面试到学术类问题更高强度的训练，我们帮助她梳理并准确表达出个人优势和她的未来发展愿景。

在面试之前，我们还鼓励Purple回归她的第一爱好——音乐。通过钢琴，她向面试官展示了除理科天赋外，在艺术修养以及面对课业挑战的兴趣和热情。

Purple经过充分的准备，在面试中表现非常出色。她不仅讨论了自己对于科学的见解和怎样在Shrewsbury School追求学术的卓越，也通过她学习钢琴和古典乐的个人故事展现了自己对于音乐的深度热爱。她的多元化素养和优秀学术能力的展现，打动了这所一向严苛的顶尖私校的招生委员会。

最终，Purple万分激动地接到了来自Shrewsbury School的录取通知书。Purple的英国求学之路，预示着她将继续携带着对音乐的热情与对科学智慧的向往，向世界展示她的多才多艺和对学术的无尽追求。

案例2 文理偏科，倒读一年，热爱绘画的少女入读梦校

从小喜爱绘画的Heidi，对美术和各类艺术创作有着极高的热情。在家庭

极佳的艺术氛围熏陶下，Heidi 打下了扎实的绘画功底。记得初次和 Heidi 同学见面时，她手旁还放着自己的绘画草稿本，把随处观察到的美记录下来是她的习惯。

就读 IB MYP 体系的 Heidi，在沟通中表达了自己对于留学英国继续中学修读的主要目标：接受更高层次文学与艺术教育的期待，同时也希望能够更深入、系统地学习自然科学类学科知识。她渴望能够多元化地提高自己，在一个承载更多学术精神的环境中学习。Heidi 的家庭期望她能加入一所地理位置优越且学术支持强大的传统私校。

了解了学生、家长的需求，我们还要分析学生的实际情况。通过沟通，我们发现，尽管 Heidi 的文学兴趣和绘画天赋让她在 IB MYP 的相关人文社科类专业中获益不少，但她在数理科目上显得步履维艰。针对这种情况，经过利弊分析，我们一致决定采取倒读一年的策略，旨在加强她在这些科目上的基础能力，为她以后的学术旅程打下坚实的基础。

在近距离的沟通中，我们的规划老师不仅为 Heidi 梳理了个人优势，还帮她梳理了她已有和正在进行的文学及艺术类活动，找到了独特的规划主线思路。这些都是为了让她在面试中，能够更加条理清晰地展现出自己在文学和绘画方面的深厚储备及阶段性成果。

此外，我们的老师们也为 Heidi 进行了学科水平测试。我们发现 Heidi 在自然科学的生物与化学两个学科的基础学习过程中，存在概念混淆的情况，这一现象来自 IB MYP 体系的教学结构设定。因此，我们也为 Heidi 针对性地设置了一套后续的补习及辅导方案。

在进行了半个月的规划主线梳理和基础概念辅导之后，我们帮助 Heidi 进行了目标学校的确认。结合 Heidi 的个人特点，我们为她选择了 St Edward's Oxford 作为主要冲刺院校。这所位于牛津市区北部临近 Summertown 区域的学校，建立于维多利亚时期。这所学校不但能够为 Heidi 提供文学与艺术的自由发展空间，同时该校也与牛津大学有着多元化的合作，让 Heidi 能够获得更多的宝贵资源。为了保障录取的成功率，我们为 Heidi 进行了中高档次院校的搭配，量身打造了一套适宜的学校选择方案。

随后，我们又为Heidi安排了一连串的标化考试训练，旨在帮助Heidi提升语言能力，进一步展现她的学术实力。经过一对一的培训和针对性演练，Heidi的数学基础考试成绩有了显著提高。在准备申请的同时，我们也希望让Heidi的个性和特色更加闪耀。于是在面试准备工作中，我们侧重于指导Heidi如何讲好自己的故事。我们细致地复习之前的展示材料，从一件件艺术作品到一篇篇文章，每一次模拟面试都紧贴学校的评价标准，确保Heidi能够自信完美地展现自己的多元才华。当录取通知书一个接一个地抵达时，Heidi和她的家人深感欣慰。她极其优异的英语语言能力，让她能够游刃有余地讲述文学和艺术相关的活动经历，更充分地展现自我。在全部学校的面试中，Heidi都获得了校方老师的极高评价。

Heidi最终收获了全部申请学校的offer，其中包括了3所顶尖英国中学：St Edward's Oxford、Clifton College和Haileybury School。没有老师们的精心指导和Heidi自己的不懈努力，这一切都不会变为现实。最终，Heidi选择了St Edward's School。Heidi相信这所学校最适合学者和艺术家气质兼备的她，她很期待在这里迎接既有挑战又有创意的未来。我们也期待未来见证她更多的成长！

案例3 全能型学霸选手，面对多样选择，更需要准确定位

阳光透过教室的窗，洒在爱看书的Harris身上，他正专注地读着关于英国历史的书籍。这是我们与Harris第一次见面时的场景，当时他仅仅12岁。彼时，Harris正在国际学校就读，肆意穿梭于知识的海洋中，对学习的渴望和追求让他跃跃欲试，渴望将自己的能力运用到更广阔的平台上。

Harris的心中充满了对世界各个角落进行了解的渴望与憧憬。他有着超过同龄人的历史知识积累，对于多个不同国家的发展历程都能进行详细的讲解。因此，Harris一直憧憬能够进一步拓宽自己的国际化视野，“成为国际公民，去看到每一个角落”是他经常会和我们说起的人生目标。

小小年纪，却心怀宽广世界的Harris不仅在学术上表现突出，更在体育领域展示了令人瞩目的才能。作为一名多才多艺的学生，他在足球场上的灵活、游

泳池里的速度、高尔夫球道上的准确、马场中的优雅，都让人印象深刻。Harris常常在自己的小团队中担任领导角色，他在团队协作中始终发挥着核心作用。正是这份团队精神，让他在校内的比赛中多次斩获荣誉。在所属区县的多泳姿游泳比赛中，他跨组别参赛摘银，在自由泳比赛中更是直接夺冠。我们也曾有幸通过照片欣赏他的“奖章室”，一个挂满了奖牌的壁橱。

随着时间的推移，Harris 的梦想愈发清晰——远赴英国，深造求学。他希望在那片古老而美丽的土地上追求更高层次的教育，同时也分享他的经验和见解，他相信自己能够在那里以独特的方式发光发热。为了让 Harris 能够更好地挑选目标院校，我们为 Harris 进行了 16 所顶尖英国私立中学的介绍和讲解，让他对于可选学校的整体教学体系、课程设置、社团活动以及课外资源情况有了系统的认知。Harris 最终选定了位于英国白金汉市市郊的老牌私立学校 Stowe School 作为自己的冲刺目标。

作为一名多次获得不同年龄段市级数学挑战赛银奖的学生，Harris 有着突出的基础知识掌握能力。结合我们为他制定的训练方案，Harris 在短短半个月内，就已经能够做到在模拟训练中得到满分的成绩。结合 Harris 的历史知识积累，我们还为他梳理了一整套的个人活动材料，方便他更好地表达自己的优势。英语口语能力出众的 Harris 在中教和外教老师的联合指导下，不仅进一步丰富了自己的相关学科阅读储备，还能更有效地总结出独属于他自己的一套理论分析架构。这些内容，Harris 都在面试 Stowe School 的过程中进行了极好的展现。Harris 的面试老师甚至直言，这是他当年面试的 13+ 年龄段入学的候选同学中最优秀的一位。Harris 知道，这个国际舞台不会让他的才能埋没。他带到英国的不仅仅是中国的礼物，更是中国年轻一代的梦想和声音。

在爸爸妈妈的鼓励和我们的帮助下，Harris 兴奋地开启了前往 Stowe School 的旅程。他告诉自己，不仅在学术上，在体育赛场上他也要谱写自己的新篇章。经过一段漫长的飞行和等待，Harris 终于踏上了那片梦寐以求的土地。他的内心激动而不安，但很快，四周的绿茵场地、古老的校舍、友好的同学和有经验的老师让他感到温暖如春。面对着全新的开始，他毫不怯场，迅速适应了新环境。如今，Harris 正努力发挥自己的学术才能和体育优势，在 Stowe School 这个大舞台上更从容地展现着自己。

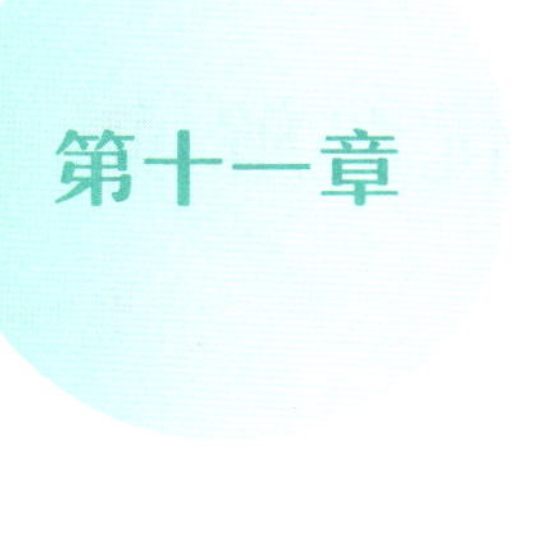

第十一章

加拿大中学

公立私立皆可读

一 加拿大中学留学优势解读

加拿大在2023年全球和平指数（Global Peace Index）评选中位列第一序列（非常安全），排在第11位。加拿大多个城市近10年来多次被评为全球宜居城市，在2023年全球宜居指数（Global Liveability Index 2023）评选结果中，温哥华位列第5名、卡尔加里位列第7名、多伦多位列第9名。

加拿大是世界上公认的教育体系完备、教育水准较高的国家。优质的北美教育体系，严谨的教学态度，使得加拿大学校的毕业文凭得到全球认可。加拿大在2023年U.S.News全球教育最佳国家（Best Countries for Education）评选中排名第4位。具体到中学阶段，加拿大没有统一高考，学生可根据自己的兴趣来申请大学专业和选择课程。学校注重合作、协调能力的培养，学生的综合能力可以得以锻炼。由于加拿大中学课程多样、进度灵活的特点，能力超群的学生可以提前毕业或提前学习大学课程。

加拿大高中毕业文凭得到绝大部分主流留学国家承认。在加拿大读中学，未来申请加拿大的本科，包括其他国家的本科，都有很大优势。很多学校也提供AP/IB等国际课程。学生在加拿大中学就读时间达到4年，大部分加拿大的大学在申请时就能豁免英语语言测试要求。

加拿大的中学教育体系以公立为主，学费较其他英语母语国家相对适中，生活成本与国内主流城市相比也居于低位。大多数公立中学学费为15,000~20,000加币/年，生活费成本一年为20,000~30,000加币左右。加拿大常被称为是一个具有多元文化的国家，受益于多元文化主义，加拿大认可所有公民的潜能，鼓励他们融入社会，并积极参与到社会、文化、经济和政务中。加拿大的法律和政策认可种族、文化遗产、民族、宗教、祖先和出生地的多样性，并保证所有人拥有宗教自由、思想自由、言论自由、结社自由和平等集会自由。这有利于国际生融入当地的环境，更快速地适应，在宽松自由的环境中平等竞争。

加拿大友好的陪读政策，也是很多学生和家长选择加拿大低龄留学的一个重要原因。从严格意义上讲，加拿大没有留学陪读签证，但家长可以办理短期访问签证，后续将访问目的变更为陪读目的，就可得到与孩子签证有效期同步的“陪读签证”，这也就意味着家长不再受“入境滞留 6 个月”的限制。陪读政策的友好性使得家长在照顾孩子生活的同时，能够与学校进行快速有效的沟通，保证孩子在低龄留学的路上健康、安全、有质量地完成学业。

二 加拿大中学的录取要求

加拿大是为数不多的一部分公立中学体系对留学生开放的国家，这得益于加拿大本身是一个非常包容的国家以及拥有非常好的社会福利体系。公立教育局没有重点和非重点之分，学校的优势主要体现在生源方面，以本地生源为主的学校语言环境优异，本土文化氛围好，有助于学生快速融入当地人的生活。此外，公立中学根据所在区域划分，同一地区的学校投资与硬件水平一致，做到了同区域教育资源的公平划分。国际生享受和本地生同等的教育资源。公立学校对于录取的成绩没有非常高的要求，主要看教育局国际生名额情况，因此早申请是关键。

加拿大私立中学的特点是管理严格、校风严谨、小班授课、学生受关注度高、大学升学率高。私立中学具体又分为三类：贵族私立中学、本地私立中学和国际私立中学。

贵族私立中学和本地私立中学主打精英教育，除了学术之外，还重视学生综合能力的全方位发展。这两类私立中学普遍历史悠久，有着极高的声誉，其教学理念是以培养全球化视野的公民为目标，通常提供多样化的课程体系以及课外活动选择，非常重视学生的领导力、团队协作、批判性思维、公益性互动以及社会责任心的培养。

贵族私立中学的学生大多以美国藤校、英国 G5、加拿大 TOP3 的学校为升学目标，学校在课程资源、校外活动的丰富程度、国际交流机会等方面能够为学生提供更足的支持和选择，因此学费相对本地私立中学来说会更高一些，但比美国中学略低一些，有着不错的性价比。由于贵族私立中学国际生名额少，所以对于学生的标化成绩和背景活动有着极高的要求，甚至高于本科的录取要求。通常学生在校成绩的平均分要达到 90 分以上，有良好的语言成绩、SSAT 成绩和第三方维立克面试成绩，且需要参加与学校的面试。

本地私立中学相对贵族私立，录取要求略低，费用也低一些。其录取要求为在校成绩的平均分达到 80 分以上，非高年级申请者语言成绩中等即可，也需要参加学校的面试。

国际私立中学主要为国际学生开设，在读学生通常以 9—12 年级的学生为主，11—12 年级人数占比最大。这类学校提供加拿大高中课程体系，部分学校提供 IB 课程体系，例如位于多伦多万锦市的新东方国际学院（NOIC）。在国际私立高中毕业的学生，可以获得加拿大认可的高中毕业证，可以申请加拿大以及其他国家的大学。国际私立高中的优势在于“快、准、狠”地为高年级学生提供一条名校之路，且开学设置非常灵活，几乎可以满足各个时间点想就读的学生。学校注重提高学生的英语水平，在英语语言辅导上能够给学生更多的支持，还能够满足各体系学生尽快融入加拿大高中体系的需求，整体费用也比较适中。从申请角度来说，国际私立中学对于在校成绩和语言没有非常高的要求，基本不涉及面试。对于国内的学生来说，这是一条不错的升学路径。

三 加拿大中学的学制和学费

学制

不同于中国的学制设置，加拿大不同省份的学制设置略有不同，可参见下表。

<table>
<tr><th rowspan="2">省份</th><th colspan="12">年级</th></tr>
<tr><th>1</th><th>2</th><th>3</th><th>4</th><th>5</th><th>6</th><th>7</th><th>8</th><th>9</th><th>10</th><th>11</th><th>12</th></tr>
<tr><td>阿尔伯塔省</td><td colspan="6">小学 1—6</td><td colspan="3">初中 7—9</td><td colspan="3">高中 10—12</td></tr>
<tr><td>英属哥伦比亚省</td><td colspan="7">小学 1—7</td><td colspan="5">中学 8—12</td></tr>
<tr><td>曼尼托巴省</td><td colspan="4">小学 1—4</td><td colspan="4">初中 5—8</td><td colspan="4">高中 9—12</td></tr>
<tr><td>安大略省</td><td colspan="8">小学 1—8</td><td colspan="4">中学 9—12</td></tr>
<tr><td>魁北克省</td><td colspan="6">小学 1—6</td><td colspan="5">中学 7—11</td><td>无</td></tr>
<tr><td>萨斯喀彻温省</td><td colspan="8">小学 1—8</td><td colspan="4">中学 9—12</td></tr>
</table>

学费

加拿大不同省份的公立中学的学费可参见下表。

省份	学费（加币）
阿尔伯塔省	9,500~13,500
英属哥伦比亚省	12,000~17,000
曼尼托巴省	9,000~12,000
安大略省	9,500~17,000
魁北克省	6,000
萨斯喀彻温省	12,900

加拿大不同省份的国际私立中学和贵族私立中学的学费可参见下表。

省份	学费（加币）
阿尔伯塔省	18,000~26,500
英属哥伦比亚省	29,900~86,000
曼尼托巴省	17,850~75,000
安大略省	35,000~90,000
魁北克省	25,000~88,000
萨斯喀彻温省	12,900~76,000

四 加拿大中学申请时间线

加拿大中学分为公立中学和私立中学，而私立中学又分为贵族私立、本地私立和国际私立中学。公立中学一般一年有秋季和春季两个开课季，国际生名额有限，申请开放后须尽早递交。

贵族私立大多每年只有秋季开课，且严格把控国际生比例，择优录取；本地私立和贵族私立类似，但是名额和要求会更低一些，部分学校会提供春季开学；而国际私立大多开学时间灵活，一年多次，但也建议至少提前半年开始准备。

总的来说，加拿大中学申请皆遵循早递交、早录取的原则，以下为建议开始规划及准备的时间轴（以申请 2025 年 9 月开课为例）。

类别	学校申请阶段 （2024 年 9 月—2025 年 2 月）	签证申请阶段 （2025 年 3 月—7 月）	行前及离境阶段 （2025 年 7 月—9 月）
公立 & 本地私立 & 国际私立	1. 确定申请方案及相应院校 （2024 年 9 月—2025 年 2 月） 2. 递交申请 （2024 年 9 月—2025 年 2 月） 3. 拿到预录取 （2024 年 9 月—2025 年 2 月） 4. 确定入读院校、缴费、收获 offer （2024 年 9 月—2025 年 2 月）	1. 准备签证材料 （2025 年 3 月—4 月） 2. 提交签证申请、录指纹 （2025 年 4 月—5 月） 3. 拿到签证 （2025 年 6 月—7 月）	1. 安排接机住宿 （2025 年 7 月—8 月） 2. 行前指导 （2025 年 8 月） 3. 入学报道 （2025 年 9 月）

类别	学校申请阶段（2023年6月—12月）	补件及录取阶段（2024年12月—2025年3月）	签证申请阶段（2025年3月—7月）	行前及离境阶段（2025年7月—9月）
贵族私立	1. 定校 （2024年5月—7月） 2. 递交申请 （2024年8月—11月） 3. 同步准备语言考试、进行背景提升、准备面试 （2024年11月—12月）	1. 补交文件（语言成绩、背景提升证书等） （2024年12月—2025年2月） 2. 收获录取、接受offer、缴纳学费 （2024年12月—2025年3月）	1. 准备签证材料 （2025年3月—4月） 2. 提交签证、录指纹 （2025年4月—5月） 3. 拿到签证 （2025年6月—7月）	1. 安排接机住宿 （2024年7月—8月） 2. 行前指导 （2025年8月） 3. 入学报道 （2025年9月）

五 00后加拿大中学申请经典案例

案例1 避开国内小升初，国际化路线助力进入加拿大顶级私贵

这个留学故事的主角叫瑄瑄，一个品学兼优、热情洋溢的6年级小可爱。第一次见到瑄瑄的时候，我不禁在内心感慨，这妥妥是“别人家的孩子”呀！瑄瑄性格活泼开朗、自信大方、彬彬有礼，小时候就去过加拿大旅行，并且参加过国内外非常多的夏令营；篮球、模型、阅读、辩论、跆拳道也都是他热爱并且擅长的项目，大大小小比赛和活动中都有他的名字；他还获得过北京市航空模型比赛二等奖、航海模型比赛三等奖；在校期间，瑄瑄不仅是班级里的“英语小博士”，也是学校优秀的少先队员。可就是这样优秀的“小豆包”，在留学准备过程中，父母也难免担忧，好在结果非常完美。

去年暑假，初识瑄瑄一家人，瑄瑄父母对于他的留学非常重视和配合。“司老师，我们唯一担心的问题是瑄瑄年龄太小，是现在送出去读初中还是等到高中再出去呢？”这好像是所有留学家长都会面临的问题。确实，选择合适的时间点出国留学，对于学生本人和整个家庭都非常重要。瑄瑄是一个非常健谈的小朋友，创造能力突出，有各种各样天马行空的想法。可是他的这种特点，在他目前国内的公立小学发展非常受限，没有办法完全发挥出瑄瑄的主观能动性和创造力，实在可惜。所以我给瑄瑄父母的建议是：在经济条件允许的情况下，可以早规划、早准备留学。

在暑假期间，瑄瑄开始准备小托福的考试，顺利考到820分。虽然离他的目标850分还有一点差距，但是作为一个刚读完5年级的小朋友，已经非常不错了。我们也建议瑄瑄暂时不用再刷分，需要把精力放在申请院校的面试和文书准备上。

8月底，我们和瑄瑄进行了首次头脑风暴和第一轮的面试辅导。在头脑风暴

时，瑄瑄分享欲强、逻辑清晰，给我留下了深刻的印象。在聊到自己的每段经历时，瑄瑄都有非常多想要和我们分享的内容，对于细节的描述也非常生动有趣，而我们重点抓住了几个闪光点：曾经参加过大量夏令营（在加拿大参加过英语夏令营，还有其他科技类、篮球类、游戏设计类等）、在学校成绩优异、担任校科技社团组长及课代表等。我们鼓励瑄瑄在表达时重点突出这些经历，并以时间顺序梳理自己的所有活动。

9 月份，我们开始为瑄瑄准备网申，并同步帮助瑄瑄着手准备所申请学校的文书素材。因为申请的学校比较多，每个学校的问题也非常多，在素材的整理阶段，我们花了大量的时间去帮助瑄瑄如何更好地表达自己。在之前头脑风暴和面试辅导相关素材的基础上，我们又进一步挖掘细节，最终生动地展现了一个成绩优异、兴趣广泛的小朋友形象。对于辅导中发现的闪光点，我们也建议瑄瑄在文书中重点强调，并结合目标学校的相关社团和活动，表达了瑄瑄对未来学习的憧憬。除此之外，我们还把瑄瑄的活动经历整理成 PPT，希望以这种形式让学校更直接全面地了解他。

在瑄瑄完成文书后，考虑到私立贵族学校审理的周期，我们先提交了 Selwyn House School 和 Kuper Academy 两所学校的申请。Selwyn House School 很快就发来了面试邀请，瑄瑄在 10 月完成了面试。在等待学校审理通知的时候，我们同步递交了其他三所院校的申请，包括 Bishop's College School、Stanstead College 和 Kells Academy。除了 Selwyn House School 因为今年申请者有许多学校老师的孩子及目前在读学生的亲属，导致位置有限，把瑄瑄放在了等待名单中，其他院校在 11 月份前全部给瑄瑄发放了 7 年级录取！

最终，瑄瑄选择了自己的梦校——Kuper Academy。我仿佛已经看到了瑄瑄在加拿大这个多元化的环境下自由奔跑的身影！

案例 2 非京籍学生放弃中考，换赛道申请加拿大私立高中

本篇故事的主人公是 Sam，因为没有北京户口，父母为了长远考虑，决定让 Sam 放弃中考，去加拿大读中学。Sam 要申请加拿大 9 年级。经过一番学校

调研，Sam 一家把目标定在了安大略省的匹克林学院（Pickering College，简称 PC）。匹克林学院建于 1842 年，是加拿大一所顶级私立学校。

上初二的 Sam 已经参加过很多课外活动，包括卡丁车、乐高、编程、独立创作视频、写科幻小说等，但是标化成绩在一众申请学生当中不算突出。整个暑期和 9 月份，Sam 都在备战小托福的考试。但是很遗憾，考试结果并没有达到理想分数，离目标院校的一般录取标准还有一定差距。出分之后，Sam 的家长非常焦虑：“司老师，这个成绩我们要不要再刷一次？”“司老师，这个成绩还有机会吗？”我们协商多次之后，综合考虑了维立克面试、申请文书和面试的额外准备以及早申请的优势，建议 Sam 不再继续把精力放在小托福上，而是专攻接下来的内容，从其他方面寻找突破口。

10 月份，我们根据与 Sam 头脑风暴的内容，开始跟他和家人一起着手所申请文书素材的准备。在第一版文书素材返回时，我们发现很多内容比较泛和空。与 Sam 和家长再次沟通后，我们深入挖掘了更多细节，建议用更加细腻的表达去展现一个成绩优异、兴趣广泛的学生形象。其中让人印象最深刻的，是 Sam 自己利用课余时间，剪辑创作了 30 余个关于乐高的视频，并发布于国内视频网站哔哩哔哩上。虽然播放量及粉丝量不算非常高，但是 Sam 对于乐高、创作以及视频剪辑的兴趣和热情是非常打动人的。除此之外，Sam 还非常喜欢看书，特别是科幻类的书籍。也是出于这份热爱，他开始了自己的创作之路。从一个空白的笔记本开始，到我们申请时，Sam 已经完成了 7 本系列科幻小说的创作，叙述了主人公 Sam 解救地球的经历。我们建议他重点强调这些亮点，并提及匹克林学院的相关社团和活动，表达自己对未来学习的憧憬和强烈渴望。

在面试辅导的过程中，我们指导 Sam 如何展示自己的亮点，并让他把所说的内容与文书结合起来。在几次面试辅导后，Sam 的表述和内容丰富度都有了很大的提升。

很快，匹克林学院发来了面试邀请，Sam 认真准备，与面试官聊得非常愉快。在当天面试完 2 小时之后，匹克林学院就给 Sam 发来了 9 年级录取！ Sam 第一时间跟我分享了这个令人激动的好消息。我建议 Sam 也同时参加另一所顶尖私立学校 Ridley College 的面试，以防万一。面试后的几天，Sam 也收获了

Ridley College 的 9 年级录取！

从 Sam 这个案例中我们可以看到，对于加拿大的私立贵族学校来说，标化成绩不是决定录取的唯一因素，全力准备文书和面试，同样可以逆风翻盘！

案例 3 英语相对薄弱，目标锁定公立，实地考察克服选校难

“司老师，我们家的孩子是去私校还是公校？”“我们该怎么选择呢？”相信这一类的问题困扰着很多家长。那么，一定要去私校才是最好的吗？ Eric 的留学故事，给了我们很好的答案。

Eric 是一个自主性非常强的学生，在校成绩优秀且在班里担任班干部和物理课代表，理科成绩一直在班里名列前茅。但是 Eric 的英语基础薄弱，英语严重偏科，用他爸爸的话说是“盆地型偏科”。Eric 在初三的英语成绩基本属于刚及格的水平，是没有办法应对加拿大 10 年级的英语课程的。针对这种情况，我建议家长选择更适合 Eric 的公校，因为加拿大很多公立教育局可以提供针对性的语言衔接课程以及辅导，能帮助 Eric 过渡。

Eric 的舅舅已经移民加拿大，在当地工作、生活多年。对于我给的建议，舅舅给予了极大的肯定。2022 年 11 月份，我邀请 Eric 和家长来新东方面谈，过程中对于加拿大的学校类型和课程体系进行了详细介绍，并且当场确定了留学方案，基本锁定了城市和学校类型——多伦多约克郡的公立学校。

Eric 的舅舅当时正好也准备去多伦多工作，家人希望 Eric 的学校距离舅舅近一些，方便照顾。所以，在选校时，要兼顾 Eric 舅舅的工作地址，以及家长对学校教学质量的诉求。我们推荐了 10 余所院校，Eric 的舅舅每一所都亲自去现场实地考察。为了方便家长快速做信息比对，在选校方案的确认过程中，我们做了一张标记地图，记录着学校的位置、Eric 舅舅的工作地点，并标记出附近的高档公寓和舅舅工作地点到达每个学校的驾车时间等具体信息。同时，Eric 的舅舅还会分享他实地探访每个学校的真实感受。结合这些实用信息，我们用了近 2 个月时间，终于跟家长确定好了具体申请的院校。

其实，申请加拿大的公立院校，最难的环节就是选择学校。这一步定下来后，我们的申请工作就能有条不紊地展开了。在递交申请后的两周内，Eric 就顺利拿到了 10 年级的录取！整个申请过程，Eric 家长的配合度很高，能够认可我们的专业建议，不盲目执着于私立学校，接受适合自己的才是最好的。

拿到录取后，欢喜之余，Eric 开始焦虑自己的英语水平能否跟上加拿大公立学校的课程难度。为了打消他的顾虑，一方面，我特意安排了有过加拿大高中留学经验的老师，每周和 Eric 进行一次沟通，结合自身的留学经历给 Eric 和家长细致地介绍加拿大的课程体系，包括公立院校设置的 ESL 课程，如何帮助英语非母语的国际生进行语言过渡，从而让 Eric 在心理上放松下来；另一方面，为了更好地衔接加拿大的课程，我建议 Eric 利用假期提前学习英语的听说读写课程。果然，课程学完后，Eric 自信地对我说："司老师，加拿大的课程，我可以！"

经历完这次中学申请，Eric 也逐渐确立了自己未来的大学规划和方向。我们帮助 Eric 拆解了长远目标，明确了在提高自己成绩的同时，也需要丰富自身软实力，为两年后的大学申请做好准备。

一切都很顺理成章，一切都很自然而然。我相信以 Eric 的独立自信，一定会非常快地适应多伦多的生活，在校园生活中释放潜能，收获满满！

澳大利亚中学

学术、兴趣、职业三重打造

一 澳大利亚中学留学优势解读

澳大利亚拥有安全宜居的环境、高性价比的留学费用及灵活的入学政策。其评估制度结合平时成绩和高考成绩，体现了人性化的特点。课程体系以职业和兴趣为导向，秉持寓教于乐的理念，致力于将学生培养成全面发展且具备独立人格的未来公民。此外，澳大利亚的高中毕业证书在全球获得广泛认可，学生可直接申请英国、美国、加拿大以及欧亚等国家的大学。

为了更好地照顾低龄学生，澳大利亚移民局提供了专门的监护人签证。可招收国际学生的澳大利亚中学均经国家相关部门严格审核通过。大多数学校拥有悠久且丰富的国际学生招生及管理经验，并配备专门的国际学生支持服务和团队。澳大利亚的公立中学和私立中学均招收国际学生，且公立中学的性价比极高。

澳大利亚基础教育体系框架

从澳大利亚的学历体系来看，小学是 6 年，7—10 年级是初中。10 年级是澳大利亚初中的最后一年，相当于我们的高一。11 年级和 12 年级是高中阶段，相当于我们的高二和高三。

澳大利亚中学类型及费用

澳大利亚的中学分为政府公立学校（Government School）、私立学校（Private/Independent School）和教会学校（Catholic School/Anglican School/Methodist School/Bapist School）3 种类型。中国家庭选择较多的主要是公立学校和私立学校。

私立学校是独立运作的，有很多历史悠久的名校，学费相较于公立学校要高一些。公立学校教育资源多，数量众多，学费性价比高，同时不强制要求申请人参加针对国际生的综合语言测试项目——AEAS 考试，可以直接配 IEC 公立语言班，因此成了大部分低龄留学家庭的选择。根据澳大利亚统计局的最新数据，澳大利亚在读中小学生超过 400 万名，其中 64.5% 的学生选择入读公立学校。以 2023 年新东方前途出国的申请数据来看，公立学校申请量占比为 77%，私立学校占比为 23%。

费用方面，澳大利亚政府的生活费参考标准约为 2.4 万澳币 / 年，每年的学费私立高中为 2~4.5 万澳币（维多利亚州和新南威尔士州较高，昆士兰州和南澳地区相对便宜一些），公立学校为 1.2~1.8 万澳币。折合成人民币，私立学校一年的花费在 25~35 万 / 年，公立学校的花费在 15~20 万 / 年。

二　澳大利亚中学申请要求及趋势

澳大利亚中学申请要求

澳大利亚公立中学的学术材料要求通常是需要提供近两年的成绩单，中学7—11年级主要学科（数学、英语、科学、历史等）在校均分达到75%以上。语言要求方面，学生无须提供雅思考试成绩，可以申请20周的语言班IEC（每学期开学前和结束时测试决定是否提前结束或需要延长）。有2年以上全英文授课背景的学生也可以申请直入中学，或者提供达标的雅思成绩，7—11年级雅思须达到5.5分（小分不低于5分）。私立学校的录取要求除了公立学校要求的材料之外，更看重学生的AEAS成绩以及面试的表现。

优秀的公私立院校都会存在满位情况，很多当地学生会提前2~3年甚至更早就递交私立学校的申请进行排位等待。国际学生往往需要提前1.5~2年时间递交完整的材料进行申请。公立学校审理速度较快且不需要占位，一般建议提前1年递交申请；私立学校对于学生的背景要求较高，需要提前准备的材料较多，竞争激烈，因此建议提前1.5~2年递交申请。总之，有意向申请澳大利亚中学的学生建议提早规划。

近年来去澳大利亚读中学的学生，大概有这样几类情况：有的因为孩子高考压力过大，家长在了解到澳大利亚的诸多优势，如宜居的环境、多元化的教育、友好的人文氛围及性价比较高的支出后，觉得这更适合孩子的需求和家庭情况，从而选择让孩子去澳大利亚读中学；也有的学生和家长是受亲戚朋友的影响，了解到澳大利亚的留学优势和留学路径，选择去澳大利亚读中学；还有些家庭因为陪读政策更便利，选择了赴澳读中学，这些家庭大多一开始就选定了国际教育路线，但考虑到孩子小需要父母陪同的情况，最后选择了申请澳大利亚的中学。总之，去澳大利亚读中学，由于选择多、费用相对较低、父母可以陪读、公立和私立学校齐备等优势，给很多家庭提供了另外一种升学解决方案。

当然，在澳大利亚的后续升学路径，是很多赴澳读中学的家庭非常关注的点。澳大利亚是有高考制度的，但制度更灵活，由各州自行命题并举办考试。具体的高考制度及评分系统可参见下表。

省份	统考分数比例	平时成绩比例	相对排名
新南威尔士州	50%	50%	ATAR
维多利亚州	70%	30%	ATAR
南澳州	50%	50%	ATAR
昆士兰州	75%	25%	ATAR
西澳州	50%	50%	ATAR
首都地区堪培拉	0%	100%	ATAR
塔斯马尼亚州	0%	100%	ATAR
北领地	30%	70%	ATAR

表中的ATAR，全称为Australian Tertiary Admission Rank，是澳大利亚所有大学录取高中毕业生的唯一录取标准。满分为99.95，中间间隔0.05，数值代表的是学生在整个澳大利亚的排名，数值越高排名也就越靠前。

澳大利亚高考不由国家统一出题和组织，而是各州自治，即各州分别出卷及决定考试时间。具体到ATAR分数的构成，是综合学生参加所在州会考的成绩和平时成绩进行复杂的加权计算后得出的。当然，各州对于两个成绩之间的分配比例也不尽相同。考试时间在每年的10月—11月，持续3周左右。

澳大利亚中学的考试评分标准非常灵活，平时成绩占了极大的比例，因此中学生必须认真对待平时的每一次考试和作业，要打消临时抱佛脚和碰运气的侥幸心理。学校有专门为高中毕业生准备的学习中心，提供丰富的备考资源和专门的辅导老师，最大程度地保证学生能够进入理想的大学。

澳大利亚中学申请趋势分析

近3年来澳大利亚中学的人数和申请量一直在上涨，2023年的申请量已超2019年的最高值。其申请趋势可以总结为以下两个方面。

① 学位有限

公立和私立中学的学位有限。无论公立还是私立中学都要先满足当地的学生及家庭的需求。很多私立中学即使是本地学生也在提前几年排队。国际生尽管为学校注入了文化多元性的元素和氛围，但名额相当有限。例如墨尔本某知名私立女校，一年在中国大陆地区只招5名学生（仅限10年级）。这种学位竞争的激烈程度可想而知。

② 申请环节多

因赴澳大利亚读中学的孩子均是未成年人，学校在录取时要考量多方面的因素，如澳大利亚法律涉及监护人等条款、环境安全、日常照顾、住宿等，以及上述提到的面试、英语测试和其他考试等。因此整个申请周期和环节相对来说较为繁琐。

结合近3年的录取趋势，我给学生和家长的建议就是早申请、早规划，至少在开学时间前一年半就要提交申请，通常建议申请3~5所学校。

三 澳大利亚中学学制与申请方案

澳大利亚中学课程及学制介绍

澳大利亚的中学课程以本土课程为主，如 VCE（维多利亚证书教育）、HSC（高等学校证书）等，同时也提供国际课程，如 IB（国际文凭）课程，但没有完整的 A-Level 课程。学习领域主要涵盖八大版块：英语、数学、理科、人文社科、艺术、技术、健康体育、语言。

学制方面，澳大利亚每年分为四个学期，分别于 1 月、4 月、7 月、10 月开学，Year11（相当于中国高二）只能从第一学期开始入学，而 10 年级以下可以申请插读（对于超低龄的学生，学校可能会要求家长陪读）。下表为中国和澳大利亚中小学学制的对应情况，以及开学时间和入学年龄要求。

		中国	澳大利亚
学制（年级划分）	小学	1—6 年级	1—6 年级
	中学	7—9 年级	7—10 年级
	高中	10—12 年级	11—12 年级
学制（学年和开学季）		9 月至次年 6 月	1 月—12 月
		一年 2 个学期 （9 月、次年 2 月）	一年 4 个学期 （1 月、4 月、7 月、10 月） 每学期 10 周左右的课程
最小入学年龄		年满 6 周岁	年满 6 周岁
		义务教育法： 开学前年满 6 周岁	移民局规定： 至少大于 6 周岁才可以办理学生签证，入读 1 年级

中国学生入读澳大利亚高中的衔接方案及注意事项

需要注意的是，澳大利亚中学只接受中国初中毕业及以上的学生入读高中，而且澳大利亚移民局规定，中国学生入读澳大利亚高中课程不得低于16个月且不得倒读超过18个月的课程。因此，中国学生到澳大利亚读高中不能单独读12年级，至少需要读一个完整12年级加0.5年的11年级。一般来说，中国的初三对应澳大利亚的10年级，高一对应11年级，符合年龄要求的高二学生也可以入读11年级，高三在读的学生即使年龄符合，也不能再读高中，因为不符合倒读规定。澳大利亚移民局对中国学生入读澳大利亚高中的年龄也做了相应的要求，即入读11年级的时候不能超过19周岁，入读10年级时不能超过18周岁。

澳大利亚高中一学年分为4个学期。一般来说，10年级中国学生可以任何学期插读，11年级维州政府公立中学不允许插读，新州政府公立中学只有少部分学校允许插读。

在选校方面，我们总结了出了一些常见考量因素，如学生当地是否有亲属、家长是否有指定院校、学校成立日期、学校学术成绩（升学率及学生去向）、中国学生比例、入学要求、校园环境、设施及管理、学费情况、学校的优势课程等。

四 00后澳大利亚中学申请经典案例

案例1 避让高考独木桥，入读澳大利亚私立男子中学

初次与Lucas父亲接触，是在新东方前途一年一度的秋季国际教育展上。当时他在展会上对美、英、澳、加等多个留学目的国均做了初步了解。在经过充分、综合的对比后，Lucas父亲被澳大利亚宜居的环境、多元化的教育、友好的人文氛围，以及高性价比的费用打动。再加上之前曾带孩子去澳大利亚旅行，给他们一家人都留下了非常不错的印象，因此最终决定选择赴澳大利亚留学。

与Lucas的父母再次碰面是在新东方的总部大楼。我们的前期规划及后期申请老师共同给Lucas父母制定了一份详尽的留学方案，其中包含了院校的申请方案、孩子需准备的面试、笔试方案以及具体每一步的时间规划。由于家长还要申请陪读，我们也提前为他们规划了详尽的资金及签证材料准备方案。当然，这样的详尽的规划，一定是基于我们对Lucas及其家庭情况和需求的充分了解。

Lucas在国内就读于北京某重点中学，课业成绩并不算十分突出，但他有着丰富的业余爱好，不仅在钢琴比赛中取得过优异的成绩，还在冰球比赛中多次获奖。经过与Lucas父母沟通了解到，如果Lucas在国内参加高考，以他目前的成绩并不占优势。这样的情况下，出国读高中能让Lucas有更多的选择机会，且在将来有很大可能录取到排名更高的大学，可以说是非常明智的选择。

之前在澳大利亚旅行时，Lucas一家对布里斯班的印象非常好，所以此次的留学目的地也锁定在了布里斯班。我们根据Lucas的情况，为他规划了公立中学及私立中学的申请，并在笔试和面试环节帮他做了充分辅导。最终，Lucas顺利斩获昆州公立中学联盟中的因杜卢皮利州立中学（Indooroopilly State High

School）及私立中学圣劳伦斯学校（St Laurence's College）的10年级录取。

经过多番对比，Lucas及其父母都觉得私立男子中学圣劳伦斯学校更适合Lucas的情况。因为这所学校不但有着悠久的历史、优异的学术水平、丰富的课程设置及精良完备的设施，更有吸引力的是，这所学校有着浓重的体育运动传统和氛围，不仅设置了室内多功能体育馆、室外综合场地、草地大型运动场、游泳池及举重健身区，还开设了板球、游泳、排球、橄榄球、高尔夫、水球等课程。这些都对Lucas有着巨大的吸引力。

经过精心准备，我们很快帮Lucas及其父亲办妥了澳大利亚留学签证及陪读签证。父子二人已经前往澳大利亚，开启一段全新的学习之旅。

案例2 中学早规划、未来早布局，好大学离不开当下好中学

关于Zeki的留学申请故事，最早是从一通电话开始的。在电话里，我们确认了Zeki的基础情况和出国读高中的意愿。经过初步的交流后，我们把澳大利亚中学的相关资料给到家长，以做参考。

一周后，Zeki的妈妈来到新东方的办公大楼现场咨询。Zeki就读北京某中学初中部的重点实验班，英语基础在同龄人中算是不错的，这也是Zeki妈妈给他规划出国留学的原因之一。学校的课业压力非常大，Zeki的课业成绩能达到中等偏上的位置，同时Zeki本人还有着丰富的业余爱好，学习之余积极参与了很多校外活动和项目。这些都为他的留学申请之路提供了基础的必要条件。

经过深入沟通、咨询，Zeki一家人对澳大利亚的教育质量、中学体系和教育特点很认可，同时因为澳大利亚有着更包容的人文环境和稳定的社会环境，以及更完善的针对国际学生的保护政策，再结合Zeki本身的情况，全家一致认为赴澳读书是Zeki的最优解。

Zeki父母的目标很明确，即期待Zeki能够接受更多元的教育，发挥自己所长，拓展国际视野，同时为未来本科进入到更高排名的大学打下良好基础。基于这样的短期和长期目标，我们的前期规划老师和后期申请老师共同合作，为

Zeki 制定了详细的澳大利亚留学申请方案。

最终，Zeki 父母决定为其申请墨尔本地区的雅拉河谷文法学校（Yarra Valley Grammar School），该校为私立男女混校，因独特的办学理念和卓越的教育品质在教育界享有盛誉。学校非常不错，但这时候我们却遇到了一个难题，因为该校要求国际学生在申请时提交 AEAS 成绩，Zeki 却由于整体的规划时间紧张，在递交申请时还没有 AEAS 成绩。于是，我们立马与该校的国际办老师取得联系，并积极争取，为 Zeki 拿到了面试的机会。在没有 AEAS 成绩的情况下，面试表现尤为关键。于是我们为 Zeki 进行了详尽的面试辅导并鼓励他积极表现。最后 Zeki 果然表现得很好，并且因为出色的面试表现，加上首次 AEAS 考试就获得了 70 分的成绩，顺利拿到了学校的录取。

收获这样的好结果，我们和 Zeki 一家都非常高兴。由于 Zeki 年纪尚小，Zeki 妈妈选择赴澳陪读，我们为他们申请到了赴澳签证，并为其安排了接机和住宿服务。Zeki 一家对我们十分认可，即使身在澳大利亚，也一直和我们保持着联系。在整个申请过程中，我们也能感受到 Zeki 在各个阶段的进步，期待我们未来能与 Zeki 在更高峰再见！

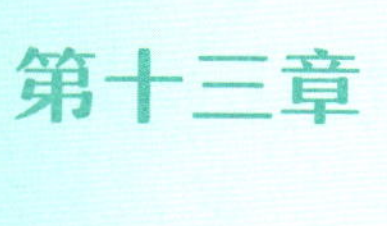

第十三章

新趋势

多样化的需求，多样化的选择

一 欧亚留学

随着时代的变迁，近年来留学目的地的选择发生了很大变化。传统的西方留学大国，如美国和英国，仍然吸引了大量的学生，但越来越多的家庭在选择留学国家和地区上，已经开始展现出更加多元化的趋势。

欧亚地区，作为东西方历史文化的交融之地，同时也是技术创新的前沿阵地，为各国之间的人员和信息流动带来了便利。学生在这些地区可以同时体验到当地的传统文化和全球化的氛围，既能增长个人见识、感受文化积淀，又能接触、学到先进的技能，从而全方位地拓宽视野、获得成长。因此，欧亚地区也正在成为越来越多人的留学选择。

欧亚国际教育的兴起，既得益于亲民的学费、较短的学制和优越的地理位置，又更多地满足了不同家庭的实际需求。例如，有些家庭考虑到孩子年纪尚小，既希望他们能在本科阶段就早点出去见见世面，又不想让孩子离家太远，这种情况下亚洲地区就是较好的选择。

总之，留学选择并没有固定模式的答案。每个家庭、每个学生都是独特的，他们的选择都是基于自身的实际情况和长远愿景。也正因为这样，留学才能真正成为孩子们成长过程中的一个重要阶段，并助力他们最终实现人生梦想。

1 中国香港缘何成为热门求学地

香港，中国特别行政区，历经百年沧桑，已成为中西方文化交汇的独特之地。它巧妙地融合了华人的传统智慧与国际多元化的管理模式，展现出一种双重魅力。香港以其廉洁的政府、稳定的治安、开放的经济体系及健全的法制赢得了世界的赞誉。不仅如此，香港还与纽约、伦敦齐名，共同被誉为“纽伦港”，并稳坐全球第三大金融中心的宝座。香港是一个重要的国际金融、贸易、航运及创新科技的枢纽，更是全球最自由的经济体之一，具有极强的竞争力，其在世界舞台上的地位得到了众多权威组织认可，如被世界城市排名机构 GaWC 评为世界一线城市第三位。

香港的地理位置和高质量的教育资源，使其成为众多家庭优选的留学目的地。特别是自 2020 年以来，越来越多的学生选择在香港攻读本科和研究生学位。

香港的高校实力雄厚，汇聚了不少世界知名学府。这里教育资源丰富，与内地的教育方式及教学理念迥然相异，为学生提供了一个国际化的视角，全英文的教学模式更是为学生创造了一个优质的语言沉浸环境。值得一提的是，香港的学历得到国际的广泛认可，中国大陆教育部同样认可香港高校的学历文凭，这也为在港读书的学生提供了更多的选择和发展机会。

香港本科申请要求

香港作为中国的特别行政区，本科学费一般为 12 万 ~ 17 万港币 / 年；住宿费与生活费则介于 8 万 ~ 12 万港币之间。相较于欧美学校，赴港留学的性价比会更高一些。

自 2005 年香港对内地开放本科申请以来，其国际化的师资、明确的职业前景以及高品质的教育，吸引了众多学生。香港的八所公立高等教育机构的本科申请竞争非常激烈，特别是香港大学、香港科技大学和香港中文大学这三所学校，它们经常吸引高考状元投报。在 2023 年 QS 世界大学排名中，三所大学均跻身世界前 50，创下近 10 年来的最佳成绩。在 2024 年 QS 世界大学排名中，虽然由于排名指标和权重变化，中国香港地区的大学排名有所下降，但仍然有 5 所大学进入前 100。其中，香港大学排名全港最高，与新加坡南洋理工大学并列榜单第 26 位；香港中文大学排名第 47 位；香港科技大学、香港理工大学、香港城市大学则分别排名第 60 位、第 65 位、第 70 位。此外，香港浸会大学的传理学院、香港教育大学的师范类专业、香港岭南大学的商学院，在世界上享有很高的声誉。

中国香港的高校每年9月开始新的学年，本科申请流程对于高考生和国际生有所不同。高考生（除香港中文大学和香港城市大学外）一般在每年10月开放申请，然后在高考成绩公布后一周左右发放录取结果，之后7月和8月间也会有补录的情况。国际生则采取滚动录取制，遵循先到先得的原则。从前一年的10月开始，申请者可以进行申请，根据不同学校和专业的安排，在申请提交后8~10周便会获得面试或录取机会。录取发放会从每年12月份持续到次年6月或7月。

优秀的高考生一直深受港校欢迎，每年都有不少高考高分学生选择入读港校。港校对高考生的录取是非常严格的，我们来看下港校的录取标准：

★ 港大、科大、中大：超当地一本线120+，清北/TOP 985难度
★ 城大、理工、浸会：超当地一本线80~100+，985/重点211难度（综合条件优秀者可适当降低分数标准）
★ 岭南、教大：当地一本线以上
★ 公开、树仁：当地二本线以上

同时，对英语单科分数也有要求：

★ 港大、科大、中大、城大、理工、教大：高考英语120+
★ 浸会、岭南、公开、树仁：高考英语110+
★ 部分专业有特殊要求，例如，报考城大人文社会科学院的考生英语成绩须达到125分或以上，而报考法律学及兽医学的考生英语成绩须达到135分或以上。

除了考试成绩，香港的高等教育机构在录取过程中同样重视申请者的面试表现、科研经验和各种竞赛的表现。简而言之，港校的录取是一个综合选拔的过程，会结合多方面因素综合考虑。

对于那些在国际部或国际学校接受教育的学生，申请香港高校的路径与普高学生有所不同。其方式与美国大学的申请流程相似，录取考量的要素包括但不限于高中成绩、标准化考试成绩（如SAT/ACT/IB/A-Level等）、英语语言水平考

试成绩、面试表现、科研实践和竞赛获奖等经历。除此之外，早申请的选择、网申流程的把控和文书的写作质量也是录取过程中非常重要的环节。随着外部环境的变化，许多学生的申请策略也变得多元化、分散化，采取诸如多所学校联合申请和跨多个国家或地区联合申请的学生越来越多。

香港研究生的申请要求

相较于欧美的主流留学国家，中国香港的研究生学制更短、生活成本更低、总支出更为亲民，这使得工薪阶层家庭也能负担得起这里的教育成本。具体来说，文理学科的学费一般为 12 万 ~ 16 万港币 / 年，而商科学费则在 20 万 ~ 35 万港币 / 年；住宿费和生活费预计在 8 万 ~ 12 万港币 / 年。新东方欧亚申请的数据显示，目前中国香港的八大院校依旧是大陆学生申请香港硕士的首选目标。其中，香港大学、香港科技大学、香港中文大学、香港城市大学、香港理工大学、香港浸会大学的申请人数占据了香港总申请人数的 90%。

以上这些因素，加上地理位置近和高就业认可度，使得中国香港地区的研究生申请竞争日益激烈。近年来，八大院校的申请开放时间都有所提前，第一批录取的时间也较往年提前，申请早、录取早的趋势较以前更加明显。一般来讲，申请通道是于 9—10 月份开放，在次年 3—4 月完成最后一轮申请。而部分名校商科热门项目的提前批截止时间甚至是在 8 月份。由于香港院校大多采取滚动录取的方式，再加上每年申请人数又多，因此对于目标明确的学生，一般建议早轮次、早申请，在网申开通的第一时间递交申请尤为必要。

香港院校的录取虽然不过分强调申请者的学校背景，但对于国内 985/211 的学生会有所偏好。排名前四的院校通常期望申请者的均分达到 85+，其他学校则希望达到 80+。对于非 985/211 学校的学生，录取标准可能更为严格。面对这样的申请要求，可以说是“早起的鸟儿有虫吃”。很多学生以为大三和大四的成绩至关重要，但实际上，大一和大二才是建立良好的成绩基础、拉开后续差距的关键时期。大多数香港院校对雅思的要求为 6.0 分或托福 80 分以上，但实际录取的学生多数达到了雅思 6.5 分或托福 92 分以上。特别是文商科、法律、翻译和金融等专业，对英语能力有更高的要求，学校通常希望看到 7 分及以上的雅思成绩。简而言之，虽然学校公布了基本录取要求，但这往往只是底线要求，实际录取过程是基于申请者的整体实力择优录取的。

在申请过程中，申请者的学术成绩并不是唯一的评判标准。实际的科研经验、在权威期刊上的文章发表，以及相关的行业资质证书，都能增加申请者的竞争力。近期的数据显示，中国香港的前六院校中，超过三分之二的理工科学生有至少两次科研经历，而绝大部分商科学生都有两次或以上的实习经历。对于某些商科专业，有相关工作经验的申请者更受欢迎。

在中国香港的授课型研究生中，尽管商科、理工科和人文学科仍是占比前三、最受欢迎的申请类目，但其总体占比已有所下降。社科、传媒和法学等专业逐渐受到学生们的青睐，这与其广泛的课程设置和较为宽松的申请背景要求，以及良好的就业前景有关。

与此同时，为了适应现代科技和新兴行业的变革，中国香港的高等教育机构也在与时俱进，推出新的交叉学科专业。例如，香港科技大学、香港中文大学和香港理工大学都设立了金融科技专业。在大数据领域，除了香港大学、香港科技大学和香港中文大学之外，香港城市大学和香港理工大学也纷纷加入，开设了数据科学和商业分析等相关专业。

此外，中国香港地区的硕士研究生选择不仅限于 1 年制的授课型硕士项目，也可以选择 2 年制的研究型硕士项目，学生在修读少量课程之余仍需完成一篇研究论文才能毕业。研究型硕士名额少，申请难度较高，但对于那些追求深入研究某一领域的学生，读完研究型硕士后，还可以选择继续攻读 3 年全日制的博士学位。

总的来说，香港的高等教育机构不断地根据社会、产业和技术发展的需求，调整其教育方案，持续创新求变，确保学生获得最前沿的知识和技能，为未来做好充分准备。

2 中国澳门，小众又大热的留学地

自澳门特区政府成立以来，澳门的高等教育事业迅速发展，高校的办学质量和影响力持续上升，这也使得澳门逐渐成为内地优秀学生求学的热门目的地。目前，澳门的六所主要高校，包括澳门大学、澳门理工学院、澳门旅游学院、澳门科技大学、澳门城市大学及澳门镜湖护理学院，都已获得面向全国 31 个省、市、自治区招收本科生和研究生的资格。

这些高校在人才培养方面为国家做出了重要贡献，其教育水平和国际认可度均在逐年提高。特别是 2019 年，教育部与澳门特别行政区政府签署了《内地与澳门特别行政区关于相互承认高等教育学历及学位的备忘录》，这进一步提升了澳门学历的权威性和认可度，吸引了大量内地优秀学生前往进修。

澳门地区的研究生录取标准与香港相仿，但略为宽松。基础录取要求包括：本科毕业于相关专业并且课程内容与申请专业高度匹配，本科加权平均分需达到 75% 或以上，雅思成绩为 6.0~6.5 分或托福成绩在 80~95 分之间。商科等热门专业可能有更高的分数要求。此外，学生在本科期间的科研项目、奖学金、竞赛获奖以及实习经验都会被视为加分项，有助于增加录取的机会。澳门高校虽然没有明确表示不能跨专业申请，但从实际录取情况来看，高校不太接受跨专业申请，尤其是非相关学科之间的大跨度申请。所以，在没有相关学习背景或者实习工作经历的情况下，不建议跨专业申请。

虽然中国澳门高等教育起步相对较晚，且与香港的院校知名度和办学环境相比存在一定差距，但其国际化程度超越了大陆许多普通本科学校。相较于香港的大学，澳门的申请门槛相对较低，这为那些来自非 985/211 学校并希望提升自身背景的学生提供了一个不错的选择。澳门主要招收硕士研究生的高校包括澳门大学、澳门科技大学和澳门城市大学，而这三所学校的排序也大致反映了其录取的难易程度。

澳门的硕士研究生项目并没有区分为专硕与学硕或是授课型与研究型。大多数硕士项目均为 2 年制，其中第一年主要进行课程学习，第二年则为撰写论文。像澳门大学和澳门科技大学中的某些偏重研究的理工科专业，其学制也可能会延长到2.5到3年。因此，尽管学费上可能较为经济，但总体费用可能与新加坡或香港相当，或者稍高。尽管如此，澳门提供的奖学金种类和数额也相对较为丰富。总的来说，对于那些重视学习效率的申请者，澳门可能不是最佳选择，但对于希望循序渐进地学习或寻求较为宽松的课业节奏的学生来说，澳门无疑是个很好的选项。

3 欧洲留学，雨后春笋般兴起的出国选择

德国

德国是一个拥有浓厚学术传统的欧洲大国。如果你钟情于工程、自然科学或音乐，那么德国无疑是理想的留学目的地。

如果你想申请德国大学的本科项目，你需要确保你的中学文凭是被认可的，因为很多时候，其他国家的中学文凭并不等同于德国的高中毕业文凭。不过不用担心，即便你的中学文凭未被直接认可，德国仍然为你提供了一条路径：先参加为期一年的预备课程项目，然后再进入大学。至于语言，大部分课程都是用德语授课的，所以你可能需要参加德语考试，如TestDaf或DSH。如果你有幸找到一个用英语教授的课程项目，那么雅思或托福就能派上用场。

对于研究生申请，你首先需要有一个被德国认可的学士学位，这是你继续深造的关键。很多研究生课程是用英语授课的，这为不擅长德语的同学提供了极大的便利。当然，如果你选择的是德语课程，那么你仍然需要准备德语考试。在申请时，记得整理好你的学术简历、推荐信和富有有说服力的个人陈述。

德国在工程和技术领域享有盛誉，像机械设计、电气工程和计算机科学等专业都是国际学生的热门选择。同时，德国的商学院近年来也受到众多学生的青睐。有趣的是，与理工科专业相比，商学院的入学要求更加宽松，你甚至可以在完成一学期的预科后转向商科领域。对于更偏向人文方向的学生，德国的大学同样提供了如社会工作、法学、哲学和历史等多样化的项目选择。

近年来，越来越多的学生选择在德国攻读博士学位。不同于其他国家的系统化培养，德国的理工科博士是岗位制的，更像是一种工作招聘，录取往往取决于你与导师的匹配程度。

最后，给各位学子的一个建议就是：尽早规划你的申请进程。因为德国的申请时间线与其他国家略有不同。此外，尽管大部分德国公立大学不收取学费，但通常会有一定的学期注册费，且费用根据所在州和项目的不同有所变化。提前了解这些信息，能使你的留学之路更加明朗。

法国

法国，这个浪漫之都，不仅以其美食、艺术和历史闻名于世，还因其卓越的学术传统和顶尖的教育质量而受到赞誉。无论你是希望深耕艺术、商业，还是科学技术，法国都有无与伦比的资源来支持你的梦想。

首先，对于希望申请本科的学生，法国的大学通常要求国外学生拥有与法国的高中毕业文凭相当的高中学历。而在语言方面，大部分课程都是用法语授课，因此，你需要通过法语水平测试 DELF 或 DALF，来证明你的法语水平。如今，随着全球化的发展，一些大学也开始提供英语授课的课程项目，这类项目可以用雅思或托福成绩进行申请。

对于硕士申请，除了要求申请者持有一个被法国大学认可的本科学位外，个人学术能力和学术成果的体现，如学术论文、项目经验等，也会成为申请过程中的加分项。值得一提的是，法国的大学校（Grandes Écoles）是一些专门培养高级技术人才和管理人才的精英学校，有着很高的学术声誉，入学标准也相对较高。

至于博士申请，法国的制度相对开放。通常，拥有硕士学位的学生，只要找到合适的导师并且对方同意指导，就能进入博士研究阶段。但这并不意味着申请过程轻松，因为你需要凭借真实的研究潜力和匹配的兴趣方向吸引导师的注意。

谈及法国的热门专业，艺术和设计、时尚管理、航空航天工程和商业管理是最为人所熟知的。法国的艺术学校和设计学院，如巴黎国立高等装饰艺术学校，以其创新和前沿的培训方式而蜚声国际。同时，法国的商学院，如 HEC Paris 和 INSEAD，都是全球商学界的翘楚。商学院绝大部分专业能够接受非商科背景的学生进行跨专业申请。在新东方欧亚的法国留学申请中，商科占比最高，达到总申请人数的 40% 以上。在技术领域，法国也有世界顶尖的航空航天研究机构和企业。

最后，值得注意的是，法国的大学每年有两次开学时间，分别在 1—2 月和 9—10 月。这种双季入学的模式使其与许多国家的传统秋季入学时间线有所区别。此外，一些项目会进行多轮招生。春季入学的项目往往时间更为紧凑，竞争也相对较小，这为希望节省时间的学生提供了一个不错的选择。因此，对于有意向留学法国的学生来说，提前做好申请规划非常关键，以确保不会错过任何重要的申请截止日期。

总之，法国不仅提供了一流的教育，还给予学生体验世界文化和艺术的宝贵机会。只要你为自己的留学目标做好充分的准备，法国一定会为你带来一段难忘的学习之旅。

西班牙

西班牙，这个充满浪漫与艺术气息的国家，在教育领域的吸引力也在日渐上升。自 2017 年中西两国签署了教育互认协议之后，很多中小学生的书包里都开始放入西班牙语的课本。西班牙语也进入了中国中小学课堂，学生们甚至可以用这种激情四溢的语言参加高考。随着西班牙留学的热度逐渐升温，越来越多的学生选择走上这条富有异域风情的留学之路。考虑到其较为亲民的教育费用和相对较低的生活成本，对于许多中产家庭而言，西班牙无疑成了出国深造的重要选项。

对于决心赴西班牙求学的学生，申请本科时需要确保你的中学文凭得到认可。随后，参加西班牙语 DELE 考试是你的首要任务，毕竟绝大部分的课程项目都是用西班牙语授课的。当然，如果你选择英文授课的项目，雅思或托福成绩也会是必要的。此外，别忘了西班牙特有的大学入学考试，这对于欧盟以外的国际学生来说尤为关键。

在研究生阶段，西班牙的硕士项目大部分为1年制，其学制短、专业多、可跨专业且含金量高的特点，吸引了大批学生。近年来，随着申请人数的增长，录取过程也变得越发严格。学校录取不再仅仅依赖传统的“先到先得”原则，而是开始“择优录取”。除了关注申请者的语言能力、学历和成绩等硬性条件，学校更加重视实习、社会实践等软实力。

在西班牙，公立大学占据教育体系的主导地位，以其高质量的教育和学生均衡的发展受到推崇。与其他欧盟国家一样，得益于政府的大量补贴，公立大学的费用相对较低，留学生在这里享受与西班牙学生同等的教育权益。生活费方面也相对比较经济，读完四年西班牙本科的总花费，可能还不及英美留学一年的费用。可以说，西班牙留学，相比英国和法国更便宜，相比德国和意大利录取和毕业更容易。从专业角度看，西班牙的高等教育偏重于人文、社科和艺术领域，理工科专业的选择相对较少。值得注意的是，医学及相关专业的费用较高，但其就业前景是非常光明的。

无论是向往历史悠久的萨尔曼卡大学，还是梦想漫步在巴塞罗那的拉玛大道，都建议你提前规划申请。西班牙公立大学的本科申请集中于6—7月，其入学时间为每年的9月。西班牙公立大学硕士的入学时间通常为每年的2月和10月，其中10月为主要的入学季节，而2月份则只有少数学校和专业开始招生。首批申请通常在1—3月，大约一个月后会公布录取结果；在4—6月进行的是第二批申请，并在6月公布结果；第三批，即补录申请，一般设在9月。

意大利

意大利作为欧洲艺术与文化的摇篮，在教育领域同样充满了魅力。意大利与中国的关系在近年来不断升温，意大利也是首个签署中国“一带一路”备忘录的欧洲国家。这样的外交深度合作反映在教育领域上，就是越来越多的中国学生选择意大利作为留学目的地。

如果你正在考虑飞跃阿尔卑斯山，远赴意大利的浪漫国土开启你的学术之旅，那么有两条路可选：计划生和国际生。

作为计划生，我们有马可·波罗计划（针对综合类大学，文理科生留学意大利的首选途径）和图兰朵计划（针对美术和音乐学院，艺术生值得留意的直通车）。而国际生则是面向所有非欧盟国家的学生，包括中国在内。计划生要在国内开始意大利语学习，然后飞到意大利继续学习 10—11 个月的语言课程，直至考取 B1/B2 语言证书并于次年 9 月入学。而国际生在国内就需要掌握这些语言技能。

意大利语证书有些像我们熟悉的雅思和托福，你可以选择 CELI、CILS、PLIDA 或 I.T. 来展现你的语言实力，等级从 A1（初级日常交流）到 C2（母语水平，你可以写首歌并演唱给当地人听）。

在入学计划和风险上，计划生拿的是学习签证赴意大利，如果没有通过预注册大学的入学考试，还可以转考其他非预注册院校；国际生拿的是旅游签证赴意大利参加入学考试，考试没通过不能转考其他学校，只能再等一年重新申请。

如今，图兰朵计划生的数量甚至超过了国际生的总人数，突显出它在意大利留学领域的重要地位。随着更多的意大利名校在研究生阶段为国际学生开设英语授课专业，并采纳线上申请的方式，选择英语授课专业的学生数量也显著上升。

总之，不管你是选择计划生还是国际生路径，都希望你能够在意大利的阳光下，享受学术与生活的双重乐趣。这不仅是一次求知旅程，更是一次跨文化的沟通与碰撞，既是对艺术与文化的探索，也是对未来更为广阔世界的期待。

北欧

在浩渺的欧洲大陆上，北欧五国——丹麦、挪威、瑞典、芬兰和冰岛如五颗璀璨的明珠，因其优美的自然风光和独特的文化魅力吸引了无数国际学生。如果你也被这片神秘的土地所吸引，那么就让我们一起揭开它们的神秘面纱，开始留学旅程的第一步。

首先，我们需要了解北欧教育的特点。尽管这些国家的官方语言并不是英语，但在高等教育领域，尤其是研究生项目，英语授课的项目层出不穷。这为国际学生提供了极大的便利。北欧的高等教育机构，不仅以其严谨的学术态度和深厚的学术背景闻名，还因其开放和多元的教育环境而备受赞誉。

当然，高质量的教育往往伴随着相应的费用。对于欧盟 / 欧洲经济区的学生，这里的很多课程项目实际上是免学费的；而对于非欧盟学生，尽管需要支付学费，但北欧国家提供的奖学金机会也是相当丰富的。当然，要注意的是，生活在北欧，特别是在挪威和丹麦，生活成本会比较高。

接下来是申请的要求。通常，无论是哪个国家，你都需要证明自己已经获得了与所申请国家学术标准相当的学位。对于英语授课的课程项目，雅思或托福的成绩就显得尤为关键了。此外，个人动机信、推荐信，以及特定项目可能需要的作品集或其他资质，这些也是你在申请过程中必须准备的。

申请时间需要格外关注。北欧国家的高校每年通常只有一次招生，新生在 8 月底到 9 月初秋季入学，而申请时间往往截止较早，一般在开学前的 8~10 个月。以瑞典为例，通常在 10 月到 12 月之间，学生会开始寻找适合的项目和大学，并准备申请材料。到了 1 月中旬，大部分研究生项目的申请就会截止。而挪威大学的截止时间甚至更早，一般在 10 月到 12 月就要提交申请。当春天的脚步悄然而至，大约在 4 月，你会收到大学的录取通知。一旦被录取，你就可以在 4 月到 5 月之间确认入读并支付可能的学费押金。最后，当夏天的尾声渐近，你将开始在 8 月的瑞典迎接你的留学旅程。

总的来说，北欧的教育有着独特的魅力，但想要成功申请，还需要我们深入探索每个国家的优势学科和相应大学的具体要求，找到最合适自己的项目。

瑞士

瑞士，这个坐落于欧洲中心、四周环绕着阿尔卑斯山的国家，早已以其精湛的手表制作技艺、美味的巧克力和精确无误的银行业著称于世。瑞士是全球最富裕、经济最发达和生活水平最高的国家之一，社会环境安定，自然风光优越。然而，除了这些，瑞士还有另一颗璀璨的明珠——它的高等教育体系，特别是苏黎世联邦理工学院（ETH Zurich）和洛桑联邦理工学院（EPFL）这两所享誉全球的学府，更是世界顶尖大学里的佼佼者。它们不仅在工程、自然科学和数学等领域拥有卓越的研究能力和学术声誉，而且在欧洲综合大学排名中常年位于前二，以极低的录取率和极高的淘汰率著称，其申请难度丝毫不亚于美国院校申请，堪称欧洲留学的天花板。

瑞士的教育体系向来以严谨著称，其大学注重培养学生的创新思维和实践能力。尽管瑞士有多种官方语言，但大部分留学项目都采用英语授课，这大大减轻了中国学生的申请难度。与此同时，由于瑞士拥有多种官方语言，学生们可以选修德语、法语、意大利语或罗曼什语。在保证学习和生活效率的同时，可以在多语言的环境下生活，这对于那些希望在欧洲大陆深造的学生来说，是一个不可多得的机会。

对于希望申请瑞士大学的学生，通常需要持有与瑞士大学预科教育相当的学历。若目标是英语授课的研究生项目，则还需提供雅思或托福的英语能力证明。随着近年来全球留学大环境的波动，许多学生转向瑞士申请。因此，瑞士的院校对标化考试成绩的要求有了一定程度的提高。对于苏黎世联邦理工学院和洛桑联邦理工学院这两所顶级学府，它们通常会有更为严格的要求，如特定的学术背景、研究经验或项目参与证明等。此外，出色的推荐信和个人陈述也是成功申请的关键。

瑞士的申请周期与其他欧洲国家相似，但仍有其独特之处。通常，申请的开始时间为每年的 10 月到 11 月，这时学生们开始寻找心仪的项目并着手准备相关材料。到了次年的 1 月至 2 月，大多数项目的申请就会截止。在 3 月到 4 月之间，学校会发放录取通知，被录取的学生会在 5 月至 6 月之间完成注册和支付学费的相关事宜。随着夏天的来临，留学生可以开始筹备赴瑞士的行程，迎接 9 月新学期的开始。

总的来说，瑞士不仅风光如画，其高等教育更是出类拔萃。如果有机会，不妨去体验一下这片雪域之国的学术魅力。

荷兰

荷兰，这个以郁金香、风车和运河为标志的国家，其精彩之处远不止于此。近年来，随着国内高校与荷兰高等教育机构的不断交流，荷兰高校吸引了越来越多中国留学生的关注。荷兰的高等教育以其创新和实践导向的教学方式著称，学校重视学生的批判性思维和独立性的培养。在这里，学生不是被动地接受知识，而是与教授和同学深入互动，探讨实际问题。值得一提的是，荷兰大学的国际化程度非常高，尤其在研究生阶段，学校为学生创造了一个充满多元文化的学习环境，培养其宽广的国际视野。

随着荷兰留学的异军突起，大学的录取标准也在不断提高。尤其是商科、工科、法律、物流和传媒等热门专业，申请竞争越来越激烈。因此，荷兰高校对国际学生的硬性要求较为严格。U类科研型大学的理工科研究生项目通常为2年，文科则有1年授课型和2年学术型之分。学校重视申请者的学术背景和相关经验，且转专业相对困难。申请材料中，动机信、推荐信和相关实习或经验的证明显得尤为重要。此外，多数荷兰研究生项目要求学生提供英语成绩，如雅思或者托福。尤其是那些没有提供预科或语言课程的高校，学生必须在申请前确保自己的英语成绩达到了学校的要求。

在申请时间线上，荷兰与其他欧洲国家类似。大部分硕士项目的申请通常在每年的10月或11月开始，截止日期通常在次年的1月或2月。但需要注意的是，荷兰大学采取滚动录取的方式，招满即止。因此，学生需要尽早做好准备，提交申请。拖到临近截止日期才递交申请，不仅可能错过绝大部分的奖学金项目，还会面临和其他申请者的激烈竞争。

荷兰还为留学生提供了广阔的就业前景和宽松的工作环境。一方面，大学中的实习实践和团队合作的经验培养了学生的实际能力，为其未来的职业生涯打下了坚实的基础；另一方面，完成学业后，留学生可申请为期一年的工作签证，进一步增加了在荷兰的就业机会。

凭借其世界级的教育、友好的留学费用、英语的高普及率、充满机会的就业市场及其作为欧洲门户的地理位置，荷兰已经成为一些学子心目中的留学宝藏目的地。在这里，学生不仅可以探索充满创造力的学术前沿领域，还可以在开放的氛围中增强自己的国际竞争力。但每一片天空下都有它的挑战，竞争激烈的录取、紧张的课程进度都在暗示着一个事实：在荷兰，你只有时刻准备好挑战自己，才能跟上这片充满活力的土地的步伐。

4 日本留学，追寻传统与现代交融

留学日本，仿佛是踏入了一部活生生的历史与现代交织的画卷。试想，在樱花盛开的春日，你与同学坐在京都的古寺旁读书，沉浸在古老的传统与文化之中；而假期一到，又穿梭于东京霓虹闪烁的街头，体验科技与时尚的脉搏。日本的教育体系，如同其精湛的工艺，承载着古老传统与现代科技的双面价值。它不仅注重专业知识的传授，更让你深入体验日语的魅力和日常生活中的实践。

日本的大学分为国立、公立和私立三大类。截至2023年5月，全日本有783所学部大学，其中82所为国立大学，99所为公立大学，其余600多所都是私立大学。私立大学更注重实践经验，而国公立大学倾向于理论研究。在日本，“国公立大学”不仅仅是一个称呼，它代表着接受国家或地方政府全额出资大力支持的学府，而私立大学则主要依赖于民间投资维持运营。

对于那些打算申请本科的学生，首要任务是确保自己的日语水平至少达到N1或N2。但也有些大学接受英语成绩，如托福或雅思。此外，别忘了准备好中学毕业证书。申请季通常从前一年的10月开始，持续到次年2月，而1月是大部分大学的入学考试高峰。成功录取后，新的学年一般在4月开始。

对于那些志在研究生项目的申请者，除日语能力外，还需提交详尽的研究计划，突显你的研究兴趣和意向。文科专业通常更看重日语水平，而理工科则将英语要求放在较高的位置，因为即使论文写作发表和日常学术交流可以用日语，相关文献的阅读仍然要靠英语。此外，1~2封的推荐信是必不可少的。申请的关键期通常是前一年的6月至10月。硕士项目的入学考试大多安排在8月至12月，而新学期可能在4月或10月开始。

有趣的是，尽管在本科阶段学生们选择的学校五花八门，但到了硕士阶段，国公立大学逐渐成了主流。这也难怪，因为国公立大学作为国家直属的学府，不仅有着悠久的历史，更代表了日本的学术巅峰。例如，日本的28位诺贝尔奖得主全部出自这些学府。国公立大学不仅因其知名度而受到青睐，学费也相对便宜，并且它们提供的预科生制度为国外学生带来了诸多便利。这一制度最短半年，最长两年，使外国学生得以免去了语言学校的过渡，更快地适应日本的学习环境。与此相比，由于考学政策的限制，只有少数私立大学提供此种预科生制度。在满足一定语言水平要求后，学生可以通过邮件或远程面试的方式联系教授，进而申请成为预科生。期间，学生会进入教授的研究室，可以旁听课程，还可以进行一些预备研究，为正式的入学考试做好准备。对于理工科学生而言，这不仅是与导师紧密合作、深入研究项目的宝贵机会，还能接触到研究室的资深成员，了解导师的研究方向，并在专业上进行必要的弥补，从而有效提高入学成功率。尽管预科生制度仍对学生的语言能力有所要求，但它带来的益处使得更多的学生及其家长对其青睐有加。

另外，值得一提的是，在国公立大学的研究生申请过程中，通常采取教授内诺制，即只要得到教授的同意就可入学。因此，研究计划书的作用至关重要，教授主要会看学生的研究方向是否与他相匹配，以及学生的研究潜力究竟如何。这种制度突破了传统的录取标准，使得某些学生在学校背景和语言成绩上即使稍有不足，只要他们具备足够的才能和努力，也有逆袭成功的机会。

和其他国家一样，日本的留学申请也非常重视学校排名。QS 世界大学排名前 200 的日本院校，尤其受到留学生们的关注。而在这些顶尖学府中，“帝国大学”（通常简称为“帝大”）是代表日本顶级教育和研究的七所国立综合大学的统称，包括东京大学、京都大学、大阪大学、名古屋大学、东北大学、九州大学和北海道大学。这七所学府已经成为日本学术界的独特风景线，是许多留日学生心中的终极梦想。在申请时，学生们通常会将日本 TOP20 的大学视为首选目标，期望在其中有所斩获；而日本 TOP30 的学府被认为是平衡适中的选择，学校既有竞争力，申请又不会竞争过于激烈；日本 TOP50 的学府则被看作稳妥且务实的备选。不过，无论选择哪所学府，一个明显的事实是：绝大部分学生都希望能进入那些著名大学，为自己的未来积累宝贵的经验和资本，为进一步深造或进入职场打下坚实的基础。

5 韩国留学，不可忽视的趋势

韩国留学对于中国学生的吸引力不可小觑。这不仅仅源于其领先的教育体制、优质的学术资源和丰富的文化体验，更得益于两国之间地理上的接近、文化上的相似性及历史交往的深厚长远。中国学生可以充分体验异国文化的新鲜和挑战，同时不需要面对巨大的文化差异带来的困惑。韩国的高等教育体系完美融合了教学与研究，质量高、结构完善、竞争力强。该体系鼓励学生主动学习和深入研究，而充满活力和积极向上的校园氛围也为学生提供了宝贵的支持。

对于本科申请，韩国的大学整体上录取标准是比较宽松的，仿佛明媚的春天张开了温暖的怀抱，欢迎更多的年轻人在此感受学术的魅力；但对于那些寻求更高学术目标的研究生申请者，他们所面对的则是充满激烈竞争的竞技场。韩国的研究生教育，可划分为 2 年制的硕士、2 年制或 3 年制的博士。相较于本科宽松的招生政策，其选拔流程相对复杂，评价标准多样化，仿佛是一道多关卡的难题，考验着每一个有志于攀登学术高峰的年轻人。尤其是那些韩国的顶尖大学和热门专业，其申请竞争的严酷就如同灼热的夏日烈阳。因此，对于那些希望踏入研究生阶段的学子，他们需要更高的语言等级，更丰富的实习和学术背景，以确保自己在这片竞技场上的竞争优势。

韩国教育部的数据显示，无论是本科还是研究生，人文社科领域（其中包括商科）一直都是中国学生的首选。受韩国文化产业如韩剧、韩流音乐的全球影响，越来越多的学生对其文化和传媒专业产生浓厚的兴趣。与此同时，得益于韩国强大的娱乐产业和设计创新，艺术类专业申请者也逐年上涨。尽管相对于人文社科专业，理工科占比并不高，但越来越多的中国学生也开始对韩国的科技研究领域产生浓厚的兴趣，近年来入读比例有所提升。

对于有意赴韩国深造的学生，了解留学的申请要求是首要的任务。若是申请本科学位，学生须持有高中毕业证书；在韩语能力方面，一般要求达到 TOPIK 2~4 级。不过，有些学校和专业为学生提供了免语言申请的机会。对于那些并未掌握韩语的学生，他们可以选择在韩国的正规大学附设的韩国语教育院内进行 1~1.5 年的语言学习，随后方可进入所选的专业课程学习。

至于研究生申请，则有更为严格的标准。申请者需要持有正规大学的本科毕业证和学位证书；韩语要求普遍为 TOPIK 4 级或更高，尤其在热门的大学和专业中，可能需要达到 5 级甚至更高。英语能力测试则通常要求雅思 5.5 分以上，或托福 80 分以上，但选择中文授课的专业则可以免除此要求。值得一提的是，许多在本科阶段专门学习韩语的学生选择了韩国作为他们的留学目的地，这些学生通常不需要额外的语言培训，并且对韩国的教育环境有着深入的了解。然而，许多申请者将韩语看作实用的工具，申请研究生时并不局限于韩语专业，而是转向其他专业，如教育、商业管理或传媒等。尽管绝大多数的学校支持跨专业申请，但前置专业背景的要求仍可能存在。同时，仍有一群学生坚定地继续他们在韩语研究领域的探索，如国语学、国文学或对外韩语教育学等。

韩国留学不仅是一个展现学术追求的选择，更是呈现了出国留学由精英主导逐渐向大众开放的趋势。在当前国内教育竞争日趋激烈的背景下，韩国留学为学生们提供了一个独特的、减轻教育压力同时仍能追求卓越的路径。

6 新加坡留学，探索亚洲教育的枢纽

新加坡是当今亚洲最受瞩目的留学目的地之一。新加坡社会和经济的蓬勃发展与其高质量的教育是分不开的。在这里，你不仅能接受世界一流的教育，还能在一个安全、开放和包容的环境中自由地追求学术和个人成长。新加坡的学府在全球范围内有着极高的认可度，这一点也吸引了大量来自世界各地的学生，特别是中国的学生。新加坡稳定的社会环境和双语优势，促使越来越多的中国学生选择在此深造。

虽然新加坡的公立高等教育机构数量有限，但其质量却是国际一流。新加坡国立大学、南洋理工大学和新加坡管理大学这三大学府均在 QS 世界大学排名上占据稳固的一席之地。尤其是新加坡国立大学，凭借其卓越的教育品质，连年稳坐 QS 亚洲大学排名榜首，成为新加坡教育的标杆。作为综合性学府，新加坡国立大学开设了文、理、工、商、法等众多学科。与其相媲美的南洋理工大学以其

卓越的理工和商科教育声名远播，为各大机械、电子信息企业培育了众多顶尖人才。这些院校毕业生的出色就业前景是新加坡卓越的人才培养模式的最佳证明，也是新加坡成为留学热门目的地的重要因素之一。

新加坡为国外学生开辟了众多的本科入学途径。无论你是拥有中国大陆的高考成绩，还是持有国际通行的 A-Level、IB、SAT 或 ACT 证书，新加坡的大学都会向你敞开招生之门。不过，除了核心考试成绩外，绝大多数学校还会要求提供英语语言能力的证明，如雅思或托福的成绩。为了进一步突显你的个性和特长，学术奖项、竞赛成绩或科研经验都将是你的亮点。对于国际部和国际学校的学生，还需要提交高中完整的成绩单、在读证明及一篇全面描述个人特点和才华的文书。简言之，提前做好准备并全方位展现自己，是通往新加坡本科教育的关键。

新加坡的研究生申请既严格又公平。对于硕士项目，申请者通常需要持有与所申请专业相关的学士学位，并提交大学的成绩单。英语能力是对研究生项目申请者的基本要求，而雅思或托福成绩是常用的证明方式。某些专业可能会额外要求专业背景、工作经验或相关资格证书。而对于博士申请，除了上述材料外，还需特别关注学术研究能力的体现，学术推荐信、研究提案和过往的研究论文往往是必备的。部分学校或导师也可能进行面试，以深入了解申请者的学术潜力和研究兴趣。值得强调的是，无论申请硕士还是博士，展示个性、潜能和热情总是有助于脱颖而出的。但由于各学校和专业可能存在细节上的差异，建议申请者提前做足研究，确保申请材料的高质量和完整性。

至于费用，新加坡的留学成本相对合理。本科通常为 4 年制，某些工科专业为 5 年制，年学费约为 11,000~15,000 新币。硕士分为授课型和研究型两种。授课型硕士时长通常为 1~1.5 年，研究型硕士则为 2~3 年，总学费在 30,000~70,000 新币之间（某些商科专业除外）。部分项目提供校内宿舍，但由于名额有限，许多学生选择在校外租住。校外住宿费用通常在 500~2000 新币之间。除了学费和住宿费，预计每学年的生活费大约是 7440~11,280 新币。博士项目通常需要 2~5 年完成，很多学生在 4 年内便能顺利毕业。另外，许多博士项目还有丰厚的奖学金支持。这些都使得更多来自工薪家庭的孩子能够有机会享受新加坡的优质教育。

2020年以来，新加坡不仅保持了高就业率，其就业领域和岗位也进一步拓展，这也是留学生数量逐年上升的关键因素之一。一些热门行业，如商业数据分析、网络安全和交互社会与传媒，对留学生的人才需求预计将继续攀升。对于中国学生来说，高薪且有高就业率的商业领域，如金融分析、金融服务和商业数据分析，将继续成为他们的就业首选。在就业市场上，一些专业领域如信息系统工程、计算机科学、商务数据分析、物流与供应链等，出现了相对较多的岗位空缺，反映出这些领域对人才的强烈需求。此外，人力资源仍然是新加坡的稳定就业行业之一。随着新加坡社会持续老龄化，预计中国留学生在新加坡的工作机会将进一步增多。

二 多国多地区联申

多国多地区联申，顾名思义，就是留学申请时不局限于某一个国家或地区。近年来，多国多地区联申的情况，在本科和研究生申请中越来越普遍。之所以产生这样的现象，与学生、家长对于院校排名的高追求息息相关，排名越靠前的学校对于学生的要求越高，申请竞争也就越激烈。为了分散风险、增大成功录取的概率，多国多地区联申正逐渐成为一种申请趋势。

当然，学生、家长对于院校排名的“追逐”，也是事出有因，整体上是由市场需求决定的。如今，全世界范围内在人才选用时，对于院校排名的重视程度越来越高。为了适应这个变化，学生、家长在选择学校时，自然也越来越倾向以排名为导向选择学校。如北京、上海等一线城市的落户政策，香港的“优才”“高才通”政策等，无不与学位和学校排名息息相关。

这些人才政策和要求的推出，倒推着越来越多家长在孩子海外求学深造时把世界排名作为重要指标。为了增加进到世界名校的机会，多国多地区联申也可以说是一种“不得已”的选择。加上近年来国际形势、国内外就业情况等因素的复杂变化，“不把鸡蛋放在一个篮子里”已经成为留学申请者的共识，让孩子“有学上”是家长最基础、最朴素的愿望。

当然，不同年龄段（本科和研究生）的多国多地区联申策略也是略有不同的。对于本科申请者来说，最常见的是美英双申，这种策略一般最顶尖的学生会采用，比如同时申请美国藤校和英国牛津剑桥。这些顶尖名校录取学生的思路相差不大。这几年，北京新东方前途的美英双申成功案例很多，有拿到牛津大学和斯坦福大学双录取的，有拿到芝加哥大学和剑桥大学双录取的，也有拿到牛津剑桥或者美国多所名校录取的。虽然多申请一个学校就意味着投入的时间和精力多一分，但能增加进入顶尖名校的机会，还是非常值得的。

在本科阶段的联申中，还有一些学生会选择美加双申、美英加三国申请、新港双申、新港英三申，也有学生会选择英美加新港多个国家和地区联合申请，等拿到录取后再最终做决定。之所以选择不同的申请搭配方案，主要还是基于学校排名、国家或地区环境的考虑。当然，最重要的是给孩子更多的选择机会，让整个留学申请更加安心和放心。

对于研究生申请者来说，因为就读时间相对短一些，且直接面临就业问题，对学校排名的追求更加迫切，家长也会更多地考虑留学的性价比。美英双申、英港双申、美英澳港新多个国家和地区的联申更加常见。其中，美英双申主要是考虑名校因素，申请者一般青睐藤校、牛剑等名校，且美英双申专业选择更多元。加上签证等政策的变化，美英双申能给申请者更多的安全感。

近年来，研究生阶段的联申中，英港双申也很火热。申请者一般会在竞争日益加剧的香港名校之外再加上英国高校的申请。英国硕士录取的多元化方式，让香港名校的申请者有了保底学校，也就有了更多的底气和选择。近三年流行的美英新港联申，更是各种综合考量因素的集中的体现。地理位置优势、学校排名优势、利好的外部环境，正在让更多的美英申请者加上新港的学校。2023年，还有一个新的趋势，那就是美英澳联申。澳大利亚的学校在2023年QS排名中异军突起，悉尼大学、新南威尔士大学一举进入QS排名前20，赢得了更多家长和学生的关注，这些学校也自然成为多国多地区联申的热门。

每年，北京新东方前途的联申成功案例比比皆是，学生和家长追求的都是更好的学校、更高的排名、更多的选择。在前面的案例介绍中，英美、英澳、美加，乃至英美加港多个国家和地区联申的例子都有提及。所以，我一直对那些焦虑的家长和学生说，走国际化教育的路线真的是条条大路通罗马，早做规划，耐心陪伴，静待花开即可。

三 中外合作办学

1 什么是中外合作办学

中外合作办学是指外国法人组织、个人以及有关国际组织，同中国具有法人资格的教育机构及其他社会组织，在中国境内合作举办以中国公民为主要对象的教育机构，实施教育、教学的活动。

中外合作办学分为中外合作办学机构和中外合作项目。例如，上海纽约大学、宁波诺丁汉大学等就属于前者，后者比如北京大学与香港理工大学合作开办的中国社会工作文学硕士学位教育项目。从中外合办大学毕业的学生，会得到两张毕业文凭，即中外合办大学的毕业证书和外方高校的学位证书。这类双文凭受到教育部的认可，在国内外都可通行，属于中外合作办学形式里含金量最高的文凭。

中外合作办学是高等教育一个很好的补充，给了学生和家长更多的选择。中外合作办学的优势在于，能够让学生在国内接受国际化的教育，同时通过海外交流、交换让学生们的求学经历更加丰富多彩。从这些合作办学机构发布的毕业报告上可以看出，这些学校的学生在就业上有更加宽广的选择，并且在求学深造上得到非常多的高校认可。在疫情防控期间，这些合作办学的学校，如果香港中文大学（深圳）、西交利物浦大学、宁波诺丁汉大学等给很多拿到海外大学 offer 的学子们提供 offer 置换的机会；上海纽约大学、昆山杜克大学则为学生提供到纽约大学和杜克大学线下学习的机会。

2 典型中外合办大学介绍

上海纽约大学

上海纽约大学（NYU Shanghai），简称“上纽”，位于中国上海市浦东新区，是美国纽约大学（2024 U.S.News 排名 35）和中国华东师范大学（国内顶尖 985 名校）合作开办的具有独立法人地位的研究型大学。它是教育部正式批准的、具有独立法人资格和学位授予权的第一所中美合作办学的国际化研究型大学，为中外合作大学联盟成员。从上纽毕业后可获得上海纽约大学学士学位证书、上海纽约大学毕业证书和美国纽约大学学士学位证书。

本科生学费方面，第一、第二学年每年人民币 200,000 元，第三、第四学年每年人民币 230,000 元。对于被上海纽约大学录取的学生，学校将综合考虑学生的学业水平和“校园日活动”表现等因素，为优秀的学生提供奖学金。对于特别突出的学生，奖学金最高可覆盖 4 年的学费和基本生活费。学生在校期间，还可申请国家助学贷款及各级奖助学金。学校还会提供大量校内外实习机会，进一步帮助学生减轻经济负担。

上纽优势和申请路径

上海纽约大学地理位置极佳，位于上海浦东新区陆家嘴金融贸易区的黄金位置。独特的区位优势，为上海纽约大学创造了独一无二的教学体验与校园生活，学生们能随时紧追世界与社会变革前沿，与时代共舞。与此同时，上海拥有大量的实习实践机会，学生能在学习之外积累丰富的工作经验和人脉资源。

重视通识博雅教育和全面发展是上纽培养人才的理念。上纽注重学科的多样化，培养方式丰富，将通识素养与专业训练的优势相融合，打造独具特色的本科教育模式。上纽为全英文教学，和美国本部接轨。

新生入学时不分专业，本科前两年主要教授通识核心课程，通过科学、数学、算法思维、社会文化基础、语言及写作等六大课程板块，利用学科间的纵横交错培养学生多角度思考和解决问题的能力。学生最早可以在大一结束后确定自己的专业方向。丰富的专业设置，涵盖商学、计算机与工程、自然科学、人文社科等各个领域，将学生培养成为一专多能、触类旁通的多元人才，为未来学生的个人发展创造最大化的可能性。

上纽的国际学生遍布全球84个国家，其中美国学生来自全美45个州。国际学生占所有学生的一半左右，是世界上国际化程度最高的大学之一。学生不出国门，也能在课外活动及校园生活中进行充分的跨文化交流，体验文化碰撞带来的愉悦与融合，最大程度地培养学生适应并胜任在国际化环境中工作与生活的能力。

作为国际上最早开展大规模国际化的世界一流大学，纽约大学在全球五大洲的14个主要城市建立了3个有学位授予资格的校园和11个海外学习中心。在完成前两年的学业之后，上纽的学生可以去纽约大学全球体系当中的其他校园和学习中心进行为期一至两个学期的海外学习，无缝接入纽约大学质量统一的全球课程、师资和教育资源，以及更多的全球辅修专业，从而进一步充实头脑，开阔眼界，实现既读万卷书，又行万里路。

上海纽约大学采用的是“双重申请”模式，即中国内地学生既要参加高考，也要通过上纽在线申请系统提交申请。申请者每年10月左右需要在线填写信息并提交校园日活动报名申请，填写内容包括：个人信息、家庭信息、学校信息、学习成绩、高中期间获奖情况（非必须）、两篇文书。填写完毕后需要寄送纸质材料，包括《校园日活动申请》、盖有公章的成绩单、高中学业水平考试成绩复印件、获奖证书复印件及其他证明自己特长和优势的材料（非必须）。除此之外，还需要提交英语语言测试成绩，上纽接受托福、雅思、培生英语学术考试（PTE）、剑桥英语（C1或C2）、国际英语水平测试（iTEP）。

申请提交截止日期为次年的1月1日，最晚接受语言成绩的时间为次年2月1日。次年2月，学生会获知初审结果，通过的学生会受邀参加校园日活动，没有通过则被淘汰。次年的2月或者3月，学校开展校园日活动。

校园日活动是上海纽约大学独特的招生流程，全程用英语进行，通过模拟课堂、英文写作、团队活动、个别面谈等环节，全面考查学生的英语运用能力、求知欲、领导力、学习能力、适应能力、沟通表达能力、心理素质、团队精神等各方面素质。上海纽约大学的校园日活动不简单等同于面试，而是一次双向选择。在24小时的活动中，学校可以全方位了解和考查学生，学生也可以近距离深入了解上纽的方方面面，参观学校各种教学设施，还有机会深入体验上纽的课堂氛围，并与在校学生交流学习生活、社团录取活动等各方面的信息，提前体验在上纽读书的感觉。

上海纽约大学招生委员会将根据在学生在初审环节及校园日活动的表现，在对每位学生进行严谨的评价和讨论的基础上，确定优先录取（A.预录取）、考虑录取（B.待录取）和不予录取三类情况。

A档，属于预录取状态，成绩达到生源所在省一本线（合并本科批次的省为特殊类型招生控制分数线），全部录取；而B档考生属于待录取，上纽将根据包括高考成绩在内的各项因素，对这些学生进行综合评定，择优录取。根据往届数据，高考分数需要达到中等985院校录取分数才有可能被录取。

学生于次年6月正常参加高考，等到高考成绩出来后，上纽招生办会告知学生最终的录取结果。上纽在提前批或综合评价批次录取学生，即获得预录取或待录取资格的学生，须在该批次第一志愿填报上海纽约大学（如该批次为平行志愿，则需填报A位置志愿）。如考生所在省级招生办公室另有规定，则按省招办规定填报。一切顺利的话，次年8月报到入学。

和上纽齐名的另一所大学是昆山杜克大学，简称“昆杜”，是美国杜克大学和中国武汉大学合作创办的非营利性中美合办高校。昆杜的办学方式、录取路径和上纽大致相同。近年来，家长对上海纽约大学和昆山杜克大学的关注度越来越高，申请者的数量每年都在攀高，其原因有二。一是经过多年耕耘，这两所学校的学生在就业率和深造率上取得了亮眼的成绩。尤其是上海纽约大学，每年公布的当年毕业生走向非常受家长关注。二是在疫情防控期间，上海纽约大学和昆山杜克大学的一些人性化的政策，也让这两所学校更加被家长和同学熟知。

对于这两所学校的申请和规划，也逐渐由前几年的临时申请，变成很多学生、家长有规划、有系统的申请工作，早期规划、高考成绩、英语成绩、面试能力、文书题材等方面都会做充分的准备。这两年，我能尤其感受到申请者对中外合作办学的热爱和追捧。

基于以上趋势，我建议有意向申请中外合作办学的学生和家长采取以下措施：首先是提前规划，尽早了解中外合作办学相关信息，制定适合自己的申请策略；其次是全面准备，提高高考成绩和英语成绩，加强面试技巧训练，精心准备申请文书；最后是理性选择，根据自身的情况和需求，选择适合自己的中外合作办学项目。

相信通过充分的准备和理性选择，大家一定能够收获理想的录取结果。

后记

这本书从 2023 年初动笔，到 2024 年 3 月份不断更新案例和趋势资讯，直至最终成书，经历了一段不平凡的旅程。这中间要感谢的人太多了，在此，我想向所有支持和帮助过我的人表达最诚挚的感谢。

首先，要感谢来自世界各地的家长和同学们的信任，被你们称作“司老师”是我最大的荣耀。我知道，一声“老师”意味着信任，更意味着责任。你们把孩子求学这么大的事情交给我，对于这份信任，我唯有不断学习、更加努力，带着团队不断提升，才能对得起大家的这份信任。

我还要感谢新东方这么好的平台，感谢周成刚老师在我快 40 岁的时候给予的机会，让我得以来到新东方，从事我热爱的国际教育事业。周老师作为领导，一直在台前幕后帮助我，尤其是在团队管理和团队领导上，给我建议、助我成长，他的智慧和支持，让我在新东方这么宽广的平台上不断提升，我才因此得到了这么多家长和同学们的厚爱。我还要感谢孙涛老师，他是一位比我年轻好几岁的青年才俊，在梯队搭建及业务创新等方面给了我很多指导，鼓励我、包容我，让我在新东方前途出国这个平台上充分发挥我的长处。

这本书能够成书我更要感谢我的同事们。本书涵盖的内容非常广泛，从中学、本科、硕士到博士申请，从英美澳加等多个国家的教育政策及不断变化的录取趋势，到欧亚留学、中外合作办学，还有多国多地区申请等新趋势方面的内容。有的国家和地区的业务我不是很熟悉，有些最新的案例和趋势我需要请教我专业的同事们，正是有他们的专业支持，我才能自信地推进这本书的出版。在此特别感谢前途出国的赵圆圆、韦倩倩、吕红玲、张雪、蓝昊澄、刘爽、苏柳、安培华等各位老师和团队的付出，还要感谢我的编辑韩聘老师，你们的专业和认真让我感到自豪和骄傲。我更要感谢幕后太多没有被一一提到的同事，以及案例中提及的同学和家长们。衷心感谢各位！

在新东方工作的这十多年时间里，也正是我的两个儿子成长、求学的关键时期，感谢家人的理解和支持，使我有更多时间安心工作。两个儿子的求学历程，让我切身体会到了留学路上孩子的艰辛和父母的不易，也让我更能感同身受地去体谅学生们遭遇的挫折和家长们的焦虑。两个儿子求学的这几年，我和家长们更加同频共振。

感谢两个儿子，感谢他们允许我在书中分享他们的申请故事，分享他们的挫折和欢欣时刻。在这几年的升学旅程中，两个儿子经历了很多，不仅有考试中的小挫折、申请中的漫长等待，还有拿到录取时的喜悦、面临多个选择时的果断，更有疫情防控期间兄弟俩的共克时艰，以及现在他们在各自喜欢的学校求学的安心与快乐。也正是儿子们在学业上不懈的努力和追求，以及他们在求学道路上不断丰富的体验，给了我更多的自信和从容，去面对每一个求学家庭的个性化规划需求，并告诉每位焦虑的家长：时光不语，静待花开。

图书在版编目（CIP）数据

做世界的学生：00后全球留学新规划 / 司明霞著. 北京：新星出版社, 2024. 7（2025. 6重印）. -- ISBN 978-7-5133-5692-3

Ⅰ. G649.1-62

中国国家版本馆CIP数据核字第2024SG2209号

做世界的学生
00后全球留学新规划
司明霞 著

责任编辑 汪 欣
产品监制 王秀荣
特约编辑 田中原 刘红静
责任印制 李珊珊
封面设计 路丽佳
版式设计 李 倩

出 版 人 马汝军
出版发行 新星出版社
（北京市西城区车公庄大街丙 3 号楼 8001 100044）
网 址 www.newstarpress.com
法律顾问 北京市岳成律师事务所
印 刷 炫彩（天津）印刷有限责任公司
开 本 710mm × 1000mm 1/16
印 张 23
字 数 379 千字
版 次 2024 年 7 月第 1 版 2025 年 6 月第 2 次印刷
书 号 ISBN 978-7-5133-5692-3
定 价 69.80 元

版权专有，侵权必究。如有印装错误，请与发行公司联系。
发行公司：010-62605166 总机：010-88310888 传真：010-65270449